传媒集刊

本书出版获首都师范大学文学院专项经费资助

燕京创意文化产业研究

2022年卷

主　编◎郭嘉
副主编◎杨慧　唐颖

中国传媒大学出版社
·北京·

图书在版编目（CIP）数据

燕京创意文化产业研究. 2022 年卷/郭嘉主编. --北京：中国传媒大学出版社，2023.3
ISBN 978-7-5657-3255-3

Ⅰ. ①燕…　Ⅱ. ①郭…　Ⅲ. ①文化产业—研究—北京　Ⅳ. ①G127.1

中国版本图书馆 CIP 数据核字（2022）第 152222 号

燕京创意文化产业研究　2022 年卷

YANJING CHUANGYI WENHUA CHANYE YANJIU 2022NIANJUAN

主　　编　郭　嘉
副 主 编　杨　慧　唐　颖
策划编辑　李水仙
责任编辑　李水仙
特约编辑　李明远
封面设计　拓美设计
责任印制　李志鹏

出版发行　中国传媒大学出版社
社　　址　北京市朝阳区定福庄东街 1 号　　**邮　　编**　100024
电　　话　86-10-65450528　65450532　　**传　　真**　65779405
网　　址　http：//cucp. cuc. edu. cn
经　　销　全国新华书店

印　　刷　唐山玺诚印务有限公司
开　　本　787mm×1092mm　1/16
印　　张　16. 25
字　　数　290 千字
版　　次　2023 年 3 月第 1 版
印　　次　2023 年 3 月第 1 次印刷

书　　号　ISBN 978-7-5657-3255-3/G・3255　　**定　　价**　78. 00 元

本社法律顾问：北京嘉润律师事务所　郭建平

序 言

日历翻过一年，《燕京创意文化产业研究》的新一卷又与读者见面。当前的文化产业与新闻传播面对着新时代的使命与任务，但同时复杂环境因素也带来了不确定性，发展与困境并存、机遇与挑战并举。本卷的各篇研究，紧紧扣住了当前文化产业与新闻传播发展的不同领域、具体问题深入展开。

新冠疫情仍然对人们的日常生活，乃至更广泛的各行各业有所影响。对于文化领域，新冠疫情构成的语境极其特殊。本卷中的《后疫情时代公私领域边界的模糊与路径重塑》讨论疫情期间公私领域界限的模糊和后疫情时代重塑边界的必要性与路径。《我国抗击新冠疫情国际传播的话语研究》对抗疫报道进行话语分析，同样构成重要议题。疫情令社会性别话题在新语境下有所变化，《社会性别视角下疫情期间三家报纸的女性形象建构研究》一文对新冠疫情期间《人民日报》《光明日报》《中国妇女报》的女性报道进行了内容分析。这些文章从不同侧面，勾勒出新冠疫情给文化产业与新闻传播领域带来的新问题与新现象。

媒介技术的更新也推动着文化产业与新闻传播领域的日新月异。《AI时代网络平台“通知—删除”规则之困》探讨算法推荐与此前的网络著作权规则之间的冲突。《媒介传播中的当代社会问题》关注互联网媒介传播中的公众参与、行政管理、媒介资本等多种重要命题。而技术也带来新的可能，《洞察数据 深耕故事：讲好中国经济故事的路径探析》围绕数据新闻实践展开，探索我国经济发展的舆论生态营造与数据化新闻叙事之间的可能性。《公平与效率视角下的英国电子政务政策研究》则剖析了英国电子政务政策的利与弊。影视方面的技术创新也带来新风尚与新冲击，技术催生了互动影视的发展，也出现了如控评一类的影视口碑与评论新问题，《5G时代中国互动影视内容的新发展》《影视控评现象探析及治理建议》等文聚焦这些技术改变影视内容和生态的话题。

新现象与新技术需要学界关注，而传统媒体研究仍然是学术研究中的重要组成部分。《20世纪50—70年代〈人民日报〉广告报道的文本分析》是对广告史上“改革开放后才有广告”观念的修正和补充，《北京日报报业集团“走出去”二十年的报道框架分析》则是对北京日报报业集团与《欧洲时报》合办“北京新闻”专版的细致分析，传统媒体过去的经验与今天的求索，都能够为我国文化产业与新闻传播的发展创新提供可贵的启发与参考。《〈地久天长〉：从历史出逃，在当下安眠》则是延续20世纪80年代人性论主题研究电影《地久天长》，用神话分析的方法重新剖析了这部影片的当下意义。

中华优秀传统文化的创造性转化、创新性发展是我国文化发展中的重要任务和成果。《互联网赋能下博物馆影响力提升路径研究》探索了博物馆如何借助新兴信息技术获得全新的展览与传播方式。《中华优秀传统文化的对港传播模式研究》以绛州鼓乐为例，分析了非遗文化对香港同胞展开传播的模式。还有多篇特色文化产业创新传播的案例，《基于闽南地方特色文化的阅读推广实践》《新时代背景下新平县花腰傣族服饰文化产业发展研究》《舟山群岛海洋文化旅游产业发展研究》探索了我国不同地区特色文化的阅读、服饰、旅游等文化产业发展。

文化产业自身的推陈出新，也在引发新的流行文化和对应的研究诞生。本卷中有研究青年亚文化“丧文化”的《从“丧文化”传播到“躺平族”兴起》，也有研究剧本杀的《剧本杀游戏行业的意义、问题与建议》，还有对加密艺术的分析——《加密艺术的定义及艺术性探究》。

本学刊一如既往地为青年研究者开设了子栏目“创意孵化器”，为在读研究生提供一个雏凤清声的研究展示机会。青年学子们一方面着眼主流，对主流媒体建设、新主流电视剧等呈现了自己的思考，另一方面也深入当前文化产业流行趋势，对IP开发、旅游打卡、传统文化创新等内容有所探究。

《燕京创意文化产业研究》并不求在文化产业研究中能面面俱到，但作为一本年刊，本书始终希望在每年度为读者和研究者带来对文化产业领域新问题的新思考，希望用多篇佳作，为每一年的文化产业发展留下年度注脚。

郭　嘉
2022年11月

目 录

互联网平台治理

新闻传播研究

影视产业研究

传统文化创新发展

流行文化观察

创意孵化器

互联网平台治理

后疫情时代公私领域边界的模糊与路径重塑*

王　擎　揭其涛

摘　要：疫情期间，公私领域边界的模糊导致个人隐私的泄露与新冠病毒一起蔓延，对个人隐私的保护与公私领域边界的重塑成为后疫情时代亟须解决的问题。本文从数字资本主义的视阈出发，在后疫情时代对隐私进行反向审视的基础上，分析公私领域边界的模糊以及公共领域的侵吞扩张，如何使人类处于超级全景监狱的敞视之中。本文认为公私领域边界的重塑需要从遵循数据技术并建构隐私伦理原则、强调社会责任并重视商业伦理准则、强调适度自由并完善法律监管规章制度三个维度进行。

关键词：隐私；后疫情时代；公私领域边界；路径重塑

麦克卢汉曾言，我们塑造了工具，然后工具塑造了我们。在数字化时代，身体的社会交往被边缘化，广泛的智能设备应用使人在数字网络中越来越欲罢不能，在虚拟的数字网络中进行社会交往成为最普遍的交往方式。在这种交往中，实体通过数字化操作进行数据产品的生产，以数据关系匹配出虚体与虚体之间的关系。数字化方式渗透、弥漫在网络空间之中，带来新社会交往方式、新消费模式、新经济模式、新政治参与方式，塑造着各自空间中的意识形态。美国传播政治经济学家丹·席勒提出“数字资本主义”的概念，指信息网络前所未有地渗透到资本主义经济的

* 本文系教育部人文社会科学研究规划基金“中美经贸摩擦中的话语博弈与中国话语权提升策略研究”（19YJAZH092）、北京市科研团队建设“中国经济争议议题的国际话语塑造与传播能力提升研究”（PXM2019－014213－000007）阶段性成果。

方方面面，成为资本主义发展不可或缺的动力。① 这种动力也在逐步塑造并改变我们的生存环境和生活方式，一方面使人类更加便捷地掌控生活，另一方面以更加隐蔽的方式使公私领域的界限日益模糊。

数字化方式为疫情防控提供了高效性，精准化疫情防控减少了人力资源的损耗，但另一方面也导致个人隐私泄露危机凸显。2020 年新冠疫情暴发高峰期间，媒介通过促进信息及时流通，为物资的输送起到了重大作用，创造了抗击疫情的“中国式奇迹”。在大数据支撑下的二维绿码、轨迹地图等技术应用，提高了人们对疫情的防控管理效率，一定程度上也消解了人们对危机事件中“不确定”的焦虑。数字化方式有助于整合线上医疗资源，通过大数据共享疫情的诊治工作、高效率采集个人信息，提升了疫情防控的效率，优化了整体的防疫体系。② 同时，基于恐慌心理下，对“作为病毒的他者”的想象，造成了诸多个人乘车信息、身份信息等通过互联网传播的方式扩散，部分新冠病毒感染者的个人信息遭到泄露。这种对个人隐私的侵犯造成“人人自危”的隐私泄露惶恐，也加剧了对他人的不信任情感。

人类有选择的能力，更有决策的责任。在后疫情时代，需要对隐私问题与公私领域的边界进行审慎的思考。本文从数字资本主义的视角出发，在后疫情时代对隐私进行反向审视，分析公私领域边界的模糊如何使人类处于超级全景监狱的敞视之中，以及公私领域边界的重塑需要从哪些路径完成。

一、滑向失控的隐私：后疫情时代的反向审视

当个体开始注重“隐私”这一概念时，就已经开始在潜意识中考虑关于自我、群体与社会的深层次关系，并预设了一个使自我区隔于群体和社会的空间存在。现代社会便捷的联系与个体原子式的存在，使个体之间的联系既紧密又疏离。雪莉·

---

① 席勒．数字资本主义［M］．杨立平，译．南昌：江西人民出版社，2001：5.

② 孟卧杰，黎慈．突发重大公共卫生事件中涉疫人员信息披露的正当性问题研究［J］．中国矿业大学学报（社会科学版），2021（5）：107-120.

特克尔在《群体性孤独》中认为，当代青年在网络社交时内心呈现越发疏远的情感状态，数字化的网络互动给青年带来认知偏差，导致青年的情感虚化。① 群体性孤独所带来的寂寞感，使人们越发注重自我私人领域的建设，希冀通过自我寻求，抵抗群体性孤独的困扰。

传染性极强的新冠病毒的出现，使之前原子式散落的现代公民开始被迫与他人产生重要的联系，自身所接触到的每一个人都可能是病毒传染体。萨特所说的“他人即地狱”，在疫情期间变成了“他人即病毒”，这种对传播病毒的恐惧想象和危机感使个体迫切需要了解周围大部分人的身体状况和一些病毒感染者的行动轨迹。被社会文明所创造、用于保护个人主体性的隐私受恐惧所冲击，隐私对于个人和社会的工具性价值以及对于人格尊严实现的作用，在疫情期间被迫降低和减弱。

“从已经成为本能的习惯出发，你早已这样生活了：你发出的每一个声音，都是有人听到的，你做出的每一个动作，在黑暗中，都是有人仔细观察的。”② 奥威尔小说《1984》中描述的政治监控和毫无隐私的场景令人感到压抑窒息。当下社会隐私保护的观念增强，却也提供了隐私侵犯的途径。在严格防控疫情中所泄露的个人隐私，将当下个人隐私的泄露问题置于聚光灯下。从各种名人饱受隐私被公开的困扰，到个人信息成为一种商品被明码标价公然售卖，个人隐私的泄露已经屡见不鲜，然而，疫情防控中个人隐私的泄露以数字化方式呈现了公私领域界限的模糊，以及公共领域的侵犯扩张所导致的个人隐私泄露。

互联网传播中个人隐私泄露的主要原因，在于人们对社会突发事件中“不确定性”的焦虑和“被遮蔽”的恐慌。对于个体而言，大量的信息获取是应对这种焦虑与恐慌的重要方式。疫情期间，二维绿码作为健康人的能指被赋予了新的所指意义，采用信息化手段对个体信息进行收集，在不同程度上为个人信息泄露埋下了隐患。在社会危机事件中，出于个体权益对公共利益的让渡，个人隐私存在被恶意使用的风险。

---

① 特克尔．群体性孤独［M］．周逵，等译．杭州：浙江人民出版社，2014：1.

② 奥威尔．1984 动物农场［M］．董乐山，高源，译．上海：华东师范大学出版社，2013：14.

据报道，2020 年 4 月，山东青岛警方发布通报称，胶州市民微信群中出现当地中心医院出入人员的名单，6000 余名市民的姓名、家庭住址、联系方式、身份证号等个人信息被公之于众。2020 年 3 月，天津市通报了 3 款疫情防控 App 以及 4 款小程序存在违规收集个人信息问题。① 各地排查湖北返乡人员的名单被四处传播，让湖北人作为“被想象的病毒携带者”感受到巨大社会压力。超市、药店等商家将大量消费者信息记录在册，并公然摆放在柜台上，使隐私信息几乎处于公开状态。2021 年 5 月，宁夏银川的范某新冠病毒检测为阳性。随后，一份详细的流调报告很快在网上曝光，其中包括他本人及家人姓名、身份证号、住址，以及详细行程记录。② 涉及个人隐私的流调报告泄露对当事人产生伤害，干扰日常安宁生活，也影响地方正常的防控布局。这种现象容易引发个体陷入垃圾信息的骚扰、消费陷阱的欺诈中，进而产生对公民的人身、财产安全的次生侵犯。疫情防控中的隐私泄露不应该随着国内疫情趋于稳定而被淡忘，需要以此为反思的契机，从疫情出发审视当下的隐私泄露问题。

“隐私权”的概念最早由布兰代斯于 1928 年在奥姆斯特德诉合众国案中提出，他与沃伦合著的《隐私权》一书将隐私这一流变的道德观点形塑为一种法律原则，以先行者身份提出现代生活中的隐私需要得到保护。早期的隐私主要是指身体、行动等个人秘密。现代资产阶级宣扬民主、个人的价值、肯定并彰显自我的尊严与个性，隐私作为人内心所隐瞒的秘密开始涵盖私生活的内容，在维护尊严、实现自我价值的思想基础上，隐私作为个人生存基本权利的观点逐步深入人心。当下，隐私的范围囊括了个人日常生活的方方面面，个人隐私也几乎无时无刻不在被暴露和侵夺。

① 李英锋．疫情信息公开，不等于个人隐私示众［N］．检察日报，2020-05-13（6）．

② 和生．要说多少遍，才能不泄露新冠确诊患者隐私？［EB/OL］．（2021-05-10）［2021-11-15］．https：//www.sohu.com/a/465655103_121117489．

二、从公共领域到私人领域的扩张

理解公共领域如何不断扩张到私人领域，需要把握个人隐私被侵犯的实质。我们首先要认识到，现实生活中有一双“看不见的手”正在塑造一个巨大的数字平台，在这个虚拟数字平台中，存在着现实生活中资本主义生产关系的投射。数字资本拥有者占有了绝大部分数字化平台用户生产的数据，个体成为日夜生产数据的免费数字劳工。这种大规模的个人信息生产，使得个体走入由数字信息构建的全景敞视监狱，面临一种跨越时间和空间限制的监视。数字资本主义为个人隐私被资本以及失控的个体窃取与售卖提供了条件，导致公共领域在有意无意之间不断扩张与侵犯私人领域。

（一）“看不见的手”与数字资本主义

马克思在《资本论》中提出：“原来的货币占有者资本家，昂首前进，劳动力的占有者作为他的工人，尾随其后。”[①] 马克思强调资本的作用，认为工人出售劳动力让资本家榨取使用价值时，资本主义才成为真正意义上的资本主义。这对思考数字资本主义有着启发意义。当今的社会交往关系不再纯粹依存于货币，而是数据。在今天，人们的交往方式已发生从基于物理空间的社会交往到数字交往的转向，数据信息塑造了数字化生存的拟态环境，真实的个体在社会交往层面需要依赖数字化的虚体而存在。因此，被运算或者被收集的数据构成了数字资本主义最重要的基石，数据也就成为数字资本主义具备使用价值的生产资料和商品。

数据正在创造一个全新的交往界面，可以涵盖、赋权并建构绝大多数交互的社会关系。我们不需要像技术消极论者一样去缅怀一个前数字化时代，这种以乡愁般忧郁的方式抵御数字化的进程，及其带来认识论变革的思想无异于蚍蜉撼树。[②] 问

① 马克思，恩格斯．马克思恩格斯全集：第 44 卷［M］．北京：人民出版社，2009：205.

② 蓝江．一般数据、虚体、数字资本—数字资本主义的三重逻辑［J］．哲学研究，2018（3）：26-33，128.

题是，这种数字资本对于数字的获取、加工、分配与再生产过程中，缺少一个成熟市场规则的制衡与道德伦理约束。譬如用户在购物软件的海量消费数据，经过算法的分析可以绘制出投射用户喜好与消费习惯的用户画像，并用于商业信息的精准投放。用户的购物、浏览、观看行为实际都是作为数字劳工在工作，这些带有个人隐私的数据被平台无偿获取，并通过云计算技术成为数字资本的一部分，但个体本身并没有从这种数字劳动中获利，市场的逐利性成为一双“看不见的手”推动着数字资本的扩张。在生产和收集数据的过程中，用户的个人信息有可能泄露，如此庞大的数据体系就更需要完善的保护与足够的重视。

（二）从边沁、福柯到波斯特的理论嬗变

“圆形监狱”这个概念最早在18世纪由英国哲学家边沁提出，指一种特殊的监狱设计方式。在这种设计模式下，犯人处于不同的牢房，而看守者在最高一层的圆形平顶房间内进行监视，看守者可以看见所有人，而犯人却不能看见看守者，封闭式管理让犯人之间缺乏有效传递信息的渠道。在这种控制模式下，无论管理者是否尽职，犯人们都不得不内心预设看守者的监视，形成一种自觉惩罚和监视自我的心理。这个概念后经由福柯发展成“全景敞视主义”，他从传统人类社会控制方式中发现，利用信息的不对等，使用道德制约和人被孤立的恐惧心理，可以实现显著的社会治理效果。

波斯特将福柯的“全景敞视主义”与数字时代连接，提出“超级全景监狱”的理论。他认为，在后现代数字化生存的今天，工业化的数字资本主义以新的形式开始对社会大众进行有效控制。相互连接的数据库构成了巨大的全民信息网络，可以对任何人的日常生活进行详细的建构。超级全景监狱突破并撕裂了全景监狱，将个体身份进行重构，在无形之中消融了公共领域与私人领域之间的界限，成为数字化生存时代一种全新的统治模式。每一个人都难以避免处于权力系统的监视与规训之中，这种媒介技术所独有的权力强化了社会对公众的统治。“超级全景监狱”产生的原因之一，是由传统社会统治者所建立的信息资源垄断体系开始发生变化。这种社

会治理模式被互联网技术赋权所打破，分权和去中心化的数字生产改变了社会治理的基本方式。

波斯特认为，数据库作为一种全新的超级全景监狱，“将书写的基本原则进行延伸，并改变了它必然的终结性认识并疏远了作为一种铭记符号痕迹的形式”①。因为个人所有的信息都以数字化形式不受时空传输限制，可以在任何地方永远存留，数据库成为对人类活动进行无死角监控的超级全景监狱。个人隐私开始遭到全面侵蚀，在网络空间中，人与群体、个体之间的任何交往都会留下痕迹，私人的社交与行动轨迹成为数据资源。如果有人将这些数据处理加工之后，就会清晰了解到网络使用者的生活方式，将其变成“超级全景监狱”下的囚徒，这无疑会给公众的生活带来危险。

（三）公共空间内“失控的个人数据”

对数字资本主义的反思不等于要删除手机里的社交软件，回到鲁滨孙式的原始生活状态，甚至彻底抛弃智能设备，逃出数字时代的超级全景监狱。我们应该批判地思考，数字资本主义的网络和监视不应该成为泄露个人隐私的帮凶。好奇的力量在背后一直鼓噪着，一些人通过暴露他人的隐私获取窥私欲的快感。失控的个体最典型的例子是一直被诟病但从未消失的人肉搜索。人肉搜索实际上是网络搜索引擎的形式之一，逐步演变为通过网络寻找他人的真实身份并进行曝光。这种行为一方面通过网络数据曝光违法乱纪现象以起到警示作用，以舆论监督的方式维护社会的道德正义；另一方面，非理性的窥私动机也对个人隐私造成极大伤害。

弗洛伊德认为，个体处于公共空间会压制窥私欲，进而将这种本能进行伪装或者象征性转化，从而以另一种方式消解。当失控的个体开始人肉搜索他人，并曝光公民的个人隐私，践踏其合法权益时，很有可能是认为自身站在道德立场的制高点，把自我看作守护道德正义的卫士。自我道德的优越感抵消了曝光他人隐私的不合法性。这种轻视他人合法权益的行为在传统社会中被称为“示众”警示，而在当下的

① 波斯特．第二媒介时代［M］．范静哗，译．南京：南京大学出版社，2000：97.

媒介环境中演变为“网络群体暴力”。

与人肉搜索一样，偷拍也给人们的隐私带来了前所未有的困扰。明星的隐私亲密照被偷拍，宾馆和浴室安装针孔摄像头偷拍个人隐私后公开售卖，类似的新闻屡见不鲜。这些失控的行为将公共领域的边界不断扩张至私人领域之中。在数字时代，如果公民不可避免地需要以一些私人信息泄露的妥协来换取便捷的生活方式，那么公众就更应该明白这种妥协并不是将个人全裸置于公共领域之下，这些隐私一旦进入互联网传播渠道，会产生怎样的传播效果将变得难以掌控。网络空间作为一种新型的社会空间表现出不同于传统空间的特点，尤其是在公私领域的划分中，其边界日益模糊不清。在后疫情时代，这种新型空间更加需要对个人隐私进行遮掩与保护，其边界的建构也需要慎重的思考。

三、隐私的敞视：公私领域边界的模糊性

法国辩证法之父亨利·列斐伏尔在批判资本主义形塑空间的基础上，提出了空间三元论。他认为，任何空间都不是社会的反映，而是社会的表现，即空间本身就是一种社会。[①] 根据列斐伏尔的观点，网络空间的形成是各种社会力量相互角逐的结果，也是现实社会的具体表现之一。

（一）公私领域边界的划分与扩张

公共领域与私人领域之间的划分由来已久。亚里士多德曾将国家和社会视为公共领域，将家庭及私人生活视为私人领域。古希腊人认为，私人领域仅仅提供了一个临时逃避政治生活的空间，能够参与公共领域和政治生活才是享受至高无上政治权利和优渥生活的体现，私人领域在一开始是指被剥夺最高权利和展现自身特点的生活状态，这种将私人领域作为公权利失语者逃避场所的观点，与当下对私人领域

① 包亚明．现代性与空间的生产［M］．上海：上海教育出版社，2003：83.

的认知有所不同。启蒙运动之后，个人主义逐步发展，私人领域开始彰显出保护个人价值、保护私有财产的特点。

汉娜·阿伦特认为，公共领域应该是透明的，展示的任何东西都可以被了解。这一观点与海德格尔提出的公共领域的无遮蔽性相似，主张的是在公共领域中展露出事物原本的样子。[①] 公共领域中的行为是一种相互展示与自我行为的暴露，人们在关注他人的同时也受到他人的关注。私人领域则是处于黑暗之中、不为人所知的，个体之间处于一种相互割裂的状态，每个人都是一座孤岛，内在的喜怒哀乐都是遮蔽的，无法在公共领域中展示。在公共领域内容私人化和私人领域公共化异常严重的今天，公私领域边界的流动和位移几乎无时无刻不在发生。阿伦特认为，社会领域以一种无所不容的公共性抹杀了一切个体的差异，并淡化了公私领域的边界。社会群体的同化和公共领域的异化，导致政治生活逐渐变为被经济利益所操纵的游戏，人们也成为仅仅追求基本温饱生活的群氓。哈贝马斯则认为公共领域的结构性转型中，私人领域所形成的资产阶级公共领域在国家和私人之间具有一定张力，它的发展也始终包括私人领域的一部分。随着资本主义市场经济的发展，私人开始通过技术获取更多的公共权力，公共领域也入侵了私人领域，公私领域的界限变得更加模糊。

（二）边界的跨越与自我隐私披露

“在一个不得不坦白的年代，公共领域越来越成为展示隐私的舞台，隐私的公开的通道被打开，没有什么私人信息是不能被展示、被公之于众的。”[②] 鲍曼在《被围困的社会》中忧心人们已经找不到外部的、隐蔽的空间去躲藏。疫情暴发期间，在社会防疫管理需要与恐慌情绪的双重作用之下，这种暴露显得尤为严重，公私领域的边界意识被人们抛之脑后。隐私的安全感在日益强大的媒介技术面前显得奄奄一息，这种日常社交安全距离的设置原本为公众打造了一个多元自由的社会环境，个

① 阿伦特．人的条件［M］．竺乾威，等译．上海：上海人民出版社，1999：39.

② 鲍曼．被围困的社会［M］．郁建立，译．南京：江苏人民出版社，2005：236.

人的喜好、性格、活动都不必要被放大并监视，但随着私人空间的边界被跨越，一种隐私的赤裸感让公众的生活充满了不确定性。这种不确定性衍生出不信任和怀疑的社会情绪，更加剧了现代人内心的焦虑和恐惧。从福柯的全景监狱到超级全景监狱正在逐步变为现实，由于公众缺乏马斯洛需求理论中的安全需要和组织的需要，人们在更深层次被规训与压制。

边界的跨越和模糊实际上改变了人类思考的方式和社会组织方式。尼尔·波兹曼认为："每一件工具里都隐藏着一种意识形态的偏向和独特的价值观。"[①] 他认为，20世纪以来的电脑和电视时代产生了技术垄断文化的现象，公众被泛滥的低质信息泡沫所包围，电脑让普通人的隐私更加容易被盗取和追踪。媒介技术包围并吞噬了公众的生活，所有的媒介技术都在将私生活进行展出，这种隐私的窥探欲望是媒介技术与生俱来的基因。应该清楚，虽然技术使私密性经验有了更多暴露的可能，但自我主动暴露也是跨越公私领域边界的一个重要动因。

当个体越来越关注个人隐私的同时，个体也越来越愿意主动暴露自我的隐私。正如戈夫曼的拟剧理论：生活是一个巨大的舞台，每一个人都是演员，通过表演呈现符合自我形象预期的人设。[②] 人们一方面在键盘上小心翼翼地保护着个人隐私，另一方面又在朋友圈肆无忌惮地将自己的个人行程和相关信息主动披露在大众面前。隐私被主动披露，又被有意获取，公开和曝光形成的隐私狂欢，成为大众文化存在的一种普遍状况，隐私消费和个人信息窥探成为大众文化的一部分。在法兰克福学派的批判语境中，以商业化为目的的大众文化，以伪个性、肤浅、低俗甚至恶趣味对社会实施自上而下的控制，这种浇灌文化水泥的方式实际上是权力和资本的谋和而动。英国文化研究学者从另一方面肯定了大众文化的解放性，认为大众文化最大限度激发人们参与的热情，主动接受并参与大众文化的构建，从事意义和文化的生产和传播。将这种视角用于隐私狂欢文化的解读，窥私和暴露是现代人对自我主体的认同，主动将人性的欲望置于放大镜之下。

---

① 波兹曼．娱乐至死［M］．章艳，译．桂林：广西师范大学出版社，2004：10.

② 戈夫曼．日常生活中的自我呈现［M］．冯钢，译．北京：北京大学出版社，2008：4.

(三) 公私领域边界模糊的文化渊源

公私领域的边界建构作为一种文化概念，在不同的民族文化中有不同的体现和具体价值。从中华传统文化的角度来看，中国人的私人领域应该被放置在公共领域中观察和评判。孔子的“君子坦荡荡，小人长戚戚”认为，君子应该坦坦荡荡，无所隐瞒，只有小人才会遮遮掩掩，患得患失。孟子的“人生三乐”认为，“仰不愧于天，俯不怍于人”是人生的一大乐趣，对天地无愧是人生中重要的事项。中国文化一直将私人领域的敞露，作为一种为人处事坦荡的理想标准。比起私人领域，中国传统文化更关注集体主义的私人领域，“家丑不可外扬”“亲亲相隐”等文化都显示出为了实现固定层面的社会目标的功利主义倾向，私人领域在其中有可能成为一种牺牲品。导致公私领域出现问题的原因还包括历史、文化、社会环境等多方面因素，所有的问题最终都归结于“人”这个根本性原因。如果能够像苏格拉底所说，选择“反思的生活”，或许就能够选择更加安全合理的生活方式，保护私人领域更少受到侵犯。我们要从根本上反思人的本质与技术的关系，不断提醒自己，人类活动的基础是自我价值的存在，想要在技术弥散时代有尊严地生存，就必须回归人本位的工具使用时代，重塑公私领域的边界。

四、隐私的遮掩：重塑公私领域边界的路径

技术哲学主义者芒福德认为：“技术进步的目标应该是关注人类成长过程中的所有方面，而不只是技术需求的功能，人类活动的基础是精神，应该审慎考虑人类本性与技术的关系。”[①] 重塑公私领域边界的路径也需要这种精神，要以公民动员和人文精神建构，抵御数字技术资本对隐私的侵蚀。在此基础上，我们要强调社会责任并重视商业伦理准则，强调适度自由并完善法律监管规章制度，从而在更高层次回

---

① 吴国盛．芒福德的技术哲学［J］．北京大学学报（哲学社会科学版），2007（6）：30-35.

归波兹曼所言的“工具使用文化时代”。

（一）遵循数据技术，建构隐私伦理原则

人应该怎样重归主体地位进行媒介使用？史学家文多弗的罗杰的《历史荟萃》（*Flores Historiarum*）一书中，记载了这样一个著名故事。由于丈夫利奥夫里克对百姓横征暴敛，善良的妻子戈黛娃夫人不厌其烦地向丈夫求情，希望可以减免税收。最后，利奥夫克里刁难妻子，对她说只要戈黛娃夫人可以裸体骑马绕行街道一圈，就可以减免税收。戈黛娃夫人向全市人民宣告利奥夫里克的命令，随后身披长发赤身裸体骑马绕行，市民都躲在门后并拉上窗帘。只有一名裁缝 Tom 在窗上凿洞偷窥，他随后双目失明。此后，“Peeping Tom”就成了英语中偷窥狂的意思。这个故事或许可以带来一些启发，在一个理想的隐私文化空间中，窥私欲虽然是人与生俱来的冲动和好奇的本能，但理性判断和自我良知才是人之所以成为人的价值所在。相信人性无所不在的力量，以人类固有的尊严和价值力量，借我们一双慧眼，使我们明辨是非和善恶。[①]

遵循数据技术，建构隐私伦理的原则，像故事中的市民一样克制侵犯他人私人领域的欲望，尊重他人的权利和隐私，是解决各种隐私问题的首要关键点。虽然现代社会的个人属于一种孤岛式存在，但人毕竟是社会动物，没有人可以成为一座与外界毫无联系的孤岛。在人类命运息息相关的今天，克制自我的欲望就是在保护自我的隐私。例如，在疫情防控中，要坚持“享有平等待遇”，因为个体在侵犯他人隐私的同时也随时有可能成为下一个被泄露隐私的受害者，所以保证人格尊严，重视个人隐私等价值原则更应该成为数字时代的个人伦理。[②] 媒介技术赋予公众更多权利的同时，社会也该将这种技术赋权，加诸培养一种积极的个人领域保护中去。没有真正意义上足够细致的法律和技术的建构可以厘清公私领域之间的界限，只有当公众不再随意泄露与传播他人隐私，不再公然入侵他人的私人领域时，这种边界才真正得以稳固地建立。

---

① 夏勇．走向权利的时代：中国公民权利发展研究［M］．北京：中国政法大学出版社，1999：17.

② 陈振明．“正理平治”：疫情防控的法治逻辑：从“扩大化”“污名化”“去隐私化”现象说起［J］．人民论坛，2020（5）：48-50.

（二）强调社会责任，重视商业伦理准则

当下，个人数据已经成为一种最主要的资本形式。商家通过抓取用户浏览痕迹进而掌握云计算结果，以算法形式向用户推送信息，从而得到更大的销售量。数据资本所注重的是如何提升市场销量，使自己的生产利益最大化。这种算法对个人数据的获取将个人隐私集纳入数字资本当中。奈格里指出，从表面上看，个体的单次搜索毫无价值可言，但是如果搜集的次数足够多，这些数据就成为非常有价值的资源。这些资源决定了企业的自身发展与生存状况，为资本带来利润的反馈。如果不能承担社会责任，无视商业伦理，将集纳个人隐私的数据仅仅作为牟利手段而肆意售卖，就无异于杀鸡取卵般忽视消费者权益，数字资本不应为了眼前的利益而盲目丧失自身的社会责任。

责任伦理是一种将人作为唯一责任主体的道德情感和内在责任感，强调人的道义担当和必须为自身行为后果负责的判断标准。[①] 企业的社会责任和商业伦理是高于自身营收利益的社会目标和社会义务，利益与义务看似相悖，却涵盖整个市场环境和企业长远发展的伦理准则。[②] 在互联网世界中的数字资本主体需要遵循社会主义下的商业伦理准则，并承担相应的社会责任。在商业化活动中，数字资本主体要充分尊重包含个人隐私的数据内容，审慎使用手中的用户隐私支配权，通过多方主体的参与进行明智和慎重的决定。例如，美国政府在促进互联网技术发展中提出建设性的行业指导、规范网络隐私认证计划、技术保护、行业自律等方面的要求。在公私领域边界重构中，秉持企业的隐私保护社会责任与商业伦理并重的原则，在技术发展的同时与社会责任相结合，才能让数字技术本身得以良性发展。

（三）强调适度自由，完善法律监管规章制度

数字资本成为世界潮流的主导，其所占据的数字资本由一般数据所构成。在数

① 程立涛，崔秀荣．论责任伦理的社会价值［J］．石家庄学院学报，2007（4）：13-17.

② 易书凡．疫情防控下的大数据价值与隐私伦理问题研究［J］．哈尔滨师范大学社会科学学报，2020（6）：45-51.

字潮流的裹挟之中，个人隐私被卷入其中，公私领域的界限随之模糊。对数字资本主义的批判观点将数字化看作新的圈地运动，反思这些数据是否应该被几家公司所垄断。如果这些包含个人隐私的数据不应该，也没有被少数企业或者个体所占有并使用，那么出现的新问题便是，体量如此庞大的数据该由谁来管理或使用。作为共同体的产物，数字时代建构公私领域边界的口号不是消除生产资料的私人占有，而是强调适度自由，建构合理有效的法律体系，在这一体系中包含数据安全和使用的透明。

我国互联网行业和数据信息产业发展迅猛，也伴随着个人隐私泄露问题频发。[①] 政府出台的《互联网搜索引擎服务自律公约》《互联网终端安全服务自律公约》等公约，围绕用户的数据安全和保护，设置了相关条款，但未来隐私法律法规的建设完善仍然充满诸多可能。以政府为主体的隐私保护法律、规章、制度的完善，是在保障社会和个人安全的前提下，让个人隐私真正受到保护的直接手段。国家在这方面也正在与时俱进，在中国人大网公布的《中华人民共和国个人信息保护法（草案二次审议稿）》中，第六十一条明确要求“制定个人信息保护具体规则、标准；针对敏感个人信息以及人脸识别、人工智能等新技术、新应用，制定专门的个人信息保护规则、标准”[②]。这一立法的过程也在评估政府法律监管和企业经营自由的辩证关系，明确数据中所包含个人隐私的内涵，划定即使为维护公共利益也不得跨越的公民隐私界限。信任重建是后疫情时代社会治理的一项特别重要的任务。[③] 完善保护公民隐私的法律渠道，正视个人信息保护法律规章制度的不足，优化相关立法规制、行政规制、司法规制，促进公共安全保障与个人信息保护的平衡，是这种信任重建的有力保障。

（王擎，北京工商大学传媒与设计学院院长、教授；揭其涛，北京工商大学传媒与设计学院研究生）

---

① 王军，蒋佳臻．网络空间的隐私保护及治理研究［J］．新闻爱好者，2019（7）：36-38.

② 个人信息保护法一审稿和二审稿比较［EB/OL］.（2021-04-30）［2021-11-22］. https：//baijiahao. baidu. com/s? id＝1698416108554847445&wfr＝spider&for＝pc.

③ 喻国明．重拾信任．后疫情时代传播治理的难点、构建与关键［J］．新闻界，2020（5）：13-18，43.

媒介传播中的当代社会问题*

马瑞青　韩　旭

摘　要：媒介传播中的当代社会问题，一方面是指当代社会问题作为内容而被媒体报道传播；另一方面，随着信息技术不断发展、数字经济日益繁荣，互联网等媒介传播过程中衍生出了新的社会问题。面对纷繁复杂的媒介传播形势与当代社会问题，我们要以马克思主义的视角来观察、思考、梳理，为提出具有中国特色的解决方案做准备。

关键词：媒介；传播；社会问题；马克思主义

在马克思主义指导下的中国特色社会主义实践，目标是要把我国建成富强民主文明和谐美丽的社会主义现代化强国；同时，我们要与世界各国人民同心协力，构建人类命运共同体，建设持久和平、普遍安全、共同繁荣、开放包容、清洁美丽的世界，这也是人类追求的共同理想。在社会发展过程中，我们需要努力实现合目的性与合规律性的统一；既要满足人的多方面的需要，又要合乎客观规律。因此，我们也应当充分意识到在追求理想与信仰道路上的坎坷与困难。

伴随着资本的持续全球扩张和世界各大经济体系矛盾的日益加深，当代世界各国都客观面临着一系列共通的社会问题，如人口、贫富差距、社会稳定、公共安全

* 本文系2020年度上海市社科规划一般课题“互联网＋”背景下上海建设全球影视创制中心战略路径研究（2020BCK006）阶段性成果。本文受上海交大—南加州大学文化创意产业学院所属紫竹中美网络视听传媒管理联合研究中心及国际文化创意产业研究学会专项研究基金资助，首期启动基金由紫竹国家高新技术产业开发区捐赠。

等问题。这些社会问题一方面源自生产力发展水平不能适应人类需要；另一方面是由于社会变革加速，而不公正不合理的国际政治经济秩序是重要外因。同时，发生在世界各地的社会问题又通过媒介在全球范围内传播，在媒介话语中构建起媒介受众所认知的“社会问题”。

我国也面临着同样的挑战。这意味着在建设社会主义现代化强国、构建人类命运共同体的道路上，我们既要解决现实生活中的社会问题，又要面对媒介传播中的“社会问题”；媒介传播的主体不仅是国内媒体机构，还包括国际媒体机构。这涉及社会公众通过何种媒介途径认知自身的生活与发展环境，行政力量又应该如何对媒体机构与公众进行引导与调节，以及在这一过程中媒介形象、媒介话语、媒介资本如何进行着塑造与构建。这三者的共同作用，形塑着媒介传播中的当代社会问题，也呼唤着我们的探寻。

一、社会公众参与：从公共领域到网络公共领域

社会公众，属于媒介传播的对象，也是媒介话语构建的参与者。哈贝马斯认为，公众舆论的主要功能就是对国家权力进行批评、监督甚至控制。“公共领域是公共权力领域和私人领域的社会交往空间，公众在此基础上对带有普遍利益的公共事务展开理性讨论和平等协商，最后以公共舆论的形式对抗公共权力机关，维护市民社会整体利益。”①在哈贝马斯看来，这样的公共领域包括沙龙、俱乐部、咖啡馆、杂志和报纸等。不难看出，这些“公共领域”具有 18 世纪资产阶级社会的诸多特点，却忽略了对平民特别是无产阶级的关注。

在当今社会，随着电子媒介（电报、电话、广播等）、数字媒介（计算机等）的诞生、互联网乃至移动互联网的高速发展，以杂志和报纸等为代表的传统媒体生态，正受到科技发展、社会生活方式转变所带来的多方面冲击。这些新兴媒体不但瓦解

① 哈贝马斯．公共领域的结构转型［M］．曹卫东，等译．上海：学林出版社，2004：2.

着传统媒体原有的产业构架与话语体系，也改变着社会公众的媒介习惯。年青一代诞生和成长在互联网、移动互联网等所构成的新兴媒体环境中，作为“网生代”，他们已然习惯通过各类互联网媒介、更加主动地获取信息。正是互联网技术的发展使得公共领域转向了网络公共领域。例如，在网络空间中，人们以网络作为媒介进行沟通交流，形成具有共识性的舆论，进而对政策的制定产生影响。如刘良指出，互联网带来了公共支柱形式的创新，推动了公共领域的转型网络沟通所构成的社会交往框架的变化，导致了虚拟社群的出现。[①] 这种“网络公共领域”成为中外学者新的研究方向。网络公共领域与传统公共领域既有联系又有区别，其中网络公共领域可以更加便于公众参与公共决策，例如，当准备出台新法案之时，国家会通过中国人大网等途径广泛征询公民意见。

同时，各类公众事件在网络公共领域的关注度也远高于传统的公共领域，在各类信息快速传播的同时，也给公众参与的引导与治理带来了新的挑战。网络公共领域与哈贝马斯理想中的对国家权力进行批评、监督甚至控制的社会功能又有所差别甚至差距，虚拟社群对社会议题的讨论，并不一定带来积极的社会效果。如“肖战粉丝事件”逐渐发展成为网络暴力事件。其中所形成的具有“诽谤性、诬蔑性、侵犯名誉、损害权益和煽动性”五个特点的文字、图片、视频，会针对他人的名誉、权益与精神造成损害，成为“网络暴力”。

网络公共领域中的这些现象也让人从思维与精神活动的角度，来思考虚拟社群中公众参与公共舆论和媒介构建的行为。汉娜·阿伦特的观点也许有助于我们理解互联网虚拟社群中客观存在的“网络暴力”：大多数人宁愿过得不幸福，也不要成为乌有；为了达到内心平静，人被告知必须训练他的意志说“是”，以及让你的意志希望那些应该发生的事情发生。[②] 这也意味着，网络公共领域中对某些社会问题的讨论乃至行动，也可能发展成为新的“社会问题”。劳伦斯·莱斯格所论证的网络空间就是要从无规制状态转向规制状态。[③] 网络空间需要法律介入，以此保证公平有序。

① 刘良．中国网络公共领域的兴起与政府治理模式变迁［J］．长白学刊，2009（1）：79-84.

② 阿伦特．精神生活·意志［M］．姜志辉，译．南京：江苏教育出版社，2006：145.

③ 莱斯格．代码2.0：网络空间中的法律［M］．李旭，沈伟伟，译．北京：清华大学出版社，2009：5.

网络公共领域是网络空间中的重要一部分，因此，需要寻找合理有效的方案治理网络公共领域出现的问题。

二、行政调节管理：网络媒介次生社会问题的治理难题

在如此背景下，我们不禁思考媒体与媒体资本所扮演的角色，以及行政力量所应承担的责任。媒体机构与媒体资本理应作为中介机制，积极舒缓、平衡乃至参与治理相应的社会问题，并为行政决策提供参考。而媒体自律的缺位必将导致行政干预的增加。2019 年 12 月，国家互联网信息办公室发布《网络信息内容生态治理规定》。根据规定，网络信息内容服务使用者和生产者、平台不得开展网络暴力、人肉搜索、深度伪造、流量造假、操纵账号等违法活动。① 行政部门将网络媒介传播中产生的乱象当作“社会问题”加以治理。罗豪才指出，为了维护公共利益必须赋予行政机关必要的权力，并且保证权力能够有效行使；同时也要维护公民的合法权益，使行政主体与相对人之间处于平等地位。在网络媒介中产生的“社会问题”，需要行政机关以合理合法的方式处理；通过行政调解连通公民权与行政权，构建自由、公正、有秩序的和谐社会。②

哈耶克认为，广泛的政府控制所引起的变化是一种心理变化，是人民性格上的改变。③ 在互联网媒体时代，全世界都面临不同的舆论环境变化与挑战。西方世界的精英阶层利用媒体权力为自己造势，利用强大的宣传优势左右舆论，资本势力通过控制媒体从而获得了超民主特权。

事实上，西方世界对传播媒介“广泛的政府控制”的“缺位”，导致了民众一系列心理与性格的变化。例如，因网络媒体曝出美国警察暴力执法事件而掀起的“黑

① 新华社．不得开展人肉搜索、流量造假等违法活动［EB/OL］．（2019-12-21）［2021-10-21］．http：//www. xinhuanet. com//mrdx/2019－12/21/c _ 138647879. htm.

② 罗豪才，沈岿．平衡论：对现代行政法的一种本质思考：再谈现代行政法的理论基础［J］．中外法学，1996（4）：1-7.

③ 哈耶克．哈耶克文选［M］．冯克利，译．南京：江苏人民出版社，2007：533.

人的命也是命”（Black Life Matters）运动；再如美国前总统特朗普向大众煽动说媒体已被精英阶层所控制，他声称精英媒体传播的都是“假新闻”，而总统大选的媒体舆论已被篡改，他甚至诱导了其支持者暴力占领了美国国会。社会问题在网络媒体上的传播同样也引发了新的“社会问题”。

这些行政治理缺位的真空，正在被民粹主义所填补，争夺媒体注意力及其控制权。媒体注意力可以作为一种宣传武器对政策决定产生影响[①]，而媒体注意力是利益团体实现政策目标的重要工具。利益集团可以通过表现自己为“大众”谋福利来占上风。游说团体能通过在媒体辩论中呼吁公众利益来掩饰其经济利益或个人利益，但公共利益框架与公民偏好之间的联系依然并不清晰。[②]

随着民粹主义从欧洲扩散到其他国家，媒介传播扮演着重要的角色。民粹主义的传播，会引导民众构建责备观念，促使民粹主义态度的形成，但对国家及政府的认同感也会发挥感知过滤的作用。[③] 当人们与国家疏离时，会接受归咎于国家的指责，反之则不会。[④] 换句话说，国家、政府、行政力量在社会治理与媒介传播的缺失，恰恰是民粹主义社会问题的诱因之一。

因此，媒介传播中的当代社会问题，不仅仅是媒介传播与当代社会的问题，还与当代世界政治、当代世界文化、当代社会主义等议题紧密相关。这要求我们以马克思主义的立场、观点与方法，科学地分析当代社会问题与矛盾，以及相应的媒介传播行为；以整体、全面的视角，客观地理解人类发展历史中人与自然、社会的互动关系。

面对纷繁复杂的当代社会问题，我们也在提出创新社会治理的中国方案。这要

---

① STRÖMBÄCK J，KIOUSIS S. Political public relations：principles and applications [M]. London：Routledge，2011.

② DE BRUYCKER I. Blessing or curse for advocacy? how news media attention helps advocacy groups to achieve their policy goals [J]. Political communication，2019 (1)：103-126.

③ HAMELEERS M，BOS L，DE VREESE C. Selective exposure to populist communication：how attitudinal congruence drives the effects of populist attributions of blame [J]. Journal of communication，2018 (1)：51-74.

④ TILLEY J，HOBOLT S B. Is the government to blame? an experimental test of how partisanship shapes perceptions of performance and responsibility [J]. The journal of politics，2011 (2)：316-330.

求我们必须从本国国情出发，而不能照搬他国做法。改革不是要强化政府权力，而是要改善政府与社会的协同合作关系：既要为公民提供均等的公共产品、公共服务，又要创造条件使公民真正参与社会管理中并承担起社会责任。这也为与之相适应的媒介传播提出了更高的要求。

三、媒介资本嬗变：社会问题与资本利益

荀子言："人生而有欲，欲而不得，则不能无求，求而无度量分界，则不能不争。争则乱，乱则穷。先王恶其乱也，故制礼义以分之。"人皆是追逐利益的群体，有利益便会有纷争，有纷争发生便会影响社会的和谐发展，更需要通过制定规章制度调解因欲望冲突而发生的各种纷争。在中国特色社会主义市场经济体制下，我国新兴的互联网媒体集团也倾向于商业利益；基于传媒经济学"受众商品论"和"受众劳动论"，部分互联网媒体公司以民众的媒介消费时间作为商品予以"售卖"，而弱化了媒体平台提供公共产品和公共服务的责任。在这样的逻辑下，技术的发展反而加剧了媒介使用者的"异化"；各类数据收集与算法工具，是为了广告竞价排名、精准营销等营销目的而存在。在这个过程中，互联网媒体公司还会强调将内容使用者积极转化为内容生产者，通过调动民众的参与度来形成为其商业利益所服务的"网络公共领域"，从阅读、点赞、转发等使用行为发展到文字、图片乃至视听内容的生产，如从豆瓣、知乎到美丽说、小红书等，最终实现用户生产内容在其引导下的头条化、焦点化、热搜化。

在这个过程中，用户在"网络公共领域"的使用与生产行为成为"数字资本"。吴鼎铭总结道，移动终端类产品的进化、人工智能的发展导致互联网平台信息通信系统发生了更多改变；传媒与劳动的互动关系，随着"内容创业""共享经济"兴起，社会中具有创作能力的个体受到商业意识形态感召，争先恐后加入数字资本运

作过程，集聚于各网络平台上，逐渐成为推动互联网产业发展的核心力量。[①]

数字资本背后的消费主义倾向，重新形塑着媒介传播及其参与者。陈世华总结了“受众商品论”[②] 的理论溯源：加拿大学者达拉斯·斯麦兹从马克思劳动时间概念出发，提出在发达的资本主义社会，所有的时间都是劳动时间；而受众在工作之余非睡眠时间收看电视，试图在电视面前休息，实则仍在身不由己地作为受众在工作，进行着生产和再生产劳动，产生对商品的需要。大众媒介提供的电视节目，实际上是刺激和引起受众胃口的“免费午餐”，用来吸引受众关注。受众享受免费产品，不仅仅是消磨时光，他们还在工作——创造价值。媒介提供内容，其目的在于吸引潜在受众，并保持其注意力，培养他们对广告信息的好感。这种价值，最终是通过购买商品时，付出的广告附加费来实现，其不公平之处在于：受众在闲暇时间仍然付出劳动，为媒介创造了价值，不但没有得到经济补偿，反而需要承担其经济后果。从这样的视角看来，当今商业媒体所生产的内容，仍是为了获取用户注意力及时间，其最终目的就是为让读者阅览刊载的广告等营销内容。

然而，斯麦兹过于将媒介行业的本质置于经济基础之上，他忽视了受众作为个体及社会成员的主体性和人之差异，且并未考虑传播过程与社会情境的关系。媒介的用户并非完全被动的“受众”。文森特·莫斯可在后续研究中补充解释，提出控制论商品（cybernetic commodity），认为“生产者不是缄默的，但受众也不是消极的”。媒介生产的商品实则是受众相关的信息、身份、浏览量、转发量等，而非受众本身；受众，或者说媒介的使用者，尚未被“异化”为商品。

莫斯可的积极受众观较斯麦兹的观点有所推进，强调媒体机构是建构受众劳动和资本市场关系的重要桥梁，突出受众在媒体价值创造中的重要作用。这从被动的“受众商品论”转向了更加主动的“受众劳动论”，进一步揭示了在互联网数字媒体时代，日常生活被媒介技术整合进信息化资本主义[③]（informational capitalism）的

① 吴鼎铭．网络“受众”的劳工化：传播政治经济学视角下网络“受众”的产业地位研究［J］．国际新闻界，2017（6）：124-137.

② 陈世华．“受众商品论”的理论溯源与未来走向［J］．新闻知识，2012（1）：3-5.

③ 卡斯特．网络社会的崛起［M］．夏铸九，王志宏，等译．北京：社会科学文献出版社，2001：85.

过程。数字媒体的用户被卷入到其价值链中，服务于生产、消费和市场多个环节。

相对于现实中的如贫富差距等“显性”社会问题，数字媒介空间中的“劳动”与“剥削”的矛盾似乎并不突出，更多是来自学者的观察与反思。消费主义的侵蚀进一步消解了理想中的“网络公共领域”。随着网络暴力等数字媒介空间中存在的社会问题日渐凸显，一个谣言传播温床四布的“后真相时代”正在形成：诉诸情感与个人信仰比陈述客观事实更能影响民意；事实的重要性已然退居次席，人们对事件所产生了何种情绪，比事实究竟如何更加重要。① 助推这一新生社会问题的恰恰是一众互联网平台与数字媒体资本，以及其消费主义本性。它们无意于区分事实对错，更在意的是这些论战、谣言乃至冲突是否发生在其平台之上，因为这些“受众劳动”也都意味着极具价值的“受众商品”。

也有学者把这一现象形容为数字围场②（digital enclosure），指出“互动技术中鼓励用户反馈实质上是自我交易，这种反馈最终成为私有公司的私有财产”。在互联网平台等数字传播媒介上的互动技术与互动行为也暗藏着剥削玄机。互联网平台等数字传播媒介在这一数字围场中，围猎的是使用者的论战热情、时间和注意力，其在社会问题讨论乃至因网络暴力而新生的“社会问题”中获利。

四、结语：探索解决媒介传播中当代社会问题的中国方案

媒介传播中的当代社会问题，不仅仅是当代社会问题作为内容而被媒体机构报道、通过各种媒介进行传播，也是在信息数字化背景下，互联网媒介传播过程中衍生的新的社会问题。在互联网空间中并没有形成哈贝马斯理想中的、能够平衡行政权力并辅助解决社会问题的“公共领域”。信息技术与生产力的进步，并不意味着当代社会问题的必然消解；当代消费主义、数字资本乃至数字资本主义，反而造成了

① 董晨宇，孔庆超．后真相时代：当公众重归幻影［J］．公关世界，2016（23）：92-95.

② ANDREJEVIC M. Surveillance in the digital enclosure［J］. The communication review，2007（4）：295-317.

新的社会问题，这都呼唤必要的行政引导与干预。

正如中国国家主席习近平致第四届世界媒体峰会的贺信中强调，“当前，世界百年未有之大变局和新冠肺炎疫情全球大流行相互交织、彼此影响，国际格局演变深刻复杂。如何正确回答时代课题，广泛凝聚世界共识，媒体肩负着重要社会责任”[①]。媒体人应该“努力做民心相通的传播者、人文交流的促进者，为弘扬全人类共同价值、推动构建人类命运共同体作出应有贡献”。

在数字经济时代，国家对网络空间的治理同样也需要筑牢坚实的法治基础，要求加强党对全面依法治国的集中统一领导。因此，我们强调以当代中国马克思主义观察中国和世界；坚持以马克思主义为理论指导、坚持党的绝对领导，把握好我国公有制占主导的传媒格局优势，创新地解决媒介传播中的当代社会问题，为建设富强民主文明和谐美丽的社会主义现代化强国、构建人类命运共同体而不懈奋斗。

（马瑞青，北京电影学院管理学院 2021 级博士研究生，上海交通大学上海交大－南加州大学文化创意产业学院副教授；韩旭，郑州大学法学院 2020 级法学硕士研究生）

① 习近平向第四届世界媒体峰会致贺信［EB/OL］.（2021-11-22）［2021-12-16］. http：//www.gov.cn/xinwen/2021-11/22/content_5652572.htm.

AI时代网络平台“通知—删除”规则之困

陈　霞

摘　要：人类进入人工智能（AI）和大数据时代以后，采用算法推荐等技术的互联网商业模式出现。著作权法领域创设于20世纪90年代的“通知—删除”规则已不能有效保护著作权人的利益，导致著作权人、网络服务提供商和社会公众之间的利益关系严重失衡。欧美等国家和地区已对此规则作出有针对性的调整，我国也应及时应对，适当提升网络服务提供者或网络平台的注意义务，对网络用户的侵权行为采取更为适当、必要的措施，更好地保护著作权人的利益，促进作品的有序利用。

关键词：通知—删除；算法推荐；必要措施；注意义务；帮助侵权

一、问题的提出

近几年，随着互联网产业和短视频、直播等互联网应用的迅猛发展，视频平台的版权纠纷增多，尤其是因短视频热引发的未经授权搬运长视频作品片段的现象骤增。据统计，仅在2021年6月1日至12月10日期间，腾讯以侵害著作权为由，在全国13个省份的18家法院起诉抖音168次，标的总额超过29.43亿元。其中，亿元以上标的额案件有4起，《斗罗大陆》标的额最高，达到8亿元；其次是《你是我的荣耀》，为7.55亿元。[①] 网络平台在接到著作权人发出的有关其用户有著作权侵权行为的通知时，往往以平台仅提供信息存储空间、搜索或定位服务，对平台用户发布的内容没有主动监控义务为由，一般只要履行“通知—删除”规则便可通过“避风港”原则豁免其版权侵权责任。

2021年年底，北京海淀法院就北京爱奇艺科技有限公司与北京字节跳动科技有限公司侵害作品信息网络传播权纠纷一案作出判决，认定在电视剧《延禧攻略》热播期间，字节跳动公司为其运营的今日头条App用户提供视频信息存储空间和信息流推荐服务，将用户上传的截取自该剧的短视频向公众传播并推荐，在应知众多头条号用户大量实施侵害《延禧攻略》信息网络传播权之行为的情况下，尽管事后采取了删除、屏蔽等相应的措施，但从实际处理结果看尚未达到“必要”的程度，构成帮助侵权，字节公司与其用户承担连带责任。

该案也被业界称为“全国首例算法推荐案”，其中的事实与法律问题集中体现了AI时代算法推荐普遍应用的情况下版权法领域“通知—删除”规则适用的困境。概言之，“通知—删除”规则究竟追求“通知”行为或“删除”措施的形式要求还是行为的实质效果？具体而言，当权利人发出的版权侵权“通知”的形式不符合法定的形式要求、存在瑕疵，而网络平台明显存在版权侵权行为却对此视而不见、仅在接到“合格”的侵权通知时作出“删除”等形式上的措施要求而未达到制止侵权的实质要求时，是否符合法律规定的“应知”的主观状态和“必要措施”的要求，网络平台能否顺利驶入“避风港”、依然可以豁免其著作权侵权责任？

更进一步来说，当我们考察网络服务提供者或网络平台“通知—删除”规则的适用效果的时候，是否把有效制止、预防平台之上的明显侵权行为作为实质要求。在爱奇艺公司诉字节跳动公司一案中，爱奇艺公司在《延禧攻略》开播前及首轮播出期间，向字节公司连续发送了20余封预警函及律师函，告知了该剧相关的权利归属、播出平台、播出计划等情况，要求字节公司针对侵权采取必要措施，并附了联

① 腾讯要求抖音为《斗罗大陆》赔偿额增至8亿元，半年来累计向抖音起诉168次[EB/OL].(2021-12-21)[2022-02-16].https://www.guancha.cn/economy/2021_12_21_619379.shtml?s=zwyxgtjbt.

系方式。尽管上述函件的内容不符合《信息网络传播权保护条例》第十四条第一款第二项关于“通知”在性质和效力上的要求，但字节公司对于其平台中侵害该剧权利的情况，已不可能仍处于毫不知晓或无从了解的状态。[①]

如果实践中平台仅需依照“通知—删除”规则的形式要求行动即可豁免其版权侵权责任，那么这种被动应对可能会放任新增侵权行为或重复侵权行为的发生，网络平台可从中获得数量可观的“侵权流量”，却给权利人造成严重的经济损失。从这一点上来看，利用“通知—删除”规则来豁免网络服务提供者的版权侵权责任甚至可能会异化为一种“侵权激励”机制。

我国著作权法在“通知—删除”规则外，还规定了网络服务提供者或网络平台在“知道”或“应当知道”平台用户存在著作权侵权行为而未采取必要措施时，也应当承担著作权侵权责任。在人工智能时代，当网络平台主动采用算法推荐时，是否必然意味着其落入上述“应当知道”的情形从而需要承担侵权责任？网络平台可否就使用算法或算法推荐主张技术中立？

综上，技术的快速更迭已对创设于 20 世纪 90 年代的“通知—删除”规则及相关的著作权侵权责任制度提出挑战，其发展和完善关乎能否真正保护著作权人的权利，实现著作权法的立法目标，值得司法界和理论界关注和研究。

二、我国著作权法中的“通知—删除”规则

“通知—删除（Notice and Takedown）”规则，也被译为“通知移除”“通知删除”规则等，是 1998 年美国《数字千年版权法》（*Digital Millennium Copyright Act*，DMCA）为部分网络服务提供者规定的“避风港”的组成部分，是指特定的网络服务提供者在接到权利人发出的符合法定要求的通知后，如果及时删除了被指称侵权的作品或断开了链接，在无证据证明其事先知道侵权事实的情况下，该网络服

① 参见北京市海淀区人民法院（2018）京 0108 民初 49421 号民事判决书。

务提供者不承担赔偿责任。[①]“通知—删除”规则实质上在网络服务提供商与版权人之间创设了一种版权保护的责任分配和合作机制：将发现侵权内容的责任分配给更能有效发现侵权内容的版权权利人，而施加予网络服务提供商的责任是收到有效通知后，“迅速”移除涉嫌侵权的内容或断开对涉嫌侵权内容的链接。[②] DMCA 的“通知—删除”制度由于可以方便权利人维护权利、快速解决纠纷，而不需要动用行政或司法的力量，很快为包括中国在内的世界上许多国家和地区所借鉴。[③]

在立法方面，我国首先在 2006 年 5 月通过的《信息网络传播权保护条例》中规定了“通知—删除”规则，随后《侵权责任法》与《电子商务法》也分别引入了该制度。2020 年 5 月通过的《民法典》第 1194 条—第 1197 条对“通知—删除”规则做了进一步完善，将网络服务提供者收到侵权通知以后需要采取的“必要措施”由移除特定侵权内容扩展为包括屏蔽在内的其他措施。其中第 1195 条规定了该规则实施的流程：通知—转通知—采取必要措施，即“网络用户利用网络服务实施侵权行为的，权利人有权通知网络服务提供者采取删除、屏蔽、断开链接等必要措施”。权利人发出的有效通知应当包括构成侵权的初步证据及权利人的真实身份信息。“网络服务提供者接到通知后，应当及时将该通知转送相关网络用户，并根据构成侵权的初步证据和服务类型采取必要措施。”《民法典》第 1196 条规定，如果网络用户认为自己没有实施侵权行为，可以向网络服务提供者（网络平台）发出声明并提交初步证据及其真实身份信息，然后由网络平台将其转送给发出通知的权利人，这个程序又被称为“反通知”。

当网络服务提供者或网络平台满足《民法典》第 1197 条规定的“知道或者应当知道网络用户利用其网络服务侵害他人民事权益”，且“未采取必要措施”这两个条件时，需要与实施侵权行为的网络用户一起承担连带责任。表面看来，此条比 2009 年制定的《侵权责任法》第 36 条第 3 款在“知道”之外增加了“应当知道”这种心理状态，但根据全国人大法工委的起草说明，《侵权责任法》里的“知道”可以包括

① 王迁．“通知与移除”规则的界限［J］．中国版权，2019（4）：28-31．
②③ 万勇．人工智能时代的版权法通知—移除制度［J］．中外法学，2019（5）：1254-1269．

“明知”和“应知”两种主观状态。

在网络版权法领域，“明知”通常是指网络服务提供者收到版权人发送的“有效通知”后对侵权行为的“实际知情”；“应知”则指《信息网络传播权保护条例》中的“有合理理由应当知道”的情形，即适用“红旗标准”，指网络服务提供者认识到了明显侵权的具体事实或情形，却视而不见并一如既往地行事。这里的“具体事实或情形”，是指特定的侵权事宜，“倾向于考虑将其认识客体界定在特定被诉的作品”。[①]

司法实践中，最高人民法院2012年发布了《关于审理侵害信息网络传播权民事纠纷案件适用法律若干问题的规定》，对于网络服务提供者的主观状态“应知”进行解释，规定人民法院在认定网络服务提供者是否构成应知时，应当综合考虑各项因素，其中包括“网络服务提供者是否主动对作品、表演、录音录像制品进行了选择、编辑、修改、推荐等”，此处的“推荐”是否包括今天的算法推荐，想必十年前做出此规定之初不会预见到技术会发展到何种程度，但似乎可以进行扩大解释。

在我国著作权领域的相关产业实践和司法实践中，“通知—删除”规则实际执行时本身就存在恶意通知、平台版权审查困难等问题，导致网络平台版权治理效率低下、重复侵权现象严重。人工智能时代亟须解决的是对“通知—删除”规则的本质属性认识不清、网络平台“应知”的情形，以及“必要措施”的范围等问题。

三、AI时代“通知—删除”规则的演进

“通知—删除”规则是内容产业与技术产业相妥协的产物。随着AI技术与产业的飞速发展，该规则所建立的著作权人与网络服务提供者之间的平衡已然被打破，当下内容产业版权保护严重不足，尤其在近几年兴起的短视频平台和网络直播平台上，侵权问题严重。与此同时，技术与社会环境也发生了重大变化，著作权人发现

① 孔祥俊．网络著作权保护法律理念与裁判方法［M］．北京：中国法制出版社，2015：212.

侵权行为和发出侵权“通知”的方式更加智能、高效，各国也为完善“通知—删除”规则及相关的著作权侵权责任制度做了一些尝试。

（一）新技术下的版权生态

在网络版权法领域的实践中，拥有众多版权的电影公司、唱片公司越来越多地自行或委托版权代理机构设计算法，使用网络机器人扫描网页，搜寻涉嫌侵权作品，然后利用算法自动发出海量通知，请求网络服务提供商或网络平台移除或屏蔽侵权作品。搜索引擎也利用算法来遏制网络侵权行为，通过搜索算法可以降低涉嫌侵权网站的排名。

一些网络服务提供商开始与著作权人合作，利用过滤算法自动阻止涉嫌侵权作品上传到网络平台。如 2007 年视频网站 YouTube 开始使用 Content ID 版权保护系统，检查用户上传内容与数据库中的版权内容的匹配程度。[①] 2014 年，同样被侵权诉讼困扰的美国视频共享网站 Vimeo 也开始采用与 Content ID 系统类似的版权守望（Copyright Watch）系统，对用户上传的视频内容进行过滤。2018 年，YouTube 又推出了打击盗版侵权的版权匹配工具（Copyright Match Tool），用于监测平台上重复上传的与原创视频相同的视频。在国内，各大网络平台纷纷研发和使用各类算法技术监测、拦截涉嫌侵权信息。如百度文库 2011 年推出的反盗版 DNA 比对识别系统，搜狐视频 2015 年正式上线的视频基因比对技术，今日头条 2017 年引入的内容识别系统，字节跳动公司 2018 年公开的视频版权保护系统“灵识系统”等。目前抖音、西瓜等短视频平台均已接入灵识系统。2020 年抖音安全中心事先拦截违规视频内容超过 2.64 亿条，其中“机器审核”拦截超过 9125 万条。此外，一些第三方机构也进入“算法技术”市场，为版权人提供自动侵权监测服务。[②]

目前版权领域利用算法技术监测涉嫌侵权信息、发送侵权通知、处置涉嫌侵权信息已成业界常态，“通知—删除”规则越来越依靠算法技术来执行，已实际操作成

① 万勇．人工智能时代的版权法通知—移除制度［J］．中外法学，2019（5）：1254-1269.

② 易健雄．从算法技术看网络服务提供者的“应当知道”：也谈《民法典》第 1197 条的适用［J］．知识产权，2021（12）：28-39.

“算法通知—算法删除”模式。①

（二）欧美关于“通知—删除”规则的新思路、新实践

美国2020年发布的《“避风港”第512条款研究报告》提出应将“通知—删除”规则升级为“通知—屏蔽（Notice and Staydown）”规则，并在其中内置作为“标准技术措施”的“版权过滤技术”。新规则的核心内容是网络服务提供者在收到侵权通知后，不仅履行对特定侵权内容的移除义务，还应当采取过滤技术检测并阻止同一件版权作品被再次上传。②

欧盟的《版权指令》则区分网络服务提供者的类型，适用不同的注意义务标准：对纯粹的信息存储及定位服务提供者，因其主观上并不知道用户上传的内容是否经过授权，不提供主动的内容分发服务，具有行为上的被动性，所以采用“通知—删除”规则，即在接到权利人通知或者知道该事实后，及时移除或者断开访问该信息的链接。内容分发平台作为网络服务提供者，对平台用户上传的内容进行整理、建立索引并发布，此类发布行为具有主动性，因此为其设置过滤义务。③

德国联邦最高法院以妨害者的责任为依据，创设了“面向未来的审查义务”。法院要求，网络服务提供商对正在发生的侵权有排除义务，并对未来的妨害负有审查控制义务。要求网络服务提供商在接到侵权通知后，不仅应删除被投诉的侵权内容，还应当在以后针对相同的侵权内容负有主动审查义务，采取一切可能的合理措施，防止实质上相同的侵权再次发生。④

法国法院在2007年曾力推“通知—保持删除”规则，即网络存储空间服务提供者接到权利人的合格侵权通知后，有义务采取一切可能的措施防止被投诉的侵权内

① 易健雄．从算法技术看网络服务提供者的“应当知道”：也谈《民法典》第1197条的适用［J］．知识产权，2021（12）：28-39.

② United States Copyright Office，Section 512 of Title 17——A Report of the Register of Copyrights，2020.

③ 姚欢庆．“通知—删除”规则的新挑战：算法推荐下的平台责任［EB/OL］．（2020-07-29）［2021-11-22］．https：//mp. weixin. qq. com/s/vad1B07hSuhgSxFg9hb _ CA.

④ 李昕，周徽．网络服务提供商的注意义务及必要措施之发展：以重复侵权为视角［EB/OL］．（2022-02-11）［2022-02-22］．https：//mp. weixin. qq. com/s/-zLhDrLudoimk-BhbnSfmQ.

容再次上传。[①]

四、网络平台"通知—删除"规则之完善

尽管"通知—删除"规则为互联网技术产业的发展提供了巨大而宽松的空间，今天，网络服务提供者或网络平台已从最初的提供信息存储、搜索、链接等被动服务发展为利用算法主动向用户推送关联信息，"通知—删除"规则已无力有效制止侵权和预防侵权，我们需要重新思考"通知—删除"规则的功能目标，提高网络平台的注意义务，建立起著作权人、网络服务提供商（网络平台）与公众之间新的利益平衡。

（一）从源头上厘清"通知—删除"规则的本质与功能目标

"通知—删除"规则本质上是一种责任限制条款，即网络服务提供者在收到权利人的侵权通知以后，如果及时移除了侵权内容则可以免除侵权责任。该规则不要求网络服务提供者承担主动审查义务，仅为其规定了一般注意义务。依据我国的司法实践经验，接到"通知"后采取断开链接、删除等措施，并不意味着网络服务提供者的行为不构成侵权。能否进入避风港，关键还是看网络服务提供者在主观上确实没有明知和应知，即其在主观上没有过错。在其主观上具有过错时，网络服务提供者接到通知后即便采取及时删除、断开链接等措施，仍然应当认定其构成侵权。[②]

从"通知—删除"规则的源头上看，美国的避风港制度只是提供责任限制，并非全部豁免，权利人仍可获得禁令救济。美国《数字千年版权法》规定，要适用"通知—删除"制度，网络服务提供商还需要符合两个门槛条件：第一，已经采取并合理实施了在适当情况下对作为反复侵权者的网络用户和账号持有者停止服务的政

① 李昕，周微．网络服务提供商的注意义务及必要措施之发展：以重复侵权为视角［EB/OL］．(2022-02-11)［2022-02-22］．https：//mp．weixin．qq．com/s/-zLhDrLudoimk-BhbnSfmQ．

② 钱海玲．法官智典·知识产权卷［M］．北京：人民法院出版社，2018：105-106．

策，并将这一政策告知网络用户和账户持有者。第二，网络服务提供商应当兼容版权人所使用的“标准技术措施”，这不同于近几年提及的过滤技术，尽管实际实施起来与中国的没有什么实质性的不同，[①] 但对于了解“通知—删除”规则的全貌和本来面貌是必要的。

（二）网络服务提供者注意义务的设定应与其采用的技术、提供的服务等相适应

确定网络服务提供者注意义务的范围是认定其对平台用户明显侵权行为是否“应知”、从而确定是否应承担版权侵权责任的关键，但注意义务的成本不宜过高。以版权过滤义务为例，对提供信息存储服务的网络平台，审查作品的范围可以限于权利人寻求合作并事先提供版权作品、与已发生侵权行为的作品相关的作品或行为、知名作品、平台直接从中获利的作品等情形。

当网络平台同时也是算法推荐服务提供者时，算法推荐和信息流服务等在帮助用户获得更多曝光和关注的同时，也为平台获取了更多的流量和市场竞争优势等利益。利用算法向用户主动推送或发布内容信息可能存在加速侵权内容传播的风险，网络平台理应负有更高的注意义务，正如爱奇艺诉字节公司案判决书所述。[②] 提供算法推荐服务的平台，尽管是由机器自动推送替代人工推荐，但平台在设计算法时，仍然可以在几个方面施以必要的注意、采取必要的措施加以优化，如允许进入算法推荐的内容信息的范围、算法推荐的具体应用方式，以及如何将已进入推荐范围的侵权内容纳入复审环节等。[③]

（三）“必要措施”类型的扩展应考虑网络平台的服务类型、性质等因素

从网络服务提供者收到侵权通知后采取的措施看，“通知—删除”规则已向“通知—必要措施”或“通知—屏蔽”方向演进。具体到我国，从 2006 年《信息网络传

---

① 万勇．人工智能时代的版权法通知—移除制度［J］．中外法学，2019（5）：1254-1269.

②③ 参见北京市海淀区人民法院（2018）京 0108 民初 49421 号民事判决书。

播权保护条例》中的“删除、断开链接”已发展到2020年《民法典》中“删除、屏蔽、断开链接”等“必要措施”；2018年通过的《电子商务法》第42条则将“必要措施”扩展为“删除、屏蔽、断开链接、终止交易和服务等”。

判断网络服务提供者或网络平台采取的措施是否“必要”，可以借鉴欧美地区的做法，以制止重复侵权为目标，根据平台所提供的服务类型的不同，采取与其义务相适应的必要措施。AI时代提供算法推荐服务或采用其他先进技术的网络服务商，如果具有较强的用户信息管理能力，可以在针对侵权内容的措施之外采取针对重复侵权人的措施。在爱奇艺诉字节公司案中，法院承认字节公司“确实开展了删除、屏蔽等工作”，满足了应当依法采取相应措施的形式要求，但其所采取的措施并不符合有效制止、预防明显侵权的实质要求，尚未达到“必要”的程度。从YouTube的做法来看，“必要措施”的类型可以涵盖屏蔽侵权内容链接、对相关画面做消音处理、进行分发许可等措施。

五、结语

在AI时代，深陷版权保护效率低下、预防侵权不力困境中的“通知—删除”规则，应随着技术的发展，顺应从“通知—删除”的形式要求转向实质要求、所采取措施针对侵权内容与侵权人并举的趋势，适当提高网络服务提供者或网络平台的注意义务、扩展“必要措施”的范围，以期能够及时、有效制止和预防明显的侵权行为。与此同时，也应考虑网络服务提供者或网络平台的具体情况，不宜过分加重其义务，在鼓励技术创新、保护版权人权利的同时，维护公众的基本权利。

（陈霞，首都师范大学文学院文化产业系副教授）

公平与效率视角下的英国电子政务政策研究*

罗　赟　谢子蕙

摘　要：英国政府是世界上数字化程度较高的政府之一，其电子政务模式一度成为发展范本，为其他国家提供了宝贵的经验。本文通过对其政策的整体梳理和语义分析，发现其电子政务虽然能实现政府服务提供的高效和便捷，但是其顶层设计深受新自由主义意识形态的影响，尤其深受其国家观和公平观的影响，其政策倡导的公平与包容的内核是新自由主义式的效率与赋权，并可能因此进一步加深数码排斥、社会排斥与断裂。

关键词：电子政务；话语分析；新自由主义

自 2010 年以来，英国政府已经成为世界上数字化程度较高的政府之一。在联合国经济和社会事务部发布的《联合国电子政务调查报告》中，英国一直名列前茅，2016 年排名位居全球第一。[①]学界关于英国电子政务的研究不断增多，并且在很大程度上一致认为英国的电子政务建设不仅强调公平，强调政策与服务的包容性，以公众需求为中心，提倡为公众提供方便快捷的服务，而且强调高效率和节省政府开支，英国的这种电子政务模式能为其他国家提供宝贵的经验。[②] 基于对 1999—2017 年英

* 本文系首都师范大学文化研究院项目“新型传播平台参与北京城市治理的策略研究”阶段性成果。

① 联合国经济和社会事务部．联合国电子政务调查报告［EB/OL］. https：//publicadministration. un. org/en/Research/UN-e-Government-Surveys.

② 王亚宏．英国电子政务：以公众为中心［J］. 信息系统工程，2011（7）：10；庞宇．英国电子政务的发展转型及经验启示［J］. 电子政务，2018（2）：62-70.

国数字政府政策的语义分析，本文认为英国电子政务虽然能实现政府服务提供的高效和便捷，但是其顶层设计深受新自由主义意识形态的影响，尤其深受其国家观和公平观的影响，其政策倡导的公平与包容的内核是新自由主义式的效率与赋权，并可能因此进一步加深数码排斥、社会排斥与断裂。本文建议客观和辩证地去看待英国电子政务的成功经验。本文从公平与效率的视角出发，将1999年以来英国电子政务政策的发展分为三个阶段进行回顾；基于语义分析框架，本文对1999—2017年英国数字政府政策文本进行深入分析，并指出其各阶段蕴含的新自由主义内核；本文通过对2012年之后英国电子政务实践的考察，更为直观和具体地体现英国电子政务的新自由主义内核，并给出相关政策建议。

一、英国电子政务政策的发展：基于公平与效率的视角

英国的电子政务起步晚于美国及欧洲其他一些国家。1994年，英国响应“电子欧洲”计划开始电子政务建设，并提出了“电子英国”计划，开通网上“英国政府信息中心”，由内阁办公室负责建立中央政府网站“open. gov. uk”。[①] 1996年，英国发布《直通政府》白皮书，作为电子政府服务发展的计划书，旨在“英国政府信息中心”的基础上，进一步利用计算机、因特网等现代信息通信技术，提高办公效率，改善行政管理，加快信息获取，与未来的信息高速公路顺利并轨。从1999年开始，英国电子政务的发展进入正轨，电子政务改革的重要性提升到政府现代化改革的战略层面。2012年《英国政府数字战略（2012）》的提出形成新的发展转折点。

英国电子政务建设的主导思想围绕着“公平”与“效率”两个核心寻找平衡。其相关政策一方面强调公平，即保证每个家庭都能上网，确保人人享有网络带来的便利，解决数字鸿沟问题，促进社会融合等；另一方面又强调效率，即实现默认数字化目标，加快政府转型，提升服务效率，节约成本等。由此，依据公平与效率的

① 庞宇．英国电子政务的发展转型及经验启示［J］．电子政务，2018（2）：62-70.

视角，本文将 1999 年以来英国电子政务步入正轨之后的政策发展进行划分，分为三个明显的不同阶段。

第一阶段，即电子政务 1.0 阶段（1999—2005），以优先公平为主。这个阶段颁布了两份政策文件，《现代化政府白皮书（1999）》和《电子政务：信息时代公共服务的协同框架（2000）》。该阶段政策重点突出公平性，如强调全民普及、社会融合、政府整合、解决数码排斥等。具体内容有：在 2005 年前达到全民普及，投资建设一个有 6000 个上网中心的全英网络，加强信息通信技术培训，破除相关法律壁垒，提出具体技术框架以鼓励公私合作，在政府内设置电子大臣、电子公使等职位。

2000 年 4 月，英国贸工部小企业和电子商务国务大臣帕特里夏・荷维特、英国教育与技能部国务大臣迈克尔・威尔发布了题为《缩小数字鸿沟》的报告，建议在没有办法上网的地方，都提供先进的信息通信技术设施，以帮助那些无法上网的人（如老年人或残疾人），有机会接触计算机、因特网、电子邮件等。帕特里夏・荷维特说："必须缩小拥有技术的人和没有相关技术的人在享受技术方面的差距，以便使每一个生活在电子社会的人都享受到它带来的好处。"①

第二阶段，即电子政务 2.0 阶段（2005—2010），以优先效率为主。这个阶段主要颁布了两份政策文件，《连接英国：数字战略（2005）》和《技术赋能下的政府转型（2005）》。这些政策突出市场化和效率。虽然在这一时期政府也有考虑数码排斥和随之带来的社会排斥问题，但是相关政策《创新中的融合：通过新技术解决社会排斥（2005）》是由副首相办公室下属的社会排斥办公室起草并发布的。

由于副首相办公室缺乏相关的政治支持，如财政部的支持，以上数码排斥战略与同时期由首相办公室发布的数码战略相比重要性相差不少。② 自 2006 年社会排斥办公室被废置后，数码战略由社区和地方政府部接管，解决数字鸿沟的责任由中央下降到地方，该战略重要性进一步降低。③ 数码排斥战略具体内容包括：实现公共

① 魏学强．英国：缩小网络差距［EB/OL］．（2000-04-14）［2022-06-18］．http：//www. yeskey. com/20000414/48667. shtml.

②③ John Hudson. 信息时代协调效率与公平的挑战：政府议程的英国经验［J］. 郑静东，译．公共行政评论，2008（6）：98-117，199-200.

服务实质上的网络化、电子化，追踪政府电子化支出，引导公民和企业使用最低成本的渠道，废置电子公使设立信息总裁和电子政务办公室，政府内部事务电子化程度提高，设立两个大型服务型网站等。

第三阶段，即电子政务 3.0 阶段（2010—2015）。该阶段同时强调效率与公平两个政策目标。在效率性政策目标的指导下，内阁办公室发布了三份政策文件，分别为《英国政府数字战略（2012）》《英国政府数字战略（2013）》和《政府服务改革政策（2012—2015）》。这三个文件主要强调了电子政务提供的效率和效能，突出电子政务和服务数字化的优先地位，不断深化电子政务改革，从政府信息公开的电子化建设转向政府信息交流和政府服务的数字化和电子化。电子政务开始强调“替代”传统的面对面式服务，实现“默认数字化”目标。其中《英国政府数字战略（2012）》是最重要的一份文件，该战略阐述了政府如何在默认情况下实现数字化，战略涵盖 14 项行动准则，成为电子政务实践的蓝本。《英国政府数字战略（2013）》是 2012 年政府数字战略的延续，在原政策的基础上将主要行动扩展为 16 项。

在公平性政策目标的指导下，内阁办公室于 2014 年 4 月发布了《政府数字包容战略（2014）》。与电子政务 2.0 阶段不同的是，该阶段的数字包容政策与政府数字战略有着极为紧密的关系，是根据《英国政府数字战略（2013）》中的第 15 项内容发展而来的。该阶段的数字包容战略的发布部门与政府数字战略的发布部门为同一部门。战略提出 10 项行动计划，目的在于减少人们的上网障碍，让每个人都能获得他们需要的数字技能。《政府数字包容战略（2014）》认为，数字包容就是减少数码排斥，是为了确保人们有能力使用互联网来做一些有益于他们日常工作的事情，无论使用者是个人、中小企业还是其他组织。值得注意的是，该阶段所强调的公平效率兼顾日标并不是前两个阶段政策目标的简单叠加，该阶段公平性目标的内涵已发生了实质上的改变。

英国数字政府相关政策如表 1 所示。

表 1　英国数字政府相关政策

序号	时间	文件	发布机构
1	1999 年 3 月	《现代化政府白皮书（1999）》	内阁办公室
2	2000 年 4 月	《电子政务：信息时代公共服务的协同框架（2000）》	内阁办公室
3	2005 年 4 月	《连接英国：数字战略（2005）》	内阁办公室 首相战略办公室
4	2005 年 10 月	《创新中的融合：通过新技术解决社会排斥（2005）》	副首相办公室 社会排斥办公室
5	2005 年 11 月	《技术赋能下的政府转型（2005）》	内阁办公室
6	2012 年 11 月	《英国政府数字战略（2012）》	内阁办公室 政府数字服务机构
7	2013 年 12 月	《英国政府数字战略（2013）》	内阁办公室
8	2013 年 12 月	《政府助力数字化路径（2013）》	内阁办公室 政府数字服务机构
9	2014 年 4 月	《政府数字包容战略（2014）》	内阁办公室 政府数字服务机构
10	2015 年 5 月	《政府服务改革政策（2012—2015）》	内阁办公室 效率和改革组 政府数字服务机构
11	2017 年 2 月	《政府转型战略（2017—2020）》	内阁办公室 政府数字服务机构

二、重点政策解析：基于语义的分析框架

通过语义分析，本文深入分析了 1999—2017 年英国数字政府政策的文本内容，尤其对其中的公平框架进行考察和分析，发现其政策话语基本是在新自由主义的框架之下展开，政策中包含的公平、包容等话语实质是新自由主义式的效率和赋权。新自由主义是英国现代政治思想的主要流派，起源于亚当·斯密的英国古典政治经济学思想，经 20 世纪 30 年代的伦敦学派推动得以迅速发展，后又被 1979 年上台的撒切尔政府加以广泛实践，使之在英国政策中起主导作用。其核心是反对国家和政府对经济的不必要干预，提倡自由市场的重要性和优先性。虽然新自由主义接受了

国家干预的存在，但这种干预不是为了对抗市场制度，而是为了将市场原则即资本主义的竞争逻辑拓展到生活的各个方面。[①] 由此，新自由主义下的国家内涵和公平观深受市场逻辑影响。新自由主义国家观认为国家不应凌驾于社会与市场之上，而应服务于金融资本，国家功能应该从提供公共物品与服务、投资和生产转变为维护市场秩序、积极落实私有化、削减开支和去管制化。[②] 新自由主义公平观认为凡是市场分配带来的结果就都是公平且无须干预的，即“注重过程公平、忽视结果公平”，因而政府在提供公共物品时需要考虑的问题就是如何搭建一种可被民众所“自由”使用的平台，而民众在这一平台中的行为及其产生的后果都是合理的、公平的、无须干预的。

《现代政府白皮书（1999）》颁布于第一阶段，即重点突出公平概念的阶段。政策强调政府提供的公共服务应以公民的需求为根本，突出政策以公民为中心的特点，强调政策的前瞻性、包容性和公平性。在这个以公民需求为中心的政策中，公民的含义被构建为政府服务的“消费者”。对公民的“消费者”定位实际上表明了英国政府提供服务的本质是市场的供需逻辑，目的是服务于金融资本，而非传统意义上的公民身份与社会权利。

《电子政务：信息时代公共服务的协同框架（2000）》同样将公民定位成“消费者”，指出政府提供服务应以最小的成本，即遵循市场的法则，强调政府现代化或电子政府应以商业模式为典范。政策认为，公民在电子政务转型中能拥有更多的选择，享受个性化服务，这体现了政策的“包容性”。此外，公民能够拥有相同的平台或渠道及时接收政府信息、发声以及与政府沟通，这体现了该政策的“参与式民主”。实际上，无论是该政策的“包容性”还是“参与式民主”都反映了其新自由主义的意识形态根基。这主要表现在英国政府试图建立一个高效率和参与性的平台，以实现政府信息发布的电子化和数字化。在英国政府看来，民众作为消费者能够自由地进入这一平台并快速便捷地获取政府及其相关机构的信息。实际上，这一观点忽视了不同阶级与群体获取电子政务信息能力的差异，例如，低收入群体和相对高昂的上网费用、农村地区和基础设施不足、老年人和低数字素养、低使用意愿等，以及可能因此而造成的数码排斥和社会断裂。

---

① FOUCAULT，M. The birth of biopolitics：lectures at the Collège de France，1978－1979 [M]. London：Picador，2008.

② PATNAIK P. The state under neo-liberalism [J]. Social scientist，2007，35 (1/2) .

《连接英国：数字战略（2005）》颁布于第二阶段，更加强调效率，其文本也更明确地表达了效率优先的新自由主义逻辑，包括像成功的企业一样利用新技术去提供现代化的公共服务使其个性化、高效率，以及利用新技术保持全球经济竞争力。《技术赋能下的政府转型（2005）》同样强调消费者选择、效率和经济生产力，并认为利用新技术进行的政府现代化改革不仅能应对全球化带来的经济挑战，而且是实现公平和进行公共服务改革的有效途径。

《创新中的融合：通过新技术解决社会排斥（2005）》也颁布于这一阶段。该政策承诺解决因数字鸿沟带来的社会排斥问题，并着重强调使用新技术，尤其是使用信息通信技术解决数码排斥问题。具体内容包括增加政府内关于受排斥群体信息的共享与交流，加强社区信息通信技术设施建设，建立独立机构监测和交流使用信息通信技术解决数码排斥的案例和经验等。① 由这些具体内容可以看出，该政策内在逻辑认为新技术能够解决社会排斥问题，无论是通过政府平台建设，增进政府内信息交流与共享，还是社区平台建设，增加民众的网络接入渠道。然而，这一政策却忽视了技术本身无法解决的一些排斥问题，只构建技术型平台而不从结果上进行补偿，难以解决这些因客观因素而引起的不平等问题。

第三阶段，英国政府颁布了最重要的数字化政府政策《英国政府数字战略（2012）》，提出 14 项行动和 11 项原则，公布“默认数字化服务标准”，描述服务必须达到的性能指标和能力。所有新增或重新设计的交易服务将符合“默认数字化服务标准”，为很少或从未上网的人提供统一服务。该政策没有出现“消费者”等字眼，而是选用“使用者”这个中性词汇加以替代，文件中仍然频繁强调“效率”和“节省成本”等与新自由主义意识形态相关的文字。

《政府数字包容战略（2014）》强调数码包容并致力于解决数码排斥问题，清晰地列举出了在政府服务数字化改革中的弱势群体，也就是可能被数字化改革遗落的群体。然而，在解决对策上，该文件并没有将上述弱势群体作为目标群体去制定有针对性的、具体的解决方案，依然着眼于平台和渠道建设，包括政府内部渠道建设（如行动 1 至 3），私营和志愿部门平台搭建（如行动 5 和 8）。也就是说，英国政府延续了过去平台优先的发展思路，认为通过完备的平台搭建，各群体不仅能自由地

---

① 魏学强．英国：缩小网络差距［EB/OL］．（2000-04-14）［2022-06-18］．http：//www. yeskey. com/20000414/48667. shtml.

获取政府信息并与政府沟通交流，还能自由地享受政务服务，由此进一步深化电子政务改革，实现更深程度的公平。这一逻辑仍然忽略了各群体因为起点差异而无法平等地进入与使用政府搭建的“公平”平台的现实，以及由此造成的更深度的社会边缘化和排斥化。

在最近颁布的《政府转型战略（2017—2020）》中，政策强调通过科技和电子的手段改革政府本身以及政府与公民之间的关系，强调新技术为政府转型和变革带来的可能性，并强调新技术能为公民赋权和更民主的政府与公民关系做出贡献。具体来说，该政策认为技术不仅能为政府运行节省大量成本，而且能促使政府统一平台搭建，为民众赋能赋权。具体表现为政府通过统一平台直接与民众进行沟通和提供服务，及时对民众的需求做出反应等。该政策同样突出了“注重过程公平”的内在逻辑，认为由新技术带来的政府转型，能让民众“自由”地使用这些平台，从而提高了民众在政策制定、执行过程中的民主性和参与性，其结果是公平的。

通过对上述的文本分析，本文认为英国1999—2017年的数字政府政策深受新自由主义意识形态的影响，其政策出发点，尤其深受新自由主义意识形态下的国家内涵和公平观的影响。在新自由主义国家观影响下，英国电子政务政策表面强调以公民需求为中心，实质上却服务于金融资本与市场，服务于效率与成本，服务于消费者而非享有公民身份的公民。在新自由主义公平观影响下，英国电子政务政策表面强调利用新技术搭建民众可自由使用的平台，促进政策包容性和民主性，以实现公平，实质上只关注于过程公平，忽视了起点不公平和结果不公平。也就是说，政策中的公平与包容的话语掩盖了其新自由主义的内核，也就是新自由主义式的效率与赋权。由此，新自由主义话语下的英国电子政务政策及其实践很有可能会进一步加深数码排斥和社会断裂。

三、政策指导下的英国电子政务实践：基于新自由主义内核的考察

法国社会学家福柯认为，政策是一种治理技术，它构成并规范行为。通过对2012年之后英国电子政务实践的考察，我们可以更为直观和具体地观照英国电子政务的新自由主义内核。本文将着重分析新自由主义国家观和公平观影响下的公民内

涵和平台建设实践，通过对具体政策实践的分析来揭示其新自由主义内核。

（一）“用户即消费者”：以公民需求为中心的电子政府

传统的电子政务设计是从政府自身的角度出发设计的，是一种“自上而下”的流程。在以公民需求为中心的话语框架下，英国政府新的电子政务系统开发，提出了“以人为本”和“敏捷方法”理念，提出编制《政府服务设计手册》，把满足使用者需求视为最高指导原则，要求英国政府部门在设计政府数字服务时，以深挖用户需求、建立模型、打造端对端服务和绩效考评与完善等四个阶段，取代以往规划、分析、设计、测试到上线的传统开发流程。①

如其政府转型战略中提出，转型的核心使命是要持续地改善公民与国家的关系，这就要求必须把公民放在首选的位置。围绕这个核心，英国政府不断迭代数字服务，充分利用在线渠道，利用现代技术和数据的潜力满足用户的需求。英国政府成立政府数码服务团队，统一平台，完成向 GOV. UK 过渡。GOV. UK 取代了 Directgov 和 Businesslink. gov. uk，成为政府在网络上的单一域名。在 2012 年 11 月至 2013 年 3 月期间，24 个政府部门的企业发布活动将转移到 GOV. UK 上，使得用户更简单、更清晰、更快捷地使用政府服务。

以欧洲统计局发布的信息社会指标来看，2012 年之后，英国电子政务开始加速发展，个人开始大幅利用互联网获取信息和与政府互动。从欧洲统计局信息社会指标的几组数据可以看到，它的个人使用互联网与政府互动的比例大大提升，由 2012 年的 43％上升至接近总人数的 60％，个人利用互联网从政府获取信息的百分比也有所提升，由 2012 年的 34％上升至接近总人数的 50％。

虽然上述实践与数据表明了英国电子政务向以公民需求为中心的转变，但是由于其政策受新自由主义意识形态，尤其是国家观的影响，这里的公民或使用者被定位为消费者，以使用者需求为中心的实践其实是为市场逻辑、为效率而服务的。这一点可以从几位研究者的研究中得到证实。② 通过与英国当地福利提供机构的访谈，研究者们发现数字化默认战略或数字政府战略可以说加剧了现有的社会排斥。福利客户或福利领取者越来越依赖网络去获得和使用服务，例如完成通用福利金的在线

---

① 庞宇．英国电子政务的发展转型及经验启示［J］．电子政务，2018（2）：62-70.

② YATES S J，KIRBY J，LOCKLEY E. “Digital-by-default”：reinforcing exclusion through technology［J］. Defence of welfare，2015（2）：158-161.

申请和使用就业中心系统。这些福利金领取者往往缺乏数字接入等技能，由此导致的难以获取和使用数字服务影响了他们的福利待遇，加剧了社会排斥。

（二）向市场学效率，打造平台型政府

“政府即平台”是英国电子政务实践中的重要原则。在这个原则指导下，英国电子政务实际上包含五个方面的目标。一是业务转型，旨在继续提供世界一流的数字服务；二是培养合适的人才、技能和文化，旨在培养政府领导和公务员掌握正确的技能和数字文化；三是为公务员提供更好的工具、流程和治理方式，让其更容易和更有效地工作；四是更好地利用数据，旨在提高政府数据质量，实现跨部门共享，安全道德地利用数据，从而响应公民需求；五是创建共享平台，提供可复用的业务功能，持续在政府部门之间共享代码、模式、平台和组件，从而减少重复建设、降低成本和提高效率。

英国政府部门通过采用“数字政府即平台”模式，让管理决策团队把更多时间和精力放在以用户为中心的服务设计上，而不是一切从最初的软硬件环境构建开始，从而使得政府的数字服务更容易创建、运行成本也更加低廉。在该原则的指导下，英国政府转型的速度加速和规模扩大，避免简单复制既有解决方案，确保平台在政府部门间最大限度的再利用，一系列可重复利用的组件，可以更快、更容易、更廉价地提供数字服务。如英国政府内阁办公室与政府各部门协商、牵头建设一系列跨政府部门技术平台，范围覆盖数据开放、数据分析、身份认证、网络支付、云计算服务等，以支持新一代政府数字服务的运行。

奥莱利传媒有限公司创始人蒂姆·奥莱利赞赏“政府即平台”战略，他指出政府应该像苹果公司一样，提供基础应用和服务，而民众可以在这些应用和服务上开发附加应用。英国政府也于2010年建设了数据开放平台“data. gov. uk”。2018年3月，在政府数字服务部门的支持下，该平台进行了升级。改造后的平台不仅允许政府部门、社会组织上传数据集，也允许普通公众上传数据集，有助于实现数据来源的多样化，提高用户参与数据开放的积极性，同时允许用户下载使用开放数据以挖掘数据、实现数据价值。

虽然上述的平台型政府实践能通过数据共享、平台共享等数字化手段提高政府运行效率、节省大量成本、与民众进行更直接的沟通、及时回应民众需求，但是此

实践的前提建立在新自由主义公平观的基础上。也就是平台型政府打造的前提是注重过程公平而忽视机会公平与结果公平。通过杰米拉·诺尔斯的研究可发现，在英国数字化程度提高的同时，也有大量因数字化而落伍的群体，这些群体往往处于社会和经济上最不利的地位，如 65 岁以上的老年人、救济金领取者等。①

四、结语

通过对英国电子政务 1999—2017 年政策的文本分析以及 2012 年以后相关实践的考察，本文发现英国电子政务的发展深受新自由主义意识形态的影响，尤其深受新自由主义国家观和公平观的影响。在新自由主义国家观影响下，英国电子政务政策表面强调以公民需求为中心，实质上却服务于金融资本与市场，而非服务于享有公民身份的公民；其实践虽然突出以人为本理念，但公民被定位为消费者，公民需求被定义为市场需求，数字化战略反而加剧了现有的社会排斥，许多福利金领取者的福利待遇不升反降。在新自由主义公平观影响下，英国电子政务政策表面强调利用新技术搭建民众可自由使用的平台以实现公平，实质上只关注于过程公平，忽视了起点和结果的不公平；其实践同样注重平台型政府的建设，忽视了因数字化而被遗落的群体。由此，英国电子政务中公平与包容的话语实质是新自由主义式的效率与赋权，其引导下的实践很有可能会进一步加深数码排斥和社会断裂。

数字化政府不是目的，而是改善公共服务的提供，增加公众参与，提高透明度、问责效力和包容性，最终使所有人生活更加美好的一种手段。同样，减少数码排斥，实现包容也不仅仅是鼓励人们连接到网上或使用统一平台，而是人们和组织都具备相关设备条件和数字素养去享受互联网带来的红利，访问网络改善自我生活质量、提升组织的经济效益，社会更加和谐。在新冠肺炎流行期间，各国政府通过门户网站、移动程序和社交媒体平台分享信息，在促进人民健康和社会正常运转方面起到了重要作用。英国的政策和实践有值得借鉴的地方，即遵循市场原则和打造平台型政府，提高效率，节省成本。与此同时，英国电子政务深深根植于新自由主义思维

① KNOWLES J. UK Cabinet Office publishes Digital Strategy to bring government services online [EB/OL]. (2012-11-06) [2022-05-06]. https://thenextweb.com/news/uk-cabinet-office-publishes-digital-strategy-to-bring-government-services-online.

框架下，契合了资本主义发展的内在逻辑，即“万物皆可商品化”和“全面市场化”。在借鉴英国电子政务经验的同时，也需要知晓其自由主义内核，知晓其可能因数字化而加剧的社会排斥与断裂，并融入中国政策的制定与实践中。

（罗赟，首都师范大学文化产业系副教授；谢子蕙，英国格拉斯哥大学社会学专业 2022 级博士研究生）

新闻传播研究

20世纪50—70年代《人民日报》广告报道的文本分析

祝　帅

摘　要： 20世纪50—70年代以《人民日报》为代表的我国报纸媒体的相关广告报道，是我们了解和认识中国广告史的必要内容。这一时期我国的广告管理、广告理念和广告实践往往容易被忽略，是由于以往的"改革开放后才有广告"的观念影响至深。其实，这一时期的中国广告既是连接民国广告史与改革开放后中国广告史之间的必要桥梁，也应该是整个新中国广告史的有机组成部分，并且在今天的广告发展中也不乏可资借鉴的历史经验。

关键词：《人民日报》；公益广告；商业广告；中国广告史

学界对于20世纪中国广告史的研究，围绕民国时期（1911—1949）和改革开放后（1979年至今）形成了两个热点。然而，民国时期广告如何发展为当代中国广告，相关研究往往语焉未详。一些研究者认为，1979年是中国广告的"元年"，中国当代广告是在一个全新的起点上起步的。这个说法显然不能令人满意：一方面它忽视了20世纪中国广告史的统一性和连续性；另一方面，这对于一些老字号品牌的转型发展之路也缺乏解释力。事实上，1949—1978年间的广告，并非像人们所想象的一片空白，而是经历了一个改造和转型的过程。[①] 同时，这一时期的广告也并非只有目前相对来说已经有一定研究成果的外贸广告，在历史上扮演了重要的承上启下的角色。

---

① 卿婧．未曾空白的历史：《中国对外贸易》杂志广告研究（1956—1964）[J]．广告大观（理论版），2008（4）：52-66.

那么，民国时期的广告经过了新中国成立后的社会主义改造，为什么没有马上消失，甚至还能分化出社会主义广告、外贸广告、政治宣传等其他多种类型？为什么中国广告事业能够随着改革开放号角马上得以复苏，成为改革开放的风向标？为此，本文以20世纪50—70年代《人民日报》上的广告报道为例，窥视新中国前30年的广告发展。需要说明的是，本文使用的是文本分析的方法，所分析的样本并不一定具有统计学意义上的代表性，却是一些相对容易被人忽视的闪光点。换言之，本文研究的对象（史料）是经过选择的，但这种选择具有主观性，和研究者对历史的理论认识（史观、文章论点等）息息相关。

一、20世纪50—70年代《人民日报》广告报道概况

本文的研究对象不是《人民日报》上的广告作品，而是《人民日报》上的广告报道，以及从中所反映出的20世纪50—70年代中国社会对于广告问题的一般看法。之所以选择《人民日报》作为样本来源，既是因为《人民日报》全文数据库建设比较完善，也是因为《人民日报》的广告文本在某种程度上可以看作整个北京地区乃至全国特定时期内报纸媒体广告活动的一个缩影。有鉴于此，本文通过检索《人民日报》从1948年创刊至1979年年末的全文数据库，浏览了所有题名中包含“广告”的新闻、报道等非广告内容；同时，检索扩展到广告的相关领域关键词（如美术设计、工商业、市场等），并对这段时间内全文中包含“广告”的内容进行了选择性浏览，对这一以往广告史研究中很少涉及的领域形成了初步的印象。

人们容易想当然地猜测，这一时期《人民日报》上是不会有什么广告信息的。即便有，应该也是以批判为主，或者如果有广告也是指外贸广告。然而，资料检索的情况完全推翻了我们的印象。

首先，这段时期，特别是社会主义改造和社会主义建设时期（至“文革”前），《人民日报》上的广告资料和信息虽然不是汗牛充栋，但至少比我们想象的丰富得多，也现代得多。甚至国家还开过广告工作会议来解决广告发展中的问题。这能够初步印证笔者的判断：这一时期是民国广告经过改造向社会主义广告转型，最终过渡为改革开放初期广告的关键时期。

其次，广告生态非常活跃。国家有多方位的广告审查—监管—惩罚机制和实践，人们也往往以读者来信的形式对生活中的广告现象提出批评和建议，构成一种自发的广告批评。可以看出，广告（包括商业广告和文化广告）都在当时人们的生活中扮演了比较重要的角色。

再次，对“广告”的“双标”评价是随着大跃进等政治活动的开展，在 20 世纪 60 年代以后开始的。此前虽然有批评广告铺张浪费之类的文章，但“广告”一词并不含有贬义，20 世纪 60 年代以后，随着对西方资本主义制度的批判与广告联系在一起，妖魔化、污名化广告的现象开始出现，广告出现在《人民日报》报道中的内容越来越少，仅有的报道也是批判西方资本主义广告术的相关内容。

最后，这段时期国家没有形成统一的广告发展规划。不同部门、不同人士对于广告的标准不一，有的主张发展，有的主张放弃，最终也没有明确广告发展的主管部门。

总的说来，一方面，这一时期《人民日报》上的广告相关报道和实践在基础理论认识方面提出了社会主义广告的特点，在我国社会主义改造和建设特定时期的生产和生活中发挥了积极作用；另一方面，由于时代认识和物质条件的局限性，当时的广告业没有发展为现代广告产业，只是在功能性方面肯定了广告的信息传播作用。

二、围绕社会主义广告事业的价值讨论

笔者曾撰文叙述这一时期内广告研究的学术史，[①] 而本文处理的则是广告观念的历史。那篇文章主要依据外贸类期刊资料，而本文则基于报纸文章，相比较期刊文章，它们更短平快，也更容易形成社会的镜像。其中首先值得注意的是，这一时期的《人民日报》有大量关于认识广告积极作用的文本。应该说，至少在 20 世纪 40 年代末至 50 年代初，广告并没有被妖魔化，相反，广告被认为是社会主义建设事业的一个组成部分。需要说明的是，从文本情况来看，这一时期流行的广告类型主要包括商业广告、文化广告两大类，B2B、B2C 的广告都有；后者主要是指书籍、

① 祝帅．新中国前 30 年广告研究的格局及其基本面向：1949—1979 年间中国的广告学术论著的历史与分析［J］．广告大观（理论版），2009（4）：87-96.

电影、文娱演出类广告，这也是《人民日报》本身广告的重要部分。

众所周知，社会主义报纸从一开始就不反对商业化，马克思和恩格斯创办的《新莱茵报》就有广告，他们本人也写过一些出版广告。1948年9月15日的《人民日报》第一版也登有《广告刊例》。

本报刊登各种广告、启事等，凡欲刊登者请依照以下办法：

一、报头，每天每个冀钞八千元（每个可容新五号字四百个字），二分之一四千元，两个一万六千元。

二、正版地位，每方英寸（可容新五号字五十个字）每天冀钞一千元。

三、凡各机关、团体、工厂、商店等如欲刊登广告者，必先将底稿及广告费一并寄来，否则恕不刊载。

四、刊登广告，除报头可任登者自己选择外，正版地位，概由本报自行处理。

五、欢迎长期刊登，登十天以上者按九折计算广告费；二十天以上者按八折计算。

本报广告科

可以看出，这个《广告刊例》是纯粹商业化的，其中没有对广告的内容进行规定，反而只有广告收费的信息。值得注意的是，这种刊例是直接面向广告主的，而没有代理制的色彩。无独有偶，1949年12月5日《人民日报》第三版刊登了《北京市人民电台设立经济台并播送广告节目》。

北京市人民广播电台为加强对京津工商界和听众服务起见，决定设立经济台，并播送广告节目。今日正式播音。每天七点十分和二十一点三十分两次报告本市行情，二十点二十分播送重要经济新闻、法令和新书、新戏剧、新电影介绍，十九点三十分播送新音乐、新歌曲等。

创立一个新的频道或许无可厚非，但播送广告节目也要作为一则新闻发表在《人民日报》上，足以证明这一时期的社会主义媒体并不排斥广告。由于人民日报社社址在北京，报纸版面中北京的内容比较多也实属正常。人们通过首都北京的变化，可以感受到整个国家的社会主义建设风气。1951 年 2 月 3 日《人民日报》第二版《北京市面上繁荣了》是一篇专门报道工商业发展的文章，其中提到工商业改造之后的老字号瑞蚨祥："该店过去一向不宣传、不扎彩，就凭'瑞蚨祥'三个字做买卖，现在登广告，放广播，向各大工厂、机关印发传单，到四乡去推销，这样一来业务越见开展了。"广告可以为社会主义改造和建设所使用，几乎也是一个不言自明的事实。

1956 年 7 月 16 日《人民日报》第七版刊登了郭敏的署名文章《谈广告》，这是一篇非常重要的文章。它的价值应该不在 1979 年 1 月 14 日丁允朋在《文汇报》发表的《为广告正名》之下。只是很可惜它的价值没有被当时的广告界充分认识。在这篇文章中作者提到三方面内容：首先，广告不是资本主义特有的，而是具有信息传播的功能，能够为消费者带来很多方便；其次，文化广告的重要性。这里所说的文化广告，相当于今天的"文宣"，即书籍、电影、戏剧等的广告，广告和文化捆绑在一起容易获得批评者的认同。再次，广告是一种艺术，广告牌可以美化城市等。在此基础上，作者提出这样的呼吁："认为广告在今天是没有必要的人，头脑需要冷静一下，重要的问题在于，我们的广告是为消费者利益服务的，它是为了帮助顾客，使买东西的人得到方便。让我们在车站、码头，能看到更多的漂亮的广告牌，让我们在翻开报章杂志的时候，能看到一些形式多种多样、内容丰富、能吸引人的广告吧！"

20 世纪 50 年代的《人民日报》还多次以"读者来信"等形式，对广告设计提出批评，对广告工作提出表彰和希望等。如 1956 年 8 月 7 日《人民日报》第八版的《改进商品广告》中指出："现在所登的商品广告，往往只是列举商品的名称，读者对这种广告是不会感兴趣和满足的"，进而呼吁"应该尽可能地向消费者介绍商品性能、用途、使用方法等，达到为群众服务的目的"。1956 年 9 月 7 日《人民日报》第八版的《一条好广告》则赞扬了《人民日报》1956 年 8 月 24 日的一条关于缝纫机的广告文案——"小宝的妈妈想买一部 15—201 新型缝纫机"。1958 年 12 月 16 日《人民日报》第八版刊发的《广告和头条新闻》（作者邢力军）更可以看作一种自觉的广告批评。作者指出："报纸上的头条新闻，是人人都看的；可是报纸上的广告，就好像是可看可不看的了，工作再一忙，大概有人很少去看了，或者是一看也不看。要真是这样，那真是可惜！”并呼吁多一些“产品介绍”式广告，这种观点颇有些接近于今天的“软文”，也体现出这一时期中国的报纸广告在创意、形式等方面展开了多角度的探索。

与此同时，国家也围绕广告开展工作。虽然没有明确广告的主管部门（1980 年我国才明确广告行业的对口主管部门是工商行政管理总局，今国家市场监督管理总局），但由商业部牵头，来自北京、天津、上海、杭州、广州、成都、哈尔滨、武汉等十余个城市的代表在上海开了一次“商业广告、橱窗布置和商品陈列经验交流会议”。在由上海市商业局主办的这次会议上，还特别展出了会议代表城市各具地方特色的橱窗陈列，以及中国广告代表团在 1957 年 12 月布拉格国际广告会议上展示过的一千多件广告图片，同时提出“商业广告宣传应该跟党的方针政策和党每个时期的中心任务结合起来，以不断提高商业广告的思想水平和政策水平”。值得注意的是，商业局是内贸管理机构，但在我国外贸制度酝酿伊始由商业系统主办的这种国际广告交流也开启了此后一段时期中国外贸广告的先声。应该说，这是我国广告史上意义非凡的一次盛会，堪称新中国的第一次“广告节”。

为配合此次会议的报道，1959 年 9 月 7 日《人民日报》第三版发表了三篇和广告有关的文章，分别是《创造广告新风格 反映跃进新面貌——商业部召开广告、橱窗布置和商品陈列经验交流会》《在橱窗前》和《提高广告的思想性和艺术性》。文章内容非常平实，为社会主义广告的发展定了基调：只要兼具思想性、艺术性，就可以为我们所大胆使用。会议期间，会议承办单位上海市商业局还在南京路、淮海路举办了橱窗广告展览。其中，《人民日报》广告报道描述北京橱窗陈列情况的内容是这样的：“北京市的橱窗陈列，以宣传呢绒为主题，布置了几块桃红的、浅色带格的、绿色的上下起伏的毛料，用金马驮起一条灰蓝色的料子，自右至左横贯而上，冲破了布局的平淡，使整个画面显得开阔、大方、有气势，充分表达了呢绒产品质量不断提高的主题思想。”此外，会议还展示了“1957 年 12 月布拉格国际广告会议上展过的一千多件广告图片，及捷克斯洛伐克赠送我国的二百多件塑料制成的橱窗陈列商品用具”。周瑞林的署名文章《在橱窗前》和短评文章《提高广告的思想性和艺术性》，一方面对参展的十城市的橱窗陈列的艺术特征进行比较，肯定了广告“美化生活”的作用和意义；另一方面提出了“商业广告的思想性、政策性、真实性、艺术性是统一的”，可以说比较早地探讨了广告的真实性问题。

此外，《人民日报》还刊发一些广告评论，1959 年 12 月 4 日第八版“专栏：大家谈”所刊发的周望署名文章《从一幅广告所想起的》，就是从一则广告中看到家乡“大跃进”期间的剧变，尽管不乏政治色彩，但也可以看出至少作者对广告并没有偏见。此外，还有一些关于美术家创作宣传海报的报道等。总的说来，这一时期，尽管人们开始对“社会主义”和“资本主义”的问题产生了一定的顾虑，但广告还没有被污名化。即便是在大跃进期间，广告仍然是政府和人民加以使用的一种宣传工具。人们对广告中的一些现象、问题等展开评论，也并没有扩大化到对广告这种商业形式的批判。

三、建立广告发展管理政策体系的初步尝试

这一时期，中国广告初步建立了全方位的广告发展管理政策体系。众所周知，1980 年我国才决定由当时的国家工商行政管理总局管理广告，《广告法》更是 1995 年才正式施行。那么，在新中国成立初期，我国有怎样的广告管理政策体系？

从表面上来看，规范化的广告管理，在当时根本不具备条件。然而，广告没有在一个整体意义上成为政府部门的一个主要工作对象，并不意味着在各行各业中没有分别形成对广告的态度和工作对策。相反，在很多行业的文件中，都有针对广告的具体的工作内容，只是这些分散的内容需要广告史研究者进行整理和提炼。这里所说的“管理政策体系”正是在对多个部门的松散意见进行整合的意义上来描述的。

例如，医药行业对广告提出了要求。1949 年 5 月 22 日《人民日报》第二版《保障人民健康　防止庸医奸商卖假药　平市府规定医药广告须经核准》中特别指出：“北平市人民政府为保障人民健康，防止商人夸大宣传医药广告，尤其防止一些庸医奸商用假药骗钱，以人命为儿戏。特规定所有医药广告，均须先经市府卫生局核准，发给广告验许证后，始可在各报纸、杂志、广播电台刊载或广播，其已领有广告证者，须按证上所载字句发表，不得任意夸大渲染。”

建筑行业也对广告提出了要求。1950 年 6 月 25 日《人民日报》第六版发表的《北京市建筑管理暂行规则》中，也有这样的条款：“下列各项工程在动工前，均应填具申报书向北京市人民政府建设局（以下简称建设局）申报并送验正式产权证件，

经建设局查勘核准发给建筑执照后方得动工……（七）街道或屋顶安设广告牌或广告标柱。”

此外，《人民日报》还有一些广告监管的案例：如1951年4月27日第二版，《对人民日报读者批评建议的反应》中，针对一位读者来信中所提到的“建议市政当局发动群众将上述广告洗刷掉，在各街道及公共场所划定广告栏，不要再满街乱贴，政府的布告栏内更不应有其他广告”，北京市人民政府接受建议整饬街头广告增设广告牌，并特别说明“今后如仍有违犯规定乱贴广告者，将由公安局严加取缔”。再如1953年7月7日《人民日报》第二版“专栏：读者来信摘要”栏目发表《北京笔店用欺骗手段销笔 北京市工商管理局已予惩处》一文，提出“我局已对该店作了如下处理决定：一、停止该店‘函购业务’；二、各地寄来的钢笔定款，现在钢笔尚未寄出者，应在六月二十日前一律将定款退还原主；三、处以罚金一千五百万元。”这让我们看到，当时北京市建立了由市政府统一协调，工商局、公安局等多个职能部门协同管理的广告监管体系。

由于“读者来信”这种特殊的反馈机制在当时所起到的作用，我们可以看出那个时期对违法广告的监管，是一种政府监管与社会治理（读者来信其实往往是一种自发的广告批评）并存的形式，其中甚至探讨了一些比较深入的广告学基础理论问题。如1950年4月29日《人民日报》第六版的《关于广告的健康性与严肃性》，针对读者来信提出的“我认为报纸和广播中的广告业务，决不应该只当作一件纯营业性业务来处理，人民的新闻事业应该把广告也当作政治任务来对待”，《人民日报》新闻工作组编辑是这样答复的：“现在各地共产党领导的报纸和人民广播电台，对广告内容一般都是经过选择的，其他的报纸，一般地说也比过去注意广告的内容了。现在的缺点，一方面是因为报社和广播台的工作还有不足的地方，另一方面也因为它们现在还不能保证广告内容的完全确实。这需要政府各方面工作的配合，而这类工作是需要一步一步进行的。”其中，还特别提到了1949年12月全国报纸经理会议对报纸广告问题作出的决议：“广告在目前的城市报纸上是必要的。城市报纸应当以适当地位主动地刊登有益于国计民生的广告，以推进生产和文化事业，并服务于人民群众的日常需要，同时也由此增加报社的财政收入。但报社应当审核广告内容，并适当地限制广告篇幅，对大城市中的私营广告社应以适当方法加以领导。”应该说，至少在20世纪50年代初，我国对于广告工作的基本态度是肯定和发展的。

四、对资本主义广告意识形态的批判

在这一时期，还有一类集中的广告批评，即针对电影广告的批评：如陈默在1950年12月6日《人民日报》第五版发表的《电影广告中的不健康成分》，1958年9月27日《人民日报》第八版马铁丁发表的《我们不需要这样的广告》等，都是此类。这些批评除了围绕广告的内容来进行外，往往也引向了对于资本主义广告的批判，如马铁丁所说："我认为这条广告是旧'广告术'的庸俗作风。工人阶级的报纸上的广告，不是单纯地为了求利，不应该、也不需要以耸人听闻之辞去招揽顾客、招揽观众。报纸是生活的教科书，报纸上的一字一句，连广告也包括在内，都必须为我们的社会主义建设事业服务，而不是其他。"可以看出，随着社会主义革命形势的进展，这一时期的广告报道，在20世纪50年代中后期之后，越来越强调广告的政治性及社会主义广告的意识形态属性，人们通过广告展开对资本主义广告的批判。

读者对广告的政治性批评集中于影视广告。除了商品广告大大减少的这层原因之外，很可能也是因为电影的叙事性内容本身容易和政治挂钩。如1951年5月29日第二版《要重视影片的评论工作 不能把它当作商业广告》；1951年8月26日第二版《报纸应注意广告的政治性》；1951年9月11日第二版《应注意电影"广告"和"说明"的思想内容》《上海新闻日报应改善影剧广告》等批评都是围绕影视广告而展开的，并且都引向了同样的结论，以至于最终引出1951年9月14日第二版："专栏：对人民日报读者批评建议的反应"中发布了《长江日报出版部、大刚报办公室关于错误地刊登〈上饶集中营〉影片广告的检讨》。这种围绕广告的集中批判，应该说在20世纪50—70年代中都还是不多见的。

相对而言，这种围绕广告的批判在商业领域中反而比较少。一次是1954年12月31日第二版的《反对资产阶级的广告术》，提出了一些单位"刊登产品广告中的若干虚夸现象"，如"还没有试造就编入产品样本""试制了还没有成功就刊登广告，招揽主顾""专案订货，用户只有几家，完全不需要登广告，但也登了"；另一次是1955年6月18日第二版《反对刊登广告中的铺张浪费现象》，提出“不少报纸刊登广告的方式，也表现了资产阶级的浮夸作风。许多广告登得很大，所用字体超过了报纸上最重要的新闻标题……这些广告不仅字体太大，而且中间留有很多空白，它们的篇幅原是可以大大缩减的。滥用锌版，也是许多报纸刊登广告的特点。《湖北日报》《重庆日报》等甚至将普通的煤球、牙刷等商品的图样也制版印出。”坦率地说，相对于针对影视广告集中的火力猛攻，这些针对商业广告的批评除了把广告中的夸大其词斥之为“资产阶级的广告术”外，总体表现出的是平和的态度。

然而，1957年之后，这种广告批评也越来越少了，取而代之的是一种新的现象，即把“广告”作为资本主义甚至苏联修正主义的一大“罪名”，大肆加以批判。广告从这个时候开始与资产阶级的反动、腐朽、没落的一面捆绑在一起，开启了被污名化的过程。20世纪60年代到十一届三中全会之前，《人民日报》上关于广告的信息量也骤减。例如，1957年7月31日第六版《广告公司的最后通牒》说的是西方广告公司受制于广告主而凌驾于媒体之上的罪状。1961年4月16日第五版的《广告和教材》则说的是美国对非宣传的广告终将成为一种反面教材的批判。

1964年3月29日第四版的《艺术·广告·陷阱》这篇文章，则进一步提出“广告”站在“艺术”的对立面。这篇文章描述的是美国当时新兴起的波普艺术(Pop Art)，今天我们已经理解，这种艺术形式主要是一种大众文化，和传统的绘画不是一回事。然而，当时的作者不这么理解，作者对这种“通俗美术”的美术流派感到深恶痛疾，并且斥之为“广告”：“所谓‘通俗美术’，实际上不过是一些粗制滥造的街头广告招贴，所以当然是‘暂时性的’‘可消耗的’‘廉价的’‘大量生产的’，不折不扣的‘骗人的玩意儿’。”

在这样的背景下，当时刚刚开始在理论上划分为社会主义阵营、可以为社会主义建设服务的广告在兴起不久后就被压制，也是不足为奇的事情了。不过，广告之所以在20世纪50—70年代没有发展为一种独立的产业，还是与更深层的经济方面的认识相关。总体上来看20世纪50—70年代《人民日报》的广告文献，可以看出这时期中国广告还缺乏一种产业化发展规划和概念，这也是它经历了短暂的热烈讨论后，在20世纪60年代特别是“文革”后逐渐消失的深层原因。

应该说，在政策方面，1950年前后，广告被认为是报纸经营的重要生命线，这一点是符合历史发展趋势和经济规律的。在 1950 年 9 月 27 日《人民日报》第九版《怎样贯彻报纸经营企业化方针?》一文中，作者提出“注意刊登广告”是有些报纸能够盈余或减少亏损的重要原因，并客观地指出当时的情形：“广告收入一般除发行收入外，在各报收入中占着第二个重要地位。过去我们在农村，因各种条件所限，不很重视广告，对广告在目前阶段尚能联系广大群众的这个道理认识不足。半年来，这个情况转变了。处在大城市如北京上海天津的报纸自不用说，许多中小城市向来不重视广告的报纸，也开始注意到以适当地位刊登有益于国计民生的广告了。这样，各地报纸广告收入在其总收入的比重中就显著增加起来了。”

然而，发展广告产业仅仅靠媒体的认识是不够的。由于当时对行业的统一规划和管理不足，各行业对于广告的认知是不平衡的。如 1950 年 11 月 16 日《人民日报》第二版的《中央人民政府轻工业部、卫生部全国制药工业会议综合报告》中就提出：“若干私营药厂亦染有浓厚的盲目投机、装潢浪费、广告重利的作风，都是必须纠正的……为了减轻人民大众负担起见，简化包装，减少广告是必需的。”1953 年 12 月 6 日第三版的《为了积累国家工业化的资金，必须降低国营商业的流转费用》中更是提出：“在资本主义制度下，由于经济危机和市场无政府状态，必然造成商品迂回运输、投机倒把和商品推销上的困难，以致在运输保管和广告等方面存在着大量的非生产开支，因此资本主义流通费用水平不断地增长，这是资本主义基本矛盾——生产的社会性与资本主义私人占有制间的矛盾所造成的必然结果。与此相反，在我国由于国营经济在国民经济中居于领导地位，由于我国已有可能有计划地按比例地发展国民经济，国营商业部门就有可能也必须有计划地组织商品的流转，尽力缩减中间环节，消除多余运输，减少储运损耗，使商品能迅速达到消费者之手。这样一来，在我国国营商业中具有大量降低商品流转费的客观可能性。而这种客观可能性也是在不断地增长的。”如此，降低广告成本、限制广告业的发展规模，就成了一件“政治正确”的事情。

1957 年年初起，国务院通知对全国商标实行全面的注册。《关于实行商标全面注册的通知》中说：“商标虽然是资本主义经济的产物，但是可以利用为社会主义服务。”[①] 这大概是 20 世纪 50—70 年代为数不多的专门发展广告产业的国务院

①陈华新．商标广告杂话［N］．人民日报，1961-11-18（6）．

文件了。这份文件所论还是商标，对于推动商业美术设计乃至后来的企业形象识别系统设计的发展有促进作用，但对于广告产业发展的贡献则可忽略不计。一直到20世纪60年代初，我国的广告行业都缺乏来自中央明确的发展意见，《人民日报》上也只有一些文章如《商标广告杂话》[①]提出："在社会主义社会中的商业广告，它是完全为消费者服务的。广告的作用，便是正确地通知商品的有无、性能和质量。企业机关利用广告来启发消费者的爱好，宣传那些可以提高人民消费文明水平的新商品。作为商品标志的商标，则是促进企业关心产品质量和群众监督的工具。"总的说来，正是因为缺乏产业化发展规划的意识和观念，《人民日报》这些关于商业广告的自发探索只持续到20世纪60年代初，最终在"文革"开始后逐渐消失了。作为商品宣传的广告的地位每况愈下，最终在20世纪60年代沦落为西方资本主义生活方式的代名词，并在这个过程中逐渐被污名化，以至于改革开放之后，虽然广告业得以在很短的时间内恢复，但始终没有摆脱这种被污名化的隐患。可以说，"为广告正名"在更为深刻的民众心理层面是一项始终没有完成的历史任务。

五、结语

尽管20世纪50—70年代广告在我国的发展还处于不够自觉的阶段，但是新中国70余年来的广告史作为一个整体，有其自身的发展逻辑和规律。对不同阶段发展经验和传播机制的梳理和总结，有助于加强对中国广告史的全方位理解。有鉴于此，以新中国为研究起点，对以往从改革开放后开始叙述的广告史研究范式中未重点关注到的新中国前30年的广告史加以研究，是对以往从1979年开始的中国当代广告史叙述范式的一种延伸。所幸的是，这种思路在近年来得到了越来越多的关注。如2020年，初广志申报的"新中国公益广告发展史"被立项为国家社科基金重大项目，也出现了针对这一时期媒体广告的专题研究。[②]可以说，尽管新中国70年广告

① 陈华新．商标广告杂话［N］．人民日报，1961-11-18（6）．

② 赵新利．新中国成立初期中国品牌对外传播研究（1949—1965）：以《人民画报》的报道和广告为例［J］．广告大观（理论版），2018（4）：44-56；谢鼎新，邸松，卞国成．建国初期《人民日报》刊载广告研究：1950—1959［J］．广告大观（理论版），2016（4）：77-83．

史尚未写就，但作为一种研究范式已然形成，相关专著也已经呼之欲出了。而从历史研究的角度探讨新中国 70 年来的变迁，也旨在建构具有中国特色的公益广告理论框架和模型，这也是我们面对未来发展的必由之路。本文尝试整理 20 世纪 50—70 年代《人民日报》的广告报道，并进行分类与总结，在此基础上尽可能地提出一些理论性认识，以期抛砖引玉，丰富中国广告史的写作谱系。

（祝帅，北京大学现代广告研究所所长、北京大学图书馆副馆长）

北京日报报业集团“走出去”二十年的报道框架分析*

——以《欧洲时报》“北京新闻”专版为例

范　敏　李司麒

摘　要：自 2008 年国家推动媒体“走出去”以来，进一步加大外宣力度，推进国际传播能力建设已被提升至国家战略高度。不但中央媒体需要对外讲好中国故事，地方媒体也需承担对外讲好地方故事的重任。在此形势下，北京日报报业集团开始了 20 余年地方媒体“走出去”的探索实践，依托境外华文报创办“北京新闻”专版便是这一探索的体现。本文以北京日报报业集团与《欧洲时报》合办的“北京新闻”专版为研究对象，以框架理论为指导，结合专版的创办宗旨，研究专版的报道框架特点，进而得出专版的优点与不足，探讨专版能为地方媒体“走出去”提供的经验与建议。

关键词：欧洲时报；“北京新闻”专版；报道框架；北京日报报业集团；“走出去”

自 2008 年国家推动媒体“走出去”以来，进一步加大外宣力度，推进国际传播能力建设已被提升至国家战略高度。国家不但需要中央媒体对外讲好中国故事，地方媒体也需承担对外讲好地方故事的重任。自 20 世纪 90 年代末至今，以《北京日报》为代表，北京日报报业集团尝试“走出去”，北京日报报业集团在与海外华人媒体合作方面已有了 20 余年的探索实践。其中，《欧洲时报》虽不是北京日报报业集团最早合作的华文媒体，但鉴于其是欧洲地区影响力最大的华文媒体，且从 1994 年开始，就开辟了中国各省市专版，北京日报报业集团与其合作有研究的代表性。

---

* 本文系教育部人文社会科学项目“中美经贸摩擦中的话语博弈与中国话语权提升策略研究”（19YJAZH092）阶段性成果，北京市教委社科计划一般项目“大外宣”战略下北京市属媒体的国际传播能力建设研究（SM202010011004）阶段性成果。

综合《北京日报》海外编辑部和《欧洲时报》编辑人员的表述[①]，以及《欧洲时报》官网的介绍，《欧洲时报》“北京新闻”专版（以下简称“专版”）的定位是：服务以华人华侨为主的海外受众；满足受众对中国，特别是北京的动态信息需求；为北京招商引资，吸引海外人才；传播北京故事，弘扬京城文化，发展地方旅游业。本文通过研究专版的报道框架特点，考察其与创刊宗旨的契合度，并结合专版的优点与不足，探讨能为地方媒体“走出去”提供的经验与建议。

一、研究设计

鉴于2020年暴发的新冠肺炎疫情属突发事件，本文拟选取2010年1月至2019年12月十年间的专版为研究对象。由于2010年上半年的版面有缺失，故将统计起点提前半年，研究范围调整为2009年6月至2019年12月。这期间的专版除掉缺失的56版，共有496版。考虑到研究的可操作性，本文采取系统抽样法获取样本，即以月为单位对样本进行分层，同时，鉴于专版一般一周一期，而每月首期出版的专版无论是出版的连续性还是报道的丰富性都优于其他周的版面，因此，统一抽取每月首期的专版为样本，如此便得到120个样本。

在研究理论方面，本文采用框架理论对专版报道做框架分析。框架理论是分析报道框架的重要理论资源，不过，在具体运用中，不同传播学者建立的分析框架不尽相同。本文总体采用中国台湾学者臧国仁的高层、中层、低层结构分析框架，但鉴于其每一层结构下的具体分析类目更适合研究单一新闻报道，而非作为报道整体的版面的框架，因此，在借鉴小坦卡得（J. W. Tankard，Jr）、张丽娜和韩帅、蔡骐和蒋佳欣等传播学者的分析框架基础上，本文搭建了一个较能体现专版特点的分析框架。具体而言，在高层结构分析中，下设出版周期、版面设计、选题类型三个子类，旨在结合专版的出版和编辑特点，研究专版的选题定位；在中层结构分析中，下设材料、体裁两个子类，旨在研究专版的选题定位如何借助新闻事实与新闻文体表现出来；在低层结构分析中，下设高频词、报道倾向两个子类，旨在研究专版在

① 李里江．突出“外”字　淡化“宣”字：外宣十年的思考和实践［J］．新闻与写作，2009（4）：66-68；杨咏桔，梁源法．《欧洲时报》的春秋［J］．华人时刊，2001（9）：12-14.

选题处理中表达的主题与立场。

二、《欧洲时报》"北京新闻"专版的报道框架结构

（一）高层结构

1. 出版周期

《欧洲时报》每周出版 5 天，"北京新闻"专版作为其诸多中国省市专版之一，一般一周出一版，先后出过周三刊、周四刊和周五刊。2017 年后，专版的出版周期变得不太固定，无规律延期、减少版面，与缩短周期、增加版面（如周五至周日跨三天出版、周六至周一跨两天出版、周三至周四跨一天出版）这两种情况都有发生。总体看，专版的出版周期在 5 至 12 天间浮动。

2. 版面设计

在整体布局上，2016 年 6 月前的专版，每期刊载报道（含图片新闻）6 至 8 篇，居于头条或上半版显著位置的新闻，以北京城市建设、经济发展、对外商贸往来为主，并以大标题突出。报道多配有图片，碰到春节等传统节日或游园展览等大型市民活动的新闻，配图常达 4 张以上，视觉效果突出。《欧洲时报》官网提供的北京专版显示，从 2016 年 6 月最后一期开始，专版改为彩色印刷，同时在版面上增加了带有京城文化元素的图案。2017 年后，版面布局也做了一些调整：增加单篇报道的长度，每期报道刊载量压缩为 4 至 6 篇，其中头条新闻常占到三分之一到三分之二的版面篇幅，内容也改为以文化艺术类新闻为主。

开设专栏是凸显版面内容与设计特色的常用手段。专版自 2010 年起开设专栏，9 年间共出现 16 个专栏，如"新视点""文化观察""北京人物""北京特写"等，基本两三期出现一次。2017 年，专版推出凸显北京地域特色的专栏，如盘点名胜风光的"北京新 16 景"、推介京韵文化的"京粹"系列，后者又细分出"京粹·京味""京粹·非遗""京粹·展览"等子栏目。2018 年，推出"创新北京"专栏，旨在呈现与古都国粹不一样的现代科技文明，这是最为频繁登上头条的专栏。此外，还有以国内重大活动为主题的专栏，如北京冬奥会、国庆 70 周年专栏等。

此外，专版十年间还策划过 11 期专题，涵盖侨胞侨商来京创业投资、中关村外籍人才建设、科技创新、大型国际活动等内容。与连续、固定占据版面局部区域的专栏不一样，专题因时而生，讲究综合策划、整体气势，一般覆盖整个版面。

3. 选题类型

本文对系统抽样得到的 120 个版面的 1056 篇报道进行选题类型统计，数量排在前三的是文教、社会和经济类新闻，占比分别约为 40.06％、25.66％、20.45％，其余依次为人物、科技、体育、政治，如图 1 所示。

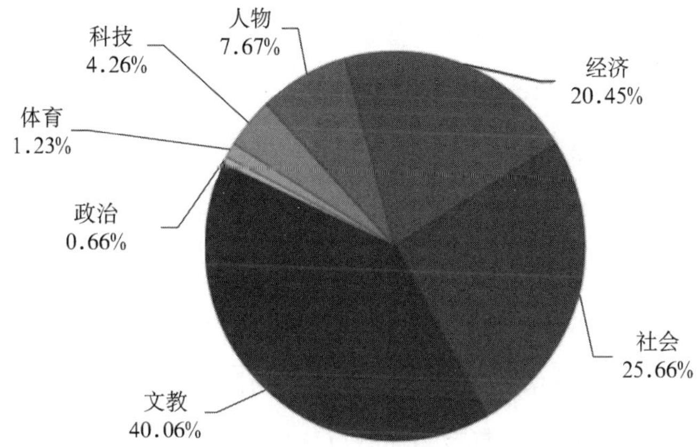

图 1　《欧洲时报》“北京新闻”专版选题类型统计

占比最大的文教新闻以文化旅游、艺术展览、文物考古内容为主，2017 年后被推至头条的频率大大提高；社会新闻以城市规划、环境保护、百姓生活内容为主；经济新闻以创新创业、招商引资、地产动态内容为主。人物报道是专版的一个独特的报道类型，主要集中在“北京人”及 2016 年后改名为“北京人物”的专栏里。专版的“北京人”来自各行各业，既有知名人士也不乏小人物，其中有不少在北京创业、做志愿者的外国人。

（二）中层结构

1. 材料

本部分重点分析数量较多的报道类型对新闻材料的使用。

文教类新闻所涉领域广泛，材料来源丰富，同时，诸如艺术展演、文化旅游、非遗技艺等内容本身就非常适合采用各种生动灵活的叙事方式，此类报道注重刻画人物、描摹现场，细节材料丰富。如《挂宫灯 看展览 写春联 故宫上新：到紫禁城过春节》（2018 年 12 月 5 日）写道：“（人们）挂宫灯、贴门神，左手举着慈宁宫‘买卖街’上淘换来的风车，右手拿着老北京冰糖葫芦，再到畅音阁听一场年味十足的大戏……”

经济类新闻大量涉及宏观经济政策、行业发展、市场动态等专业信息，材料来源多为政府官员发言、会议文件、企业公告、研究机构成果等，概括类、数据类材料密集。典型叙事方式如《经济开局良好 一季度北京 GDP 增 6.9%》（2017 年 5 月 2 日）中的导语部分：“今日，北京市统计局、国家统计局北京调查总队发布数据，一季度北京实现地区生产总值 6,040.5 亿元人民币，同比增长 6.9%，增速比上年全年提高 0.2 个百分点，经济开局良好。分产业看，第一产业增加值 18.1 亿元，同比下降 2.2%；第二产业增加值 1,090.2 亿元，增长 6.6%。”

社会类新闻的取材介于文教类和经济类新闻之间，兼有比较“硬”的时事政策类材料与比较“软”的日常生活类材料，如《北京人真能喝 人均年喝啤酒 150 瓶》（2011 年 1 月 6 日）、《北京小妞领跑科隆狂欢巡游》（2012 年 3 月 1 日）。普通民众是该类新闻重要的采访对象和消息源，富有现场感的直接引语类材料较多，如在《听鸟叫虫鸣 品浓浓京味 北京打造多样城市森林》（2019 年 10 月 3 日）中，记者采访了住在“城市森林”附近的人，记录下了他们带着京腔的感言：“没事儿就约上老姐妹儿去林子遛弯儿”“‘小皮球、香蕉梨、马兰开花二十一……’看到公园里成片的马兰花，这首小时候跳皮筋哼唱的儿歌立马在耳畔回响起来”。

人物报道也是专版比较重视的选题类型，用小人物讲大故事是主要叙事策略。其实不仅是人物报道，其他类型的报道也注重以人为切口或由头引出核心事实、骨干材料。如《大山邮差》（2011 年 10 月 6 日），通过“报纸 982 份、平信 132 封、台阶 425 级”等一系列数字，展现了门头沟区大台邮政所唯一的投递员 16 年的岗位坚守；《非洲女孩扎根儿北京》（2018 年 9 月 17 日）看似在写一位非洲女孩，实则是在中非合作论坛召开背景下，报道中非合作交流。图片新闻也是这样，大量图片的主体都是人物，如报道动漫嘉年华的图片呈现的是一群在展馆内玩乐的孩子。

2. 体裁

对 1056 篇报道进行体裁统计可知：消息是最主要的体裁，占比 44.03%；其余依次是通讯、图片新闻和特写，占比分别为 27.75%、19.03%、9.19%，如图 2 所示。

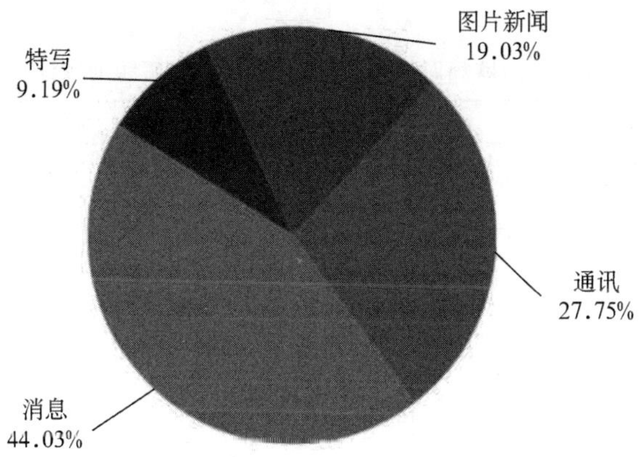

图 2 《欧洲时报》"北京新闻"专版报道体裁统计

专版中涉及时事政策、重大会议与活动的内容，大都用消息报道，经济类新闻也以消息为主。消息篇幅不长，但通常占据头条或上半版的重要位置，且标题多制作成宽厚的多行题，以凸显其"字少事大"的气势。

相对于消息的客观、简洁，通讯融合了记叙、描写、抒情、议论等多种手法，是文教类新闻的主打体裁。千字左右的短篇通讯，既适配于专版的有限空间，又契合文教类新闻选题对故事完整性与文字感染力的追求。如报道京派制扇传承人郑高的通讯《扇始扇终》（2016 年 10 月 19 日）篇幅不长，却将郑高从阴差阳错学习制扇，到一生守护这项技艺，再到为推广这项技艺四处奔走的心路历程描述得生动细腻、跌宕起伏。

图片新闻和特写主要用于社会类报道，尤其是民生类选题。图片与文字的有效搭配，旨在美化版面和丰富新闻要素，增强读者的现场感、代入感，是展示民生类新闻特有的"烟火气"的理想载体。特写在国内的报道体裁分类中，经常包含在通讯之下，但本文将特写单列出来，主要是因为专版有一个专门的特写专栏——"北京特写"。相比叙事的完整，该专栏下的报道更看重叙事的聚焦与片段中的精彩，如报道《草根书画 大众墨香——潘家园市场见闻》（2014 年 1 月 23 日），琳琅满目的卖品与各色人等中，就只记录下市场"草根""大众"的一面。

（三）低层结构

1. 高频词

本文针对所有 496 个专版报道的全样本进行高频词分析。借助中科院计算所汉语词法分析系统，本文统计出频数排名前三十的实词，如表 1 所示。

表 1 《欧洲时报》“北京新闻”专版高频词统计

编号	词语	频数	编号	词语	频数
1	北京	3477	16	海外	656
2	中国	1141	17	全球	656
3	京	1118	18	世界	652
4	国际	997	19	中心	550
5	京城	782	20	投资	549
6	创业	775	21	科技	544
7	文化	669	22	城市	540
8	人才	665	23	市场	539
9	企业	664	24	机场	538
10	中关村	664	25	产业	537
11	创新	662	26	开放	536
12	服务	662	27	旅游	536
13	故宫	661	28	项目	536
14	房	659	29	胡同	535
15	亮相	659	30	发展	534

分析表 1 可发现，高频词主要涵盖文化、经济、社会领域，与此前分析的选题类型分布一致。

与“北京”“京城”等相关的地域词占据最靠前的位置，这是“北京新闻”专版的题中应有之义。而“国际”“海外”“全球”“世界”则说明专版也关注北京和世界的交往，相关报道如《城市副中心征集国际方案》（2016 年 8 月 4 日）、《聚焦四合院改造 全球建筑奖花落小胡同》（2016 年 9 月 7 日）。

“文化”“故宫”“胡同”“亮相”“科技”“机场”“旅游”，这一系列高频词印证了文化旅游是文教类新闻的主体，也显示专版积极促进北京的对外文化与旅游交流。“京粹”系列是其中的代表，报道了很多关于戏曲、非遗、展演方面的新闻，如“文玩核桃展”“故宫‘过春节’”“东四胡同博物馆免费开放”等。

“创业”“创新”“投资”“市场”“项目”“发展”等经济类高频词，反映了专版对创新创业、招商引资的重视，这也正是开设“创新北京”专栏的动机。专栏对北京市创业政策、海归来京创业、中外创业者交流的大量报道，凸显经济发展向好、有成熟政策支持与良好发展环境的北京形象，以此鼓励外资来京投资。高居排名前十的高频词“人才”是对这一诉求的有力印证，进一步传递出北京广纳海内外人才的信号，相关报道如：《外籍人才永久居留新政开启》（2016 年 3 月 3 日）、《北京发布人才引进新政 海外人才引进可按需设岗》（2018 年 4 月 4 日）。

排在第 14 位的“房”这个高频词，与经济类报道关注的地产新闻有关，也与社会类报道侧重反映百姓衣食住行中最关注的“住”有关。专版中的“房”，包括出租房、二手房、保障房、政策房，内容上以保障房建设、购房政策、二手房交易、房价调控为主，凸显积极改善困难家庭和来京人员居住条件、开放且福利政策完善的亲民北京形象。

2. 报道倾向

报道倾向是报道反映出的报道者的特定态度、立场。在 1056 篇报道中，中性报道最多，占比 66.73%；正面报道位列第二，占比 31.21%；最后是负面报道，占比 2.06%。

中性报道多为对时事政策、重大会议或活动、经济数据统计等动态新闻的报道，与前文体裁分析中消息数量最多的发现相对应。正面报道旨在展现创业的北京、创新的北京、和谐的北京、健康的北京、文化滋养下的北京，如北京独特的历史文化风貌、经济发展成就、温馨的人情故事、各行业尤其是创新创业方面的优秀人才等。这二者占据绝对主体地位。

少量的负面报道集中在北京综合承载力处于危机状态、老龄化程度不断加剧、水资源短缺、楼市波动等领域。

三 、结论和建议

综上，《欧洲时报》“北京新闻”专版报道的框架特点是：地域特色鲜明；重视文化旅游等“软”新闻题材；重视推介北京的创业投资环境和人才引进政策；普遍采用以“小”人物讲“大”故事、细节化处理新闻素材、图文搭配等报道与版面设计技巧。这一报道框架符合其创刊宗旨。

同时，结合专版的优点与不足，也可为专版及其他地方媒体“走出去”提供经验与建议。

(一) 增加稿源供给，进一步提升议程设置意识

总体来看，专版 5 至 12 天的出版周期偏长，此外，在取样的最后两年里，减版、增版有些随意，这可能都是因为专版有扩版增容的计划，但稿源供给不够充足与稳定。这是地方媒体“走出去”时面临的常见问题，建议从存量、增量两方面改善。

存量方面，相比文教、社会、人物类新闻，经济类新闻主要以消息形式报道，在内容的深度和叙事手法的灵活性上都稍显逊色，因此建议深耕经济类新闻，在现有基础上丰富、创新其内容与形式。另外，专栏作为专版的特色之一，也还可进一步挖掘既有潜力。比如，研究发现，一些与专栏主题相关的报道并没有出现在同期专栏内，同时专栏之间的定位也存在重复现象，这都使得专栏整合议程的功能不突出；其次，虽陆续开设有 16 个专栏，但不同专栏出现的频率不一，有的过密有的又过疏，专栏的议程设置功能同样受到影响。因此，建议以更自觉的议程设置意识开发符合专版定位与特色的专栏。

增量方面，2018 年专版普遍增加单篇报道（尤其是头条）长度，导致报道总量减少后，信息量也有所减少；同时，文教类新闻取代经济类新闻占据了头条等更多重要位置与版面数量后，虽有利于推介北京的文化旅游，但为北京招商引资的功能有些削弱。建议注意“软”“硬”新闻之间的平衡，不宜太偏怡情消遣或休闲娱乐，而是要将其作为展示百年变局下首都北京的发展理念及其带给世界发展机遇的窗口。旨在突出北京地域文化的报道，也要注意不要囿于传统文化、国粹，而是要不断开发古都现代化进程中的先进文化、高级文化，尤其是富有世界意义的传播符号与命题。从这个意义上说，进一步提升议程设置意识，其实也就是要有更加自觉的历史使命意识。

(二) 推动新闻的本地化落地

《欧洲时报》与国内多个省市有专版合作，“北京新闻”只是其中一个专版，因此能否在众多地方版面中增强辨识度，对于扩大专版的影响力至关重要。研究发现，目前专版比较重视的内容是来华外国人的在京工作与生活。本文认为，既然专版面向欧洲发行，建议增加在欧洲发生的一些与北京相关的新闻故事，用更贴近海外受

众喜好的方式，推动新闻的本地化落地；建议在条件允许的情况下，适当引进当地新闻人才或定期组织采编人员的海外业务培训。

（三）加大媒介融合力度

受资金、人才等所限，地方媒体“走出去”的一大劣势是较难触达海外当地媒体，即当地受众。因为海外有关中国新闻的消息源首选中央级外宣媒体，所以地方媒体“走出去”实际面对的主要是有限的华人华侨群体，难以“出圈”。因此，建议加强与中央媒体或与北京市媒体的其他对外传播项目合作。

此外，报纸、网站这样的传播载体，在层出不穷的新媒体面前，对年青一代华人华侨的吸引力逐渐式微，必须开拓新传播平台。研究发现，专版 2016 年后将《北京日报》海外版微信公众号“京聚”的二维码放于专版上，这就是媒介融合的一个尝试。不过，从受众反馈看，关注量并不大，而且公众号内的诸多功能还未完善。建议不仅要在完善微信公众号上下功夫，还需要在条件成熟的情况下，把更丰富的新媒体，尤其是将用户量巨大的海外社交媒体纳入平台建设视野，以获得更好的对外传播效果。

（范敏，北京工商大学传媒与设计学院新闻系副教授；李司麒，光明网政务服务编辑部编辑）

我国抗击新冠疫情国际传播的话语研究*

——以主流媒体海外社交媒体平台为例

连少英　米若玉

摘　要：新冠肺炎疫情的全球性暴发令很多国家措手不及。一些西方政客及西方媒体将病毒“政治化”，试图转移国内矛盾。在对外传播我国“抗疫”声音时，我国主流媒体的海外社交媒体平台发挥重要作用。本文采用批评性话语理论，对我国主流媒体海外社交平台“抗疫”报道进行分析。研究发现，我国主流媒体海外社交平台在文本表述与修辞方式上，能较主动设置“抗疫”议程和有效回应疫情的国际舆论，但在话语效能上仍有很大提升空间。

关键词：主流媒体；海外社交媒体平台；新冠肺炎疫情；话语分析

荷兰学者梵・迪克认为，话语分析的主要目的是对话语这种语言运用单位进行清晰的、系统的描写，这种描写分为文本视角和语境视角两个视角。文本视角是对各个层次上的话语结构进行描述。语境视角则把对这些结构的描述与语境的各种特征如认知过程、再现、社会文化因素等联系起来加以考察。①

本文以 CGTN、People's Daily 和 China Daily 三家媒体在 YouTube 上关于我国抗击新冠疫情的传播内容为研究对象，通过在 YouTube 平台搜索这三家媒体的官方账号，再进行“virus”“COVID-19”的二次检索，搜索有关我国抗击新冠疫情的视频内容，从文本视角和语境视角两个维度对其展开质化分析。文本视角主要从研究对象的话语主题、话语表达展开分析，具体从表达方式、主题分布、呈现方式等指

* 本文系 2020 年度国家社会科学基金国家应急管理体系建设研究专项项目“美国主流媒体对我国应对新冠肺炎疫情报道的话语特征及我国的话语策略研究”（20VYJ0110）阶段性成果。

① VAN DIJK T A. 作为话语的新闻［M］. 曾庆香，译. 北京：华夏出版社，2003：26.

标探究三家媒体的YouTube平台的议程设置。语境视角主要从形势语境、主体语境和配合语境进行分析，结合相关背景，考察我国主流媒体海外社交媒体平台在不同语境下的话语特点，发现问题，并提出建议。

一、文本视角下的话语特征

文本视角实质上是对各个层次上的话语结构进行描述，分为话语主题和话语表达两个层面。在话语主题层面上，笔者主要通过对相关视频的主题进行梳理和提炼，分析话语主题的焦点分布情况，从宏观上对我国主流媒体海外社交媒体平台设置的议程进行把握。在话语表达层面上，笔者主要从句式结构、语气运用、表达偏好等层面对研究对象进行综合分析，从而发现三家媒体相关平台抗击新冠疫情的话语表达特点。

（一）话语主题

1. 事实主题角度多样，叙事风格较为成熟

传播新闻事实是媒体的第一要义。事实主题（factual theme）是管理科学中的专有名词，指的是组织在某段时期内实际解决的核心问题以及实际完成的中心任务。[①] 事实主题在本研究中指代研究对象在特定时间段内，对新闻事实进行加工、编码和传输，实现对事实的还原、再现的过程。

我国主流媒体的海外社交媒体平台在事实主题视频的探索上已经形成了较为成熟的叙事风格。此次新冠疫情报道中，CGTN主要依靠主持人的讲解进行科普，配合生动形象的动画阐述，能够让更多人理解病毒的传播过程、疫情期间我国的经济状况、病毒溯源、疫情暴发初期认识病毒存在过程的不可避免性。报道通过对疫情期间各国病例数进行数据统计与挖掘，并进行可视化处理，配合振奋人心的背景音乐，很好地展现了我国的抗疫成效，让世界读懂中国为了控制病毒在全球范围内传播所做出的牺牲。People's Daily主要采用微纪录片、实地跟拍的方式，用多个长镜

① 史旗凯，郭菊娥，李子叶，等．事实主题与组织战略的一致性测度研究：基于词义相似度计算的实证分析[J]．科研管理，2011，32（12）：46-52，60.

头展现事实全貌，解释类字幕适时补充画面信息，以“诉诸理性”的方式为主，客观冷静地讲述事实，破除国际社会对我国的误解和歧视。China Daily 与 People's Daily 的叙事方式有类似之处，也是主要通过对数据的呈现和事实的演绎设置议程，回应不实言论，力图表达“病毒源头不是中国”“不要对中国污名化”“雷神山医院建造过程体现了中国速度”等事实主题，努力在国际舆论环境中争夺主动权，提升自身传播力。

2. 宣传主题目标明确，着墨抗疫成效

宣传主题主要为了稳定民心、宣传党的正确领导和国内居民生活水平的稳步提高，重点着墨于抗疫成效的宣传，通过将海内外的经济发展指标、社会运行程度、人民信任情绪等方面的内容进行对比，达到宣传的目的。

CGTN 直接、硬性的正面宣传主题较少，多为侧面展示话语议题。如在视频中请外国人讲故事，他们用地道的英文来说明在中国很容易买到日用品、不用担心物资紧缺、中国政府的防疫措施做得非常到位。这种报道主体，对于塑造积极正面的国家形象，提高信息的到达率、理解度和接受度，从而提升抗疫宣传效果有很好的作用。相比之下，People's Daily 和 China Daily 的硬性宣传主题视频较多，能够看出发布者的目标是为了起到说服的效果，但宣传主题句式单一（如反复使用类似“病例降至×××”“×××组织肯定中国的×××”等句式）、模式固定、角度较为陈旧，浏览量只有几十次，点赞量和评论数量也在个位数，这种传播方式很难实现信息和价值观念的有效渗透，很难取得良好的传播效果。

（二）话语表达

1. 精心选择信源，增强说服力

信源的选择与新闻事实的可信度、受众的接受度呈正相关关系。CGTN 在选择信源时较为倾向选择官员、专家、国际权威机构等信源，以增强说服力。如经常引用我国外交部部长王毅和外交部发言人华春莹、赵立坚和汪文斌的话，海内外科学家和生物学家的话语、世界卫生组织的澄清等，塑造我国积极、负责任的大国形象，直接和间接地表达中国话语、中国态度、中国立场，使报道事实确凿，增强说服力，拓宽了我国对外传播的发声渠道，让世界更好地听见中国、理解中国。China Daily 除了引用外交部发言人、世界卫生组织的话语外，还引用了欧美国家教师和第三世界国家留学生的话语，从个人视角出发，以外国人在华的亲身经历、真实故事为切口，注重个体的故事性叙述，话语表达也更为通俗，视频的可信度和受众的接受度也比其他类型的视频更高一些。

2. 巧用表现手法，符号化建构

象征手法是借助某物的具体形象，来表达某种抽象的概念和情感。例如，2020年2月11日 People's Daily 发布的一条视频显示，方舱医院的医护人员和患者一起跳广场舞，打破了西方的谎言，看似在叙述方舱医院中的广场舞，实际上是想表达"病毒无法熄灭生命的激情"，借助"跳舞"来表达"热情"。People's Daily 的相关报道善于为事物赋予其他的意义，在文化层面建构对某一事物的认同，将原本普通的事物符号化，当接触到媒介的某一信息时，自然而然就能联想到其符号意义。例如，提起"防护服"，就能联想到"战袍""无私奉献"；提起"请战书"，就能联想到"勇士""党员先锋"；提起"捐款收据"，就能联想到"众志成城""共渡难关"。People's Daily 通过象征的方式设置议程，巧妙地把抗疫记忆镌刻于受众的思想中，影响受众的观点和态度。People's Daily 很少采用记者讲故事的呈现方式，更多是画面＋现场音/背景音乐的形式，有的视频会辅以字幕解释画面，渲染了"人民战争必将胜利"的氛围，不仅能给国内民众以信心，更能令海外受众认可我国的抗疫成效。

幽默化手法是我国主流媒体海外社交平台上揭示我国抗疫真相、诠释我国抗疫精神以及与国际社会建立共情关系的惯常手法。CGTN 揭示真相类主题视频多采用画面＋音频＋解说＋字幕的复合性呈现方式，降低了受众的理解难度。例如，2020年5月7日发布的一条题目为《病毒背后的科学：病毒是如何传播给人类的？》（*Science Behind Virus：How do viruses spread to humans*？）的视频中提出："要做到这一点，病毒需要抓住细胞外被称为受体的分子，这一过程类似于钥匙插入锁孔并打开门。"（To do so，viruses need to grab onto the molecule outside of a cell，called a receptor，in a process similar to a key clicking into a lock and opening a door.）为了解释病毒侵入人体的过程，CGTN 先是运用了拟人的修辞手法，病毒"抓住了"（grab onto）分子，生动形象地体现出病毒找寻受体、与受体建立联结的过程，后又用了比喻的修辞手法，将病毒侵入细胞的过程比喻为"钥匙插入锁孔"，引发受众联想，推进受众更好地理解病毒传播的过程。

CGTN 的 YouTube 平台于 2020 年 3 月 17 日发布的《为什么特朗普会将

COVID-19 标签为“中国病毒”?》（*Why would Trump label COVID-19 as “Chinese Virus”?*）中，引用了特朗普的一句话：“这是现代史上对抗外来病毒最积极、最全面的努力。”（*This is the most aggressive and comprehensive effort to confront a foreign virus in modern history.*）“aggressive and comprehensive”押尾韵，增强语言的节奏性和生动性，也为视频增加了表现力和感染力，更能够表现特朗普颠倒黑白、是非不分的媒介形象。

3. 多种句式承载不同功能

句式结构对于表情达意起重要作用，不同句式结构会起到不同传播效果。CGTN、People's Daily 和 China Daily 三家媒体惯用陈述句叙述新闻事实，以 China Daily 2020 年 6 月 22 日发布的视频《中方敦促蓬佩奥纠正错误，停止传播“政治病毒”》（*China Urged Mike Pompeo to Correct His Mistake and Stop Spreading the “Political Virus”*）为例，该视频共包括四句话，有三句都是陈述句，直截了当地陈述事实和中方的态度，语气坚定，中立、冷静、客观的叙事方式更能够体现出我国主流媒体的专业性。反观西方部分媒体，言辞激烈、煽动性强，甚至歪曲事实、强词夺理，虽然短期内可能有不错的效果，但是长期来看最后必会自食恶果。CGTN 和 China Daily 多用祈使句表达立场，多用疑问句引出话题。在 China Daily 的相关视频中，我国主流媒体反复使用“We advise”“We hope”“Please”等祈使句式，说明中方希望有关国家采取积极态度，正确认识病毒传播过程、停止传播“政治病毒”的政治立场。CGTN 的科普类视频常用疑问句引出话题，如“但为什么只有一小部分病毒会感染我们呢?”（But why does a small fraction infect us?），“中国是新冠肺炎疫情的罪魁祸首吗?”（Is China to blame for the COVID-19 pandemic?）等疑问句常用于标题、导语、段落开头的部分，激发受众的观看兴趣，引出话题。这也侧面反映出在经过多年积累后，CGTN 的内容生成力和传播延展力都有了不同程度的提升。

二、语境视角下的话语特征

媒介话语总是在特定的语言环境中形成，不同语境下话语生产出不同意义。结合视频内容的主体背景、舆论背景、国际关系背景等，我们从形势语境、主体语境和配合语境三个方面展开分析。

（一）形势语境：阶段性特征明显

形势语境主要通过对我国抗击新冠疫情的过程及国际舆论形势进行梳理，探究同期我国主流媒体的 YouTube 平台是如何根据局势随机应变的。根据国务院新闻办公室发布的《抗击新冠肺炎疫情的中国行动》白皮书，中国抗击疫情的艰辛历程主要分为五个阶段。第一阶段：迅即应对突发疫情（2019 年 12 月 27 日至 2020 年 1 月 19 日）；第二阶段：初步遏制疫情蔓延势头（2020 年 1 月 20 日至 2020 年 2 月 20 日）；第三阶段：本土新增病例数逐步下降至个位数（2020 年 2 月 21 日至 2020 年 3 月 17 日）；第四阶段：取得武汉保卫战、湖北保卫战决定性成果（2020 年 3 月 18 日至 2020 年 4 月 28 日）；第五阶段：全国疫情防控进入常态化（2020 年 4 月 29 日以来）。

CGTN 的海外社交媒体平台呈现出明显的阶段性特征，在疫情暴发的初期（第一阶段和第二阶段），以被动回应、明确立场、陈述观点为主。2020 年 2 月 4 日，《华尔街日报》竟在标题称中国为“东亚病夫”。2020 年 2 月 14 日，CGTN 发布了一条题为《中国要求〈华尔街日报〉就“东亚病夫”的评论文章道歉》（*China Demands Apology Over Wall Street Journal's 'Sick Man' Opinion Piece*）；2020 年 2 月 24 日，CGTN 又发布了一条题为《中方要求〈华尔街日报〉就侮辱性报道标题道歉》（*Beijing Asks Wall Street Journal to Apologize Over Insulting Report Title*），两条视频均对《华尔街日报》的相关报道进行了谴责，明确表明中国的态度，要求该报必须道歉，立场坚定且明确地要求该报为自己的行为后果负责。

在疫情暴发的中期（第三阶段和第四阶段），以破除谎言、传播真相、科学普及为主。2020 年 3 月 23 日，CGTN 发布了一条题为《真相：当特朗普撒谎时，人们会死》（*Facts Tell*: *When Trump Lies*, *People Die*）的视频，反击了特朗普的恶意抹黑，并戳破了其政治谎言。2020 年 4 月 21 日 CGTN 发布《中国是新冠肺炎疫情的罪魁祸首吗?》（*Is China to blame for the COVID-19 pandemic*?），以科学的视角普及了新冠肺炎流行的过程，系统论述了美国深受疫情困扰的根本原因不在中国，而是白宫反应迟缓，向国际社会传播了真相。

在疫情暴发的后期（第五阶段），以主动发声、强势出击为主。正如中国外交部发言人赵立坚所说，中国绝不做“沉默的土地”。自古以来，中国人奉行谨言慎行、以和为贵，追求君子之道，但在美国屡次抹黑我国的形势之下，我国不得不强势出击。如 2021 年 1 月 28 日 CGTN 发布的一条题为《中方警告美方不要将世卫组织病毒研究访问政治化》（*China Warns U. S. Against Politicizing WHO's Virus Research Visit*）的视频中，用的是“China warns U. S.”，即“警告美国”，在此之前的 2020 年 3 月 17 日，CGTN 用的是“we urge the U. S.”，即“敦促美国”，从“敦促”到“警告”，充分体现出我国主流媒体的海外社交平台的话语转变，进而反映出我国对外话语态度的转变。

（二）主体语境：政治话语坚定，媒介话语中立，事实话语真实

主体语境是思考研究对象作为不同主体，其话语各有什么特征。作为我国对外话语的传播载体，我国主流媒体 YouTube 平台的政治话语与时代同频共振。在政治话语建构的过程中，我国主流媒体始终保持坚定的立场和态度，坚守舆论宣传主阵地，尤其是在原则问题上据理力争、决不让步，话语态度非常坚决、强硬，成为我国传播中国声音、表达中国观点和中国态度的重要阵地。我国主流媒体的 YouTube 平台多次强调“中方需要”（China demands）、“中方要求”（Beijing asks）、“我们的立场保持明确”（our stance remains clear）、“我们坚信”（we have always believed）、“坚决反对”（clearly opposed to），守土有责，政治话语坚定，表达出坚决抵制美方的无端指责、希望美国提高抗疫能力管好自家事、拒绝对中国污名化、反对种族歧视和病毒政治化的话语主题。

作为新闻传播媒介和受众获取信息的渠道，我国主流媒体 YouTube 平台的视野宏大，没有囿于眼前的流量小利，而是根据主体语境不断调整自己的媒介尺度，把握传播者与受众之间的心理距离，解决“距离的矛盾”[①]。面对海外受众与我国截然不同的思维方式和民族文化，媒体报道以低语境话语入场，拉近心理距离，媒介话语总体保持客观中立，观点鲜明，但并不带意识形态倾向，虽对美国部分政客的言论表达不满，但也并未回泼脏水，恰到好处地把握媒介尺度。如特朗普政府反复强

---

① 张景云，庞毅．品牌跨文化传播中的空间关系处理：传播心理距离视角［J］．国际新闻界，2013，35（9）：92-101.

调中国是病毒的发源地，China Daily 的 YouTube 平台于 2020 年 11 月 17 日对此作出回应："中方希望各国采取积极态度，加强与世卫组织的合作。"（China hopes that all countries will adopt a positive attitude，strengthen cooperation with the WHO.）意指希望美国尽快采取积极抗疫措施，不要凭空捏造病毒发源地，在表达观点的同时保持客观中立，避免了词不达意和言过其实，尽量消解因偏见而产生的"错误信息"。

作为新闻事实真相的呈现平台，我国主流媒体的 YouTube 平台坚持以专业真实的姿态叙述事实，People's Daily 用一镜到底的镜头语言展现了雷神山医院建造的全过程（2020 年 1 月 31 日），视频只做了加速处理，没有其他剪辑，最大限度地还原了新闻事实的原貌。尽管西方媒体对事实的解释力依然强势，但倡导基于真相的公共传播是传媒业责无旁贷的使命。[①] 我国主流媒体的 YouTube 平台通过数据的可视化呈现、实地采访、现场直播等方式，表达出中国为了全球抗疫付出了巨大牺牲、社会主义制度的优越性、中国经济在疫情中稳中求进的话语主题。

（三）配合语境：被动配合转向主动反哺

配合语境是通过分析同时期我国主流媒体的国内相关报道，思考我国主流媒体的海外社交媒体平台是如何配合主流媒体的，并得出相关结论。我国主流媒体的传统媒体平台和新媒体平台之间对同题报道的处理时间间隔较短，基本在 10 小时之内，我国主流媒体的海外社交平台就能实现对国内相关报道的转述、点评和补充，国内造势、国外传播，配合非常及时。值得注意的是，CGTN 的 YouTube 平台在 2020 年 3 月 22 日发布的一条题为《特朗普对中国态度大转弯的背后是什么?》（*Coronavirus*：*What's Behind Trump's U-turn on China*?）的视频，在 2020 年 3 月 23 日发布到 CGTN 国内的各大平台，得到了国内媒体广泛转发和引用，实现了媒介内容的二次呈现，从搬运、转述、配合到引用、转发、反哺，体现了 CGTN 的内容生产力和传播延展度优势，这进一步反映出国内主流媒体平台和海外社交媒体平台的内容生产与分发正在初步形成双向均衡，如图 1 所示。

我国主流媒体的海外社交媒体平台的视频报道以其短小性、即时性、平民性特征，为视频平台留存用户提供了一个很好的手段，能够同时满足不同用户的不同口

---

① 史安斌，童桐．大疫·大选·大考：回眸 2020 年的全球新闻传播［J］．青年记者，2020（34）：78-81.

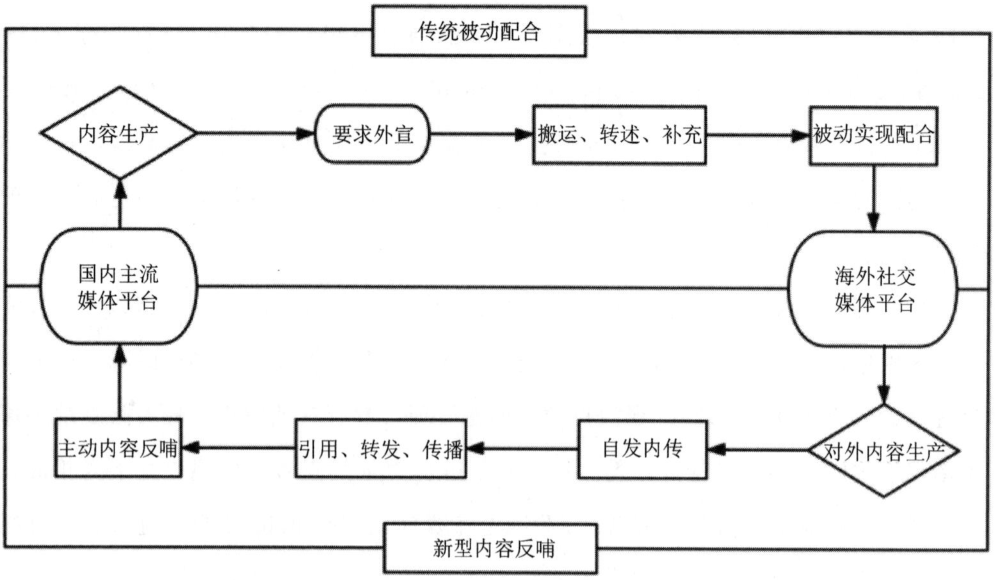

图 1　国内主流媒体平台和海外社交媒体平台的内容生产与分发

味和需求，在一定程度上发挥了新媒体社交平台的优势，但原创性水平参差不齐。People's Daily 的 YouTube 平台就是简单搬运了国内平台的素材内容，配上一个直译标题，很难发挥海外社交媒体平台的主观能动性，没有特别体现出设置议程的意识，也比较缺乏对必要性信息的补充与解释，令人看完比较费解，不能起到改变受众观点、态度的作用。YouTube 平台的直播功能也未被充分利用，没有充分考虑到海外受众的思维习惯和媒介接触方式，呈现出无声的黑板式传播，也体现出 People's Daily 海外社交媒体平台对技术的驾驭不太成熟。

相比之下，CGTN 的 YouTube 平台内容原创性更强——“探客”（Tech It out）、“乔博士说”（Dr. Qiao Talk）、“真相放大镜”（Facts Tell）等栏目一改传统媒体“高高举起、轻轻落地”的传播现状，一针见血地指出一些西方政客故意唆使部分西方媒体抹黑中国，搞“病毒政治化”。主持人用地道的英文向海外受众讲故事，主动设置议程，进行“病毒并非来自中国”“戳破特朗普的谎言”“特朗普对新冠有其政治目的”的主题报道，构造了中国出于捍卫国家利益不得不强势回击、坚决反对，并传播真相、戳破谎言的拟态传播环境。

三、我国主流媒体海外社交媒体平台抗疫话语中存在的问题及提升话语效能的建议

突发性公共卫生事件的报道是全球媒体的必争之地，也是国际舆论场的热点之一，直接影响国家形象。本文认为，在主动设置抗疫议程和有效回应疫情国际舆论上，我国主流媒体海外社交平台能较为自觉遵循并合理利用新媒体传播的优势，在文本表述与修辞方式上均有了很大进步，但在话语效能方面仍有很大的提升空间，以下笔者尝试分析其问题并提出改进建议。

（一）多重话语主体结合，两条说服路径互补

我国主流媒体的海外社交媒体平台在一定程度上改变了以往单一抽象的话语表达原则，注重医护人员、患者等个人的故事性传播，多重话语主体共同发声，但官方话语与民间话语并未形成联动。因此，我国主流媒体的海外社交媒体平台要通过多元的话语参与主体、多平台的内容传播、多手段的形式推送，吸纳网民参与话语建构，形成话语复调，以情动人、以理服人，通过这两条说服路径的优势互补，把大主题和小切口结合起来，保证优质内容的多渠道传播。

（二）明确受众定位，把握受众心理

世界各国人民都是新冠疫情的受害者，但各国制度文化、宗教信仰、价值观及我国传统关系等有差异，因此，对外抗疫传播不应整齐划一，应明确海外受众定位，把握不同受众心理，运用大数据进行受众用户画像，细分受众群体，并对报道主题进行精准化修辞，形成有意义的话语表达，避免语义误读误解。

（三）重视互动，发挥优势

新媒体在本质上是一种“关系传播”，我国主流媒体的海外社交媒体平台在用户关系的维护与改善上尚有不足。要积极组建后疫情时代下我国主流媒体海外社交媒体平台的粉丝社群，在社群内定期推送疫情信息、发布抗疫活动通告、解答疑惑，

从而维系关系、争取受众认同，通过口耳相传的方式将平台的优质内容推荐给自己的家人朋友，进而吸引更多人关注，形成良性循环，发挥社交媒体平台的互动优势。

（四）内容再造，全链条重塑

我国主流媒体的海外社交媒体平台缺乏创造性，有的将中文视频内容放到海外社交媒体平台上，直接“复制”“粘贴”，没有很好地实现“转化”“再造”。因此，要尽快重塑后疫情时代下新闻内容生产到分发的全链条，挖掘真正参与过抗疫活动的优质内容生产者，坚持内容为王的算法逻辑，促进用户生成内容走向前台，通过平台与内容的互联共通，提升我国主流媒体海外社交媒体平台的影响力和竞争力。

（连少英，北京工商大学传媒与设计学院副教授；米若玉，北京工商大学传媒与设计学院研究生）

洞察数据 深耕故事：讲好中国经济故事的路径探析*

刘 娟

摘 要： 伴随着数据新闻实践的深化，以数据为核心的可视化新闻叙事出现，而经济新闻的专业数据属性，恰恰需要借助讲故事的路径实现有效传播。因此，讲好我国经济故事需要洞察数据、深耕故事，尊重数据化叙事的特点，选择合适的叙事内容、叙事类型和叙事路径：以数据为基础，发掘故事点，设定目标，明确主题；用数据提供解读视角、预测经济趋势，传递独特财经新闻价值，注重为用户提供个性化数据服务；深挖数据，进行深度故事讲述；处理好特殊性和普遍性两者之间的关系，从而讲好中国经济故事，为我国经济发展营造良好的国内国外舆论生态。

关键词： 数据驱动；数据新闻；可视化；中国经济故事

一、数据故事化的学术图谱

数据化时代，用数据报道新闻具有很高的价值。什么是数据新闻？亚历克斯·霍华德（Alex Howard）将数据新闻理解为通过收集、清洗、组织、分析、可视化和发布数据，支持新闻事业的创造。① 拉斯·林斯多夫（Lars Rinsdorf）和拉乌尔·

* 本文系北京工商大学2021年青年教师科研启动基金项目“大数据时代重大突发公共卫生事件舆情应对与治理研究”（QNJJ2021-64）阶段性成果。

① SUNNE S. How data journalism is different from what we' ve always done [EB/OL]. (2016-09-03) [2021-10-28] . https: //www. americanpressinstitute. org/publications/reports/strategy-studies/how-data-journalism-is-different/.

伯尔斯（Raoul Boers）将数据新闻界定为：一种定性的新闻报道方式，通过使用（半）自动化方法分析开放数据集来检测数据结构中有意义的模式，从而深入了解相关社会趋势。[①] 对于雷诺特·罗尔斯（Reinout Roels）、伊夫斯·贝顿（Yves Baeten）和比特·赛纳（Beat Signer）而言，数据新闻和数据可视化高度相关，他们将数据可视化定义为“在正确的时间向正确的人展示数据，以使得他们能够最有效地获得见解”[②]。从这个意义上说，数据新闻被理解为一个过程，即分析大数据和用数据讲故事的过程，包括数据可视化和其他基于数据的文本输出。[③]

数据新闻的背后是数据可视化和数据叙事的平衡，其中数据叙事占据了至关重要的地位。用数据讲好故事有以下几种理解范畴：第一，数据化叙事（storytelling with data），即将数据关联或还原到特定情景中，并以讲故事的方式呈现出来的过程；第二，数据驱动叙事（data-driven storytelling/data storytelling），强调故事的客观性，突出故事要有数据依据或凭证，其本质在于以“故事叙述”的方式呈现“从数据中发现的洞察（insights）”，属于使用传统讲故事的可视化特征和结构来传递与数据相关的信息；[④] 第三，叙事可视化（narrative visualization），即讲故事的可视化，强调数据叙事如何被呈现，讲故事服务于可视化，例如借助时间结构提供一种故事流，以吸引读者；[⑤] 第四，可视化叙事（visual narratives），是用数据可视化讲故事，即视觉叙事，以提供直观和快速探索大量的数据资源的叙事，可视化服务于叙事，以让读者在数据中发现和讲述自己的故事。[⑥]

数据化叙事，背后是叙事性问题，当记者在讲故事时，不仅仅指的是“叙述”，还指其他文本语言的实践，如描述、解释和辩论，这些文本语言的实践被划分为四

① RINSDORF L，BOERS R. The need to reflect. Data journalism as an aspect of disrupted practice in digital journalism and in journalism education［C］. Proceedings of the International Association for Statistical Education. IASE Roundtable 2016 Berlin：Promoting Understanding of Statistics about Society. Retrieved from http：//iase－web. org/documents/papers/rt2016/Rinsdorf. pdf.

② ROELS R，BAETEN Y，SIGNER B. Interactive and narrative data visualisation for presentation-based knowledge transfer［EB/OL］.（2017-08-03）［2021-10-28］. https：//doi. org/10. 1007/978-3-319-63184-4 _ 13.

③ AUSSERHOFER J，GUTOUNIG R，OPPERMANN M，et al. The datafication of data journalism scholarship：focal points，methods，and research propositions for the investigation of data-intensive newswork［J］. Journalism，2017，21（7）：953.

④ 朝乐门，张晨. 数据故事化：从数据感知到数据认知［J］. 中国图书馆学报，2019（5）：61-78.

⑤ FIGUEIRAS A. Narrative visualization：a case study of how to incorporate narrative elements in existing visualizations［C］. 18th International Conference Information Visualisation IEEE，2014.

⑥ SEGEL E，HEER J. Narrative visualization：telling stories with data［J］. IEEE transactions on visualization & computer graphics，2010，16（6）：1139-1148.

种基本方式：描述性、叙述性、解释性和论辩性。① 西蒙·罗杰斯（Simon Rogers）、乔纳森·施瓦比什（Jonathan Schwabish）和丹妮尔·鲍尔斯（Danielle Bowers）2017年基于一项调查，提供了另外一种分类：数据丰富的故事（stories enriched by data）；使用数据进行调查的故事（investigative data journalism）；解释数据的故事（stories that explain data）。②

然而，在数据可视化领域，许多所谓的数据故事落入了没有故事弧而呈现事实的窠臼，为解决这个问题，爱德华·西格尔（Edward Segel）和杰弗里·希尔（Jeffrey Heer）提供了数据故事的叙事模式和论证结构：作者驱动叙述和读者驱动叙述。③ 纳萨莉·亨利·里奇（Nathalie Henry Riche）和克里斯托夫·赫特（Christophe Hurter）等将其划分为解释性叙事和探索性叙事，解释性叙事传达了作者对数据的叙述，而探索性叙事允许读者在一组数据中找到自己的故事，能够有效进行数据分析和个性化导航，这背后是信息对故事、作者对读者的问题。④ 在解释性叙事（作者驱动叙事）和探索性叙事（读者驱动叙事）的基础上，第三类数据故事出现：线性—非线性类型，即作者给出主要故事情节，读者可以在故事的特定阶段探索数据集，信息以一种结构化方式呈现，与此同时，读者也可以选择在一定程度上探索数据，这种线性—非线性类型的数据叙事被西格尔和希尔称之为"马蒂尼玻璃结构"（Martini Glass），在这个结构中，通过可视化一步一步引导读者自主探索数据。⑤

目前人们对数据叙事的理解，可谓莫衷一是，但我们仍然可以从这些不同的理解中找到相似之处，即它们都强调数据以及大数据技术使用在数据故事讲述中的核心地位和价值，强调以技术为中心。然而，数据化叙事的核心仍在传播和呈现符合

① WEBER W，ENGEBRETSEN M，KENNEDY H. Data stories：rethinking journalistic storytelling in the context of data journalism [J]. Studies in communication sciences，2018，18 (1)：191-206.

② ROGERS S，SCHWABISH J，BOWERS D. Data journalism in 2017. The current state and challenges facing the field today [J/OL]. Google news lab，2017 (9)：6. [2022-06-18]. https：//newslab. withgoogle. com/assets/docs/data-journalism-in-2017. pdf.

③ SEGEL E，HEER J. Narrative visualization：telling stories with data [J/OL]. IEEe transactions on visualization & computer graphics，2010，16 (6)：1139－1148. [2022-06-18]. https：//doi. org/10. 1109/TVCG. 2010. 179.

④ RICHE N H，HURTER C，DIAKOPOULOS N，et al. Data-driven storytelling，florida，boca raton [M]. CRC Press，2018：60.

⑤ RICHE N H，HURTER C，DIAKOPOULOS N，et al. Data-driven storytelling，florida，boca raton [M]. CRC Press，2018：65.

社会公众利益的真实信息，保障公众知情权，满足公民的精神文化需求，大数据及其相关技术更多是关乎一种在纷繁的数据信息海洋中挖掘出真正有价值新闻的工具，数据新闻本身并未从根本上改变新闻的本质。

基于上述界定，本文认为用数据讲好中国经济故事，是在大数据技术以及数据开放环境下，利用数据科学技术发现和提取蕴含在海量数据中的具有新闻价值的信息，而后将数据以可视化方式转化为新闻故事，以更好地服务于社会公众利益、满足公众知情权的一种新闻报道方式。其本质在于发现繁杂且隐藏在财经数据中的“故事”和“洞见”，从经济数据出发，将经济数据转化为经济新闻的背景和故事，而非“发现故事中的经济数据”，或者简单地“使用经济数据讲故事”，尤其是经济数据新闻生产相较于其他类型的数据新闻更加强调“数据”，明晰这点至关重要。

二、用数据讲好中国经济故事的特点

（一）数据：数据故事讲述的核心和基础

数据是数据化叙事和数据驱动叙事等数据新闻实践的核心，数据团队首先要通过数据挖掘、数据抓取、数据清洗和数据分析，发现数据中的“洞察”和“事件”，以数据中的异常值、关系、相关性或差异性作为启动故事讲述的起点。如果没有数据，将无法完成数据故事的讲述。有时数据本身能够构成一个完整故事，有时数据仅支持一个故事片段，或者数据仅仅作为故事叙事的起点。因此，使用数据讲述经济故事之前，首要的是理解数据，发掘数据之间的关系，洞悉数据背后隐藏的内容。数据理解正确的前提取决于所获取数据的真实性，因此，在获取数据时，不仅需要保证数据获取方式的正当性和数据采集环境的真实性，也需要核查数据发布平台的真实性和权威性。一般政府机构、专业财经数据服务公司、科研机构、社会组织以及网络用户都会发布大量数据，我们在获取这些数据的过程中，需要对数据本身的真实性、科学性、准确性进行校验。

（二）可视化与叙事化的平衡

在面对经济数据时，不仅需要将庞大复杂的数据转变为清晰易读的故事，还需要将抽象模糊的数据集转化为形象具体的可视化叙事，以帮助用户更好地解读经济数据的内涵，读懂经济新闻故事所要呈现的逻辑和语言。在这个过程中，处理好数据可视化和叙事技术即文本—视觉关系至关重要，数据可视化和叙事技术之间要借助读者驱动叙述、作者驱动故事叙述或者马蒂尼玻璃结构，实现有机结合。有研究发现数据新闻记者倾向于使用马蒂尼玻璃结构来平衡文本与视觉两者的关系，首先借助线性、解释性、作者驱动的方法，讲述基本的故事，推动故事叙事的戏剧化，然后借助非线性、探索性、读者驱动的方法，引导用户自主探索，从而实现数据可视化。

在马蒂尼玻璃结构中，故事文本的叙事是线性的，但在主要故事的不同节点有许多进一步探索的开口，而这个开口不仅为用户提供了探索的可能性，也为可视化提供了新的空间，允许用户与可视化要素进行交互。① 例如，在“8·12天津特别重大火灾爆炸事故”报道中，网易制作的《危化品爆炸事件离你有多远》将交互地图、数据、地理位置等要素和文本注释内容有机结合，以用户所在地为中心，方便其查询周围化工厂分布信息，强化新闻产品与个人的关联性，实现用户互动层面的数据故事可视化。

（三）增值性和可读性的内容服务

与普通经济新闻故事不同的是，用数据讲好中国经济故事，尤其是对外讲好中国经济故事，其中包含大量专业性、特殊性经济数据信息，在此过程中，在向用户传递信息的同时，还需要通过数据故事中的数字、信息、图表、图像等因素提升中国经济故事的增值服务和可读性，使得无论是国内用户还是国外用户，通过阅读具有增值性和可读性的数据经济故事，加深对我国经济运行形势的理解，从而产生对诸如投资、创业具有引导性和指向性的预测，促进我国经济繁荣发展。

（四）交互性和互文性的叙事

使用数据讲好中国经济故事，不同于单纯文本故事讲述路径，其从根本上改变了读者和作者之间的“主客”关系，其中存在大量交互性和互文性的信息分享。无

① WEBER W，ENGEBRETSEN M，KENNEDY H. Data stories. Rethinking journalistic storytelling in the context of data journalism [J]. Studies in communication sciences，2018，18 (1)：200.

论是读者驱动故事讲述，还是作者驱动故事讲述，抑或是马蒂尼玻璃结构，都需要用户有效参与，以交互、对话完整呈现经济新闻故事。

在交互、对话过程中，用户体验到的不仅是数据信息，可视化因素的加入，大量的图表、图像、注释、纵横对比、超链接等对数据的辅助说明，使得用户可以在不同的情境中阅读经济新闻故事，甚至在马蒂尼玻璃结构中选择个性化的数据叙事，从而在扩充的新闻情境中体验到交互性和互文性的新闻阅读体验。

三、用数据讲述经济故事的内容选择和类型选择

讲好中国经济故事，不仅需要着眼于中国当前经济运行形势，解释和讲述宏观视角下的经济规律，呈现经济事件在不同时空背景和条件下的中国特殊经济故事，即讲述宏观抽象的、与中国经济改革发展相关的“硬故事”“大故事”，还需要以多元微观视角讲述能为国内国际受众理解和认同的“微故事”“软故事”，这些“微故事”“软故事”更加具体化、个人化和本土化，能够对中国具体经济问题进行具体分析，其叙事逻辑、呈现框架和叙事方式与经济数据的专业性、艰涩性、实用性、前瞻性构成了互补关系，基于提供信息咨询、预测经济态势、报道发展成就等目的，选择恰当的叙事内容、叙事类型，构成了讲好中国经济故事不可或缺的部分。

（一）内容选择

1. 用数据讲述普通个体的经济际遇

长期以来，我国的对外经济传播面临传而不达的半悬空状态，在内容选择上，直接讲述民族复兴、经济发展成果的“硬宣传”太多，而普通老百姓热爱生活、努力奋斗的“软故事”较少。中国的经济发展是全体普通老百姓在党的领导下共同努力、艰苦奋斗的过程，对内对外讲述中国经济故事惯用专业专题报道、宏大主题宣传、整体情况介绍，传播具有宏大而抽象的特点，难以和国内国外受众的日常生活和切身感受勾连起来，传播效果不佳。以普通老百姓和普通经济个体为主的人物故事，能够增强国内外受众对中国经济运行真实状况的理解和认同，从而减少由文化异质而产生的拒斥感、距离感和陌生感。讲述普通老百姓和经济个体的真实生动、

情节曲折的经济生活际遇，以此形成全面、立体而真实的中国经济故事，能够赢得更多受众的喜爱和认同。①

2. 用数据讲述中国扶贫故事

目前，中国是全球最大的发展中国家，虽然在经济层面取得了令人欣喜的成绩，但是国际社会对中国经济崛起也产生了较大的恐惧和担忧，“中国威胁论”“中国崩溃论”等声音层出不穷。此外，我国积极推动“一带一路”倡议，众多企业积极走出国门，加入构建人类命运共同体行列。无论是国家还是个体企业，都需要一个良好的国际舆论环境。讲好中国经济故事不能只讲“成绩”“好的”故事，还需要讲述中国“真实的”“不太好的”故事——中国弱势群体和贫困人口的故事，讲述我国近几年在脱贫攻坚过程中帮助边远贫困地区老百姓摆脱人生苦难、走出经济贫困的“温暖的”“人文的”故事，以温暖正义消解国际社会对我国的误解、质疑，从而为我国经济发展营造更好的舆论环境。

3. 用数据讲好企业品牌的故事

在全球化快速发展的今天，一国经济与世界经济融为一体，国外受众往往以某一企业品牌来认识、定位和评价某国。讲述国际化的优秀产品、服务或企业的品牌故事，不仅可以直接推动企业经济的发展，更能推动“中国制造”向“中国创造”的转型。以品牌故事讲述赢得市场认同一直是企业营销的重要战略。借此，在用数据讲好中国经济故事时，需要讲述中国本土的优秀产品、优秀企业、优秀服务的品牌创造故事，展现其中蕴含的中国智慧和中国文化。讲述中国本土的优秀产品和服务品牌的创造故事，尤其要讲述生活消费类优秀品牌的故事。②

叙事理论研究表明故事必须在主题和内容上符合人们的思维假定，否则对故事的理解无法实现。优秀的品牌故事讲述：在主题上，不仅需要反映品牌的核心理念，还需要反映消费者的价值观；在内容上，需要围绕一个“核心故事”展开真实、情感、共识、承诺四大要素的讲述；在叙事逻辑上，需要遵循一定的时间顺序或者因果顺序展开，并突出紧张的冲突情节；在方式上，需要针对目标群体的喜好进行差异化讲述。③

①② 苏仁先．讲好中国故事的路径选择［J］．中国广播电视学刊，2016（2）：43-45.

③ 汪涛，周玲，彭传新，等．讲故事 塑品牌：建构和传播故事的品牌叙事理论——基于达芙妮品牌的案例研究［J］．管理世界，2011（3）：112-123.

（二）类型选择

讲故事和叙事高度相关。《牛津英语词典》将叙事定义为“对一系列事件、事实等的描述，按照顺序建立事件/事实之间的联系”。这个定义的核心是一系列因果相关事件。这种形式的故事通常有一些基本元素：情境（讲述的场合和语境）、事件排序（事件的结构化时间和发展过程）、事件平衡状态的转折/中断、最终的结局和解决方案等，更为通俗地讲则是：故事的开头、情节的上升、情节发展的高潮、最终方案的结尾。在故事讲述开始阶段，我们设置基础现实，包括背景信息和变化，或者交代冲突的语境。在故事讲述的中间发展阶段，通常由斗争、冲突组成，趋向事件发展的高潮。随着冲突的解决，故事结束或者还会继续发展。

对故事的类型划分有以下几类：（1）按照讲述的目的可以划分为“说明性故事”“解释性故事”“探索性故事”；（2）按照关注点可以划分为“What 的故事”（客观呈现数据事实）、“Why 的故事”（数据何以如此的故事）、“How 的故事”（如何解决数据中的差异和冲突的故事）；（3）从逻辑上可以划分为“时序性故事”“相关性故事”和“因果性故事”等；（4）从切入点可以划分为“由大到小”“由小到大”“冲突对比”“交叉相关”“异常离群探索”；（5）在时态上，可以划分为“过去式故事”“现在式故事”“未来式故事”。① 在用数据讲述经济故事时，需要根据故事主题和数据可视化的逻辑，选择合适的故事类型。

四、用数据讲好中国经济故事的路径选择

“数据源”代替传统采访对象，成为新的文本叙事主体，内核驱动数据走向可视化、故事化和新闻本质。以数据为叙事语言是“先有数据，后有主题”，而不是“主题先行，数据印证”，这需要作者首先理解数据，找到叙述的目的和读者的兴趣所在，识别关键数据，然后根据上述故事类型选择数据。

（一）以数据为基础，发掘故事点，设定目标，明确主题

数据在数据驱动故事讲述中起到核心作用，因此，在对数据进行清洗和整理以

① 朝乐门，张晨．数据故事化：从数据感知到数据认知［J］．中国图书馆学报，2019（5）：61-78.

后，需要以数据为起点，对数据提出问题，挖掘其中最受读者关注的问题、视角、故事，寻找数据之间的关系，例如相关关系、因果关系、对比冲突关系等，从而凝练出数据故事讲述的主题和新闻点；[①] 设定一个可以实现的目标，无论是绩效概述、行为分析，还是效率评估，经济故事讲述都必须围绕一个主题展开清晰的讲述。[②]

例如，成立于2013年的财新数据新闻中心，其“数字说”栏目善于紧跟时事热点，利用大数据技术等方式延长叙事时间线，讲述具有历史纵深感的故事，其数据作品《移民去远方》，以可视化方式呈现了全球70多个国家的移民概况，以及这些国家近一两百年移民政策的变化。此外，“数字说”还充分挖掘事件关键点，以数据扩充叙事空间，给读者提供了自主探索、多元探析和深度思考的故事空间。

再如《芝加哥论坛报》的报道《危险剂量》（*Dangerous Doses*），运用算法分析食品与药物管理局数据，翻阅38万份医院患者的电子档案、成千上万份处方记录、医学文献，以及根据资深药理学家的药物组合检测，15名记者拿着医生处方前往多个药房，看是否会被告知相关药物组合的潜在风险，寻找药物数据之间的关联性，形成了此篇数据新闻报道。

此报道所运用的数据挖掘方法的独特之处在于：药物的相互作用并不是现成的、显而易见的信息，而是由调查团队和合作的科学家们分析后得到的间接证据——与心脏状况相关的药物副作用，再结合专家科学实验，来找出危险的药物配对组合。

（二）用数据提供解读的视角、预测经济趋势，传递独特经济新闻价值

财新网“数字说”栏目，除了关注房地产、股市等专业财经新闻话题之外，还特别注重从公众利益出发，联系老百姓的日常生活来聚焦热点话题，寻找新闻事件与老百姓个体日常生活的关联，用数据可视化为财经事件提供独特的理解方式和解读视角。此外，还注重对客观数据的理解，运用财经数据预测经济趋势，以传递和增强财经数据故事的价值，这对于讲好中国经济故事亦是必要的。

《纽约时报》的数据新闻作品《预算预测与现实对比》（*Budget Forecasts, Compared With Reality*），允许用户使用提供的进度条来确定数据呈现和演示的速度，并且通

① 杭敏，John Liu. 财经新闻报道中数据的功用：以彭博新闻社财经报道为例［J］. 新闻记者，2015（2）：56-59.

② 5 best practices for data visualization［EB/OL］.（2021-06-18）［2021-08-25］. https://infogram.com/blog/data-visualization-best-practices/.

过让用户在自身感兴趣的区域上滑动鼠标和使用滑块来浏览不同的时间窗口与演示文稿进行交互。这种预测方式，建立在对现实数据的对比基础之上，遵循的是马蒂尼玻璃结构的叙事模式，以一条紧凑的叙事路径，为用户提供自由开放的探索空间，以预测性为起点，结合现实数据的对比，增强了经济故事叙事的新闻价值。

（三）在用数据讲故事的同时，注重为用户提供个性化数据服务

在进行经济故事讲述时，探寻和挖掘数据的新闻价值，以数据为核心讲述用户可能会感兴趣的内容，在此过程中，需要结合数据资源对用户关注度高、与其利益紧密相关的事件和话题进行深入挖掘，从而为用户提供更加优质的内容服务。例如，1999 年，英国广播公司（BBC）根据当时政府公布的学校排名数据制作了一个“学校排名表”。在这个表中，用户输入邮编后就可得到这一地区学校的排名情况，同时表中还有学校之间的信息比较，如学校类型、教学水平等。

时至今日，这个应用在 BBC 的网站上依然可以找到，现在的表格比 1999 年丰富了很多，它增加了地名选项，读者按照名称选择区域即可。读者一旦输入邮编或选择区域后，网页会直接链接到英国教育机构所做的学校排名系统中。

个性化数据服务是 BBC 最擅长和最重视的数据故事类型。通过为用户提供其相关的数据信息，打造“专属新闻”。其最具影响力的报道是其数据故事《70 亿人口的地球上，你的出生日期占比多少?》（*The World At 7 Billion*：*What’s Your Number*?），当用户输入自己的出生日期时，可以查询出他们出生当日在全球人口总数的“数字”占比，并可以通过推特或脸书分享这个数字。最近的另一个例子是 BBC 与毕马威会计律师事务所合作生产的数据新闻《预算计算器》（*Budget Calculator*），使得用户能够了解英国国家财政预算生效时对个人的利弊，然后分享这个数字。[①]

（四）深挖数据，进行深度故事讲述

不同于《纽约时报》《卫报》《经济学人》等纸质媒体，BBC 是主打广播和电视业务的媒体机构，在用数据进行经济故事讲述方面，更擅长挖掘深度故事。例如，

---

① GRAY J，BOUNEGRU L，CHAMBERS L. The data journalism handbook：how journalism can use data to improve the news [M]. Sebastopol，CA，O’Reilly Media，2012：29-30.

BBC2015 年获得最佳公民新闻奖的数据新闻作品——《英国国家医疗服务体系之冬》，通过 BBC 的网站及脸书、推特等社交媒体向普通市民收集就诊的数据：花多长时间预约、花多长时间候诊、每个人的平均就诊时间，以及具体就诊时的经历、感受等。同时，BBC 的记者还向工作在一线的医生护士收集数据资料，试图从内部了解医疗服务体系运作状况。每周，BBC 都会将公开收集的数据进行分类整理，制作成可视化的数据新闻，其数据新闻覆盖面广：上至枢纽型医疗机构，下至街边小诊所。

在数据信息时代，驾驭数据、使用数据、挖掘数据是我们在财经新闻报道中所探索的新方法、新路径。除了掌握专业报道的技术与能力之外，还需要具备对数据的理解和整合能力，以期在经济数据中发现问题，探究数据之间的因果关系等关联性，围绕问题进行深度挖掘，以创造价值。

（五）处理好特殊性和普遍性的关系

讲好中国经济故事，不仅仅是针对国内受众，更为重要的是针对国外受众传播好中国声音，但至今尚未解决的问题是：如何将“好”的中国经济故事转化为被国际受众喜爱的“普遍性”叙事，如何让“我们的”经济故事真正为国际受众所认同，这背后其实是国际传播和中国现代性进程所面临的根本性问题：世界文明的普遍性和民族文化的特殊性之间的关系问题。

始于新文化运动的文化自觉，使得文化主体性和文化主体间的紧张问题延续至今：中国究竟需要的是一种普遍的人类文明，还是特殊的文化主体意识？在西化派那里，人类普遍文明之“好”应该同时是中国的；在本土化派那里，不存在一个放之四海而皆准的普世文明，各民族的文化是不可通约的。新文化运动百年以来，中国对这个问题的思考动荡于黑格尔式的一元论历史观和后现代主义的文化相对主义两极之间，文化的主体性问题陷于尴尬状态，文明与文化之间的冲突一直没有得到解决。①

德国哲学家约翰·戈特弗雷德·赫德（Johann Gottfried Herder）提供了一个解决此问题的路径，他认为民族文化特殊性不是以排斥、抗衡人类文明的普遍性为前提，特殊的民族文化、文化自觉和文化主体性问题需要放置在普世文明和文化主

① 许纪霖，刘擎．中国启蒙的自觉与焦虑：新文化运动百年省思［M］．上海：上海人民出版社，2016：31.

体间前提之下，因为民族文化的特殊性构成了普世文明的多样性，但又共享同一个世界文明，普遍性孕育于、存在于特殊性中，而非特殊性之上。[①] 这种文化民族主义和文化世界主义相互融通的思考维度，为我们在用数据讲好中国经济故事过程处理特殊性和普遍性矛盾提供了解决方案：在世界经济文明和全球经济运行大背景、大趋势下思考我国经济的独特性，在我国独特的、“好的”经济故事中洞察、钩沉、描画世界经济与全球市场运行的共同趋势和共同前景，以“独特的”经济数据故事体现“普遍的”经济问题和经济关切，从而让中国经济故事能够真正被国际受众所接纳，减少国际受众对中国经济发展成就的误解，消弭“中国威胁论”。

讲好中国经济故事，关键在于将我国经济故事放置于全球经济秩序下的故事创造自觉，不是以排斥性、独特性抗衡全球经济运行的普遍性，而是将我国经济故事讲述放置在世界经济文明之下，将其作为经济世界运行多样性的一个面向，但又共享同一个经济命运共同体，在世界经济文明的大背景中思考中国经济故事的独特性，在多元共存中瞭望世界经济文明的共同前景。

（刘娟，北京工商大学传媒与设计学院讲师）

① 许纪霖，刘擎．中国启蒙的自觉与焦虑：新文化运动百年省思［M］．上海：上海人民出版社，2016：32.

社会性别视角下疫情期间三家报纸的女性形象建构研究

刘 超 裘 安

摘 要：女性是新闻报道中常见的角色形象。本文结合女性主义的传播理论与社会性别理论，对《人民日报》《光明日报》《中国妇女报》三家报纸新冠疫情期间有关女性的报道进行内容分析后发现，主流媒体的疫情报道在女性形象建构工作中取得了一定的进展，也有部分报道仍然存在一些不符合时代发展需求的性别刻板印象与社会性别偏见，值得注意并需要改进。

关键词：社会性别；女性形象；主流媒体

2020年1月，新型冠状病毒在中国境内大范围暴发，疫情相关信息牵动着全国人民的心，有关疫情的报道在主流媒体报道中占据了较大篇幅。

截至2020年3月8日，全国346支医疗队抵达武汉和湖北其他地区，医疗队总人数达4.26万，其中女性占比高达2/3。① 据不完全统计，在湖北抗疫一线参与报道工作的2500多名记者中，女记者的比例超过30%。②

在这一时期，疫情报道中体现性别形象的报道主题通常是涉及人物形象的报道，一般以典型报道的形式呈现。该类报道通常以医护人员抗疫为主，并且涉及与疫情相关的民生问题等。

疫情报道中的女性形象以被报道对象的人物角色为载体，体现了女性形象的身份、行为与品质等。除此之外，女性形象在新闻报道视角中的倾向、篇幅占比都体

① 卫健委：346支医疗队4.26万名医护人员驰援武汉和湖北 女性占2/3［EB/OL］.（2020-03-08）［2021-03-21］. http://news.china.com.cn/txt/2020—03/08/content_75788717.htm.

② 大瀚舆情.国内外"她"力量［EB/OL］.（2020-03-09）［2021-03-21］. http://yuqing.rednet.cn/Article.asp?id=318061.

现着新闻报道中社会性别意识的存在。本文主要探讨在新冠疫情期间部分主流媒体中涉及人物形象的疫情报道，研究该类型报道体现出的主流媒体女性形象建构的问题。

一、女性主义媒介与社会性别

西方的女权主义运动衍生出了最初有关女性主义的研究。女权思想早在 18 世纪就开始萌芽，随着资本主义的发展，资产阶级的民主意识与民主思想被催生出来，妇女运动也从而爆发。20 世纪 60 年代，妇女运动迎来了第二次顶峰，这也直接促使女性主义研究逐渐进入高等学府的大门。20 世纪 60 年代末，社会性别概念开始作为一个分析类别来诠释社会中的女性气质是如何构成的，进而发掘在父权制社会背景下男性的权利，尤其是特权是如何在社会性别的相互关系中体现的，这样的分析方式也因此成为西方女性主义理论其中一个较为重要的核心概念。

在深入研究的过程中，研究者们将研究方向拓展到大众传播媒介的通俗文化上。1978 年，美国传播学学者塔奇曼等人主编的《炉床与家庭：大众传媒中的女性形象》论文集，正式将女性主义与媒介的研究纳入分支。凡·祖伦 2007 年在《女性主义媒介研究》中指出，从本质上来看，妇女通常在家庭职责的延伸领域里被认为是占有优势的。这意味着在某些所谓象征着"平等"的均衡数据下，依然隐藏着一些我们从前并未发现或探知的更具体的问题。

目前，我国传播学研究中有关女性社会性别的媒介研究主要有以下几方面：第一类是关于学科渊源的概论性描述与基础理论的深化和拓展。女性主义媒介研究逐渐引入我国学界的初期，大量学者主要关注介绍西方"性别与传播"研究的理论及学科历史。随着研究的不断深入，性别传播领域开始走上了女性主义媒介研究的本土化研究道路。2001 年，卜卫出版的《媒介与性别》成为我国女性与媒介研究领域的第一本专著。2004 年，刘利群出版《社会性别与媒介传播》，该书从对社会性别理论的综合梳理与概念性描述入手，较为全面地对女性、社会性别以及媒介之间存在的多重关系进行了探讨。① 第二类是关于女性传播者的研究。这类研究从女性新

① 刘利群．社会性别与媒介传播［M］．北京：中国传媒大学出版社，2004.

闻工作者的生存现状入手，对中国女性媒介的发展现状进行了分析。如尤红的《女记者职业生涯中的社会性别建构与省思——以电视女记者为例》，[①] 霍睿的《女记者性别意识研究》。第三类是对女性形象在大众传媒中的分析，如刘伯红、卜卫的《我国电视广告中女性形象的研究报告》，蔡之国、王娟的《广告传播中的女性形象探析》。

目前新闻报道对女性形象的研究主要关注在某一个狭义的视角下媒体报道对某类女性形象的建构与呈现，如探究新闻媒体是如何对精英女性、女性从政者、少数民族女性、女性运动员进行塑造的。另有一部分相关研究是关注在某类特定类型报道中对女性形象的建构，如探究媒体如何对犯罪报道、社会新闻报道、娱乐新闻报道中的女性形象进行塑造。此外，还有一部分研究关注某一媒体报道在不同时段对女性形象建构的不同特点及变迁。随着新媒体的快速发展，对女性形象建构研究的方向开始向着新媒体平台转移。在各个视角下的分析充分地为各领域报道的女性形象建构提出了各种观点，丰富了多个领域女性报道的生产策略。

二、三家报纸疫情报道中的女性内容分析

（一）样本的选取

在研究样本起止时间的选取上，笔者选择了2020年1月23日和2020年3月25日这两个重要时间节点，起止时间覆盖了从湖北省各市陆续发布封城消息到湖北省除武汉市以外解除离鄂通道管控。该时间段覆盖的国际妇女节前后的报道也可以为研究提供很好的报道样本。

在媒体的选择上，本文选取《人民日报》《光明日报》《中国妇女报》三家报纸作为主流媒体样本，不仅考虑到这三家全国性报纸具有权威性，还考虑到三家报纸承载着不同的传播功能，分别承担党中央宣传、面向知识分子的党政宣传和面向妇女群体的舆论引导等功能。

在报道样本的选取上，依据前述有关疫情报道的定义，本文选取疫情报道中有女性形象出现的新闻报道，以报道中是否出现了人称代词“她”，或者是否出现

① 尤红．女记者职业生涯中的社会性别建构与省思：以电视女记者为例［J］．当代传播，2020（1）：61-65，81.

"女"字，而不是依靠姓名判断人物性别。广告、疫情相关数据报道不在统计范围内。

（二）类目建构及分类

基于对中国新闻学界部分有关女性形象的文献的归纳与总结，也为了更好地对主流媒体如何呈现女性形象进行更加细致全面的分析，针对本文所研究的三家报纸，笔者制定出以下分析类目：所属版面、身份结构（社会、家庭）、人物功能、品质形象。

根据三家报纸的版面特点，笔者将《人民日报》版面分为"头版""内版要闻""内版其他"这三类；在《光明日报》与《中国妇女报》中，版面分为"头版""内版重要""内版其他"这三类。

在身份结构类目中，本文将报道中女性形象的身份结构分为社会结构与家庭结构。在社会结构一类，由于三家报纸报道倾向性不同，面向受众也不同，社会身份结构差异显著，因此，每家报纸按照样本梳理中辨识到的身份进行独立分类。在身份结构一类，三家报纸统一分类为"母亲""女儿""妻子"以及"无"。报道中涉及的其他血缘类型的身份结构由于数量较少且不对研究产生影响，统一归为"无"。"未婚妻"在身份结构中原则上归为"妻子"。

在人物功能类目中，本文主要考虑在报道中女性形象的建构所体现出的角色形象，三家报纸统一分为"主动""被动""无"。在此之中，采用较大篇幅报道且人物形象呈现为正面的报道记为"主动"；报道篇幅较小或一笔带过，以及人物形象偏向负面的报道记为"被动"；此外，报道中无法识别人物功能的统一记为"无"。

在品质形象类目中，笔者抽样阅读了部分报道，并且根据抽样报道的内容对品质形象确定了以下这些类型，分别为："坚强奋斗""爱国奉献""细心专业""善解人意""软弱无助""固执己见""妥协退让""违法乱纪"及"其他"。明确不可辨识的内容在原则上归为"其他"。除"其他"外，品质形象一共分为这八类，正面与负面形象比例为1∶1，且正面与负面的可接受程度也有一个阶梯性变化。因此，该分类方式可以较为全面地覆盖所有品质形象。

综上所述，本研究设立的五大分析类目及指标说明如表1所示。

表 1　类目建构及指标说明

	分析类目	指标
1	版面	女性在报纸中的曝光程度如何？
2	身份结构（社会）	女性在报道中体现出怎样的社会地位？
3	身份结构（家庭）	女性在报道中体现出怎样的家庭责任？
4	人物功能	女性在报道推进中起到什么作用？
5	品质形象	被报道的女性呈现出怎样的道德品质？

（三）疫情报道中的女性内容统计分析

三家报纸疫情期间涉及女性形象报道数量与疫情趋势对比情况如图 1 所示，对女性形象报道数量的高峰分别出现在疫情紧张的前期以及 3 月 8 日国际妇女节。如果叠加确诊病例单日增长的数量进行比较，可以看出《人民日报》与《光明日报》对女性形象报道的数量都在疫情增长的顶点后达到顶峰，而《中国妇女报》由于其工作与定位的特殊性，对于女性形象的报道最高峰出现在国际妇女节前后。这样的趋势也较为符合三份报纸对于女性形象报道工作的特殊性。

《人民日报》的版面分布相对其报纸版面结构较为均衡，符合其报纸对于要闻版面以及其他版面的功能分布。《光明日报》《中国妇女报》头版与内版重要版面的比例较为均衡，这说明这两种报纸头版疫情报道中女性形象报道的比例较高于《人民日报》。

从报道中体现的身份结构来看，《人民日报》的报道中“医护”这一身份结构类型所占数量最多，总共出现了 82 次。这是由于其在报道女性医护工作者时，对医生、护士职业的区分并不过于显著。在抗疫一线工作中，护士往往面对着更高的接触风险，长时间接触病毒环境。《人民日报》弱化了医生与护士在职业上的区别，更多地取消了护士职业与女性的挂钩，这在客观上有利于推进性别平等与职业平等的建构。

《中国妇女报》报道涉及的女性社会形象更加丰富，身份结构也较为均衡，对各职业女性在此次疫情中的表现进行了全面的记录。在《中国妇女报》中，女性的各个职业形象都可以得到充分的展现，因此，各个社会结构以及各个阶层的不同女性都可以得到更广泛的关注，对女性职业形象的报道比例也更加均衡。

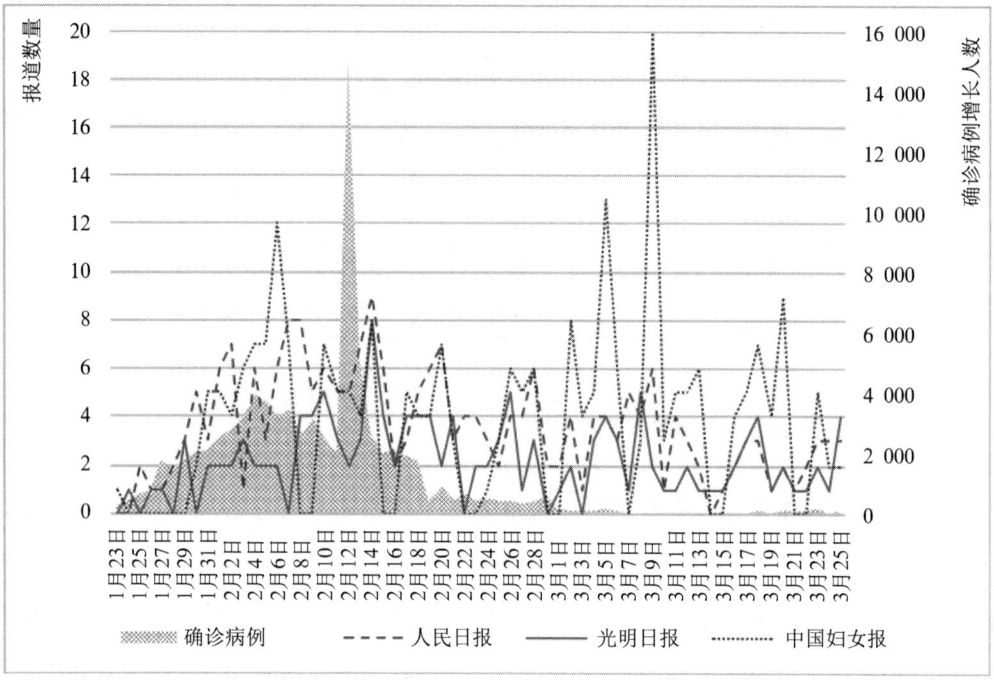

图 1　三家报纸疫情期间涉及女性形象报道数量与疫情趋势对比

三家报纸对于疫情中女性品质形象的建构都倾向于赋予女性“坚强奋斗”“爱国奉献”的形象特征，如图 2 所示，《中国妇女报》尤为着重突出了女性“坚强奋斗”的特点，占比高达 86%。而在《人民日报》与《光明日报》中女性“坚强奋斗”的形象占比十分相近，分别为 64%和 63%。这些偏向于正能量的品质形象有利于对女性群体品质形象的建构以及对女性社会地位的提升。

三、主流媒体疫情报道中女性形象建构的思考

三家报纸体现出的社会性别意识的努力可以得到显著的辨识。如《人民日报》中尝试将职业与性别脱钩并更密集地使用综合报道的做法，《光明日报》对于典型女性农民形象的全新建构，《中国妇女报》对于女性社会身份结构的充分描写等，都体现出主流媒体在女性形象建构中做出的努力。

三家报纸在女性形象建构工作中体现的不同侧重点说明目前我国主流媒体社会性别意识建构工作独立发展、分别推进的特点。这也更能体现出不同定位的主流媒

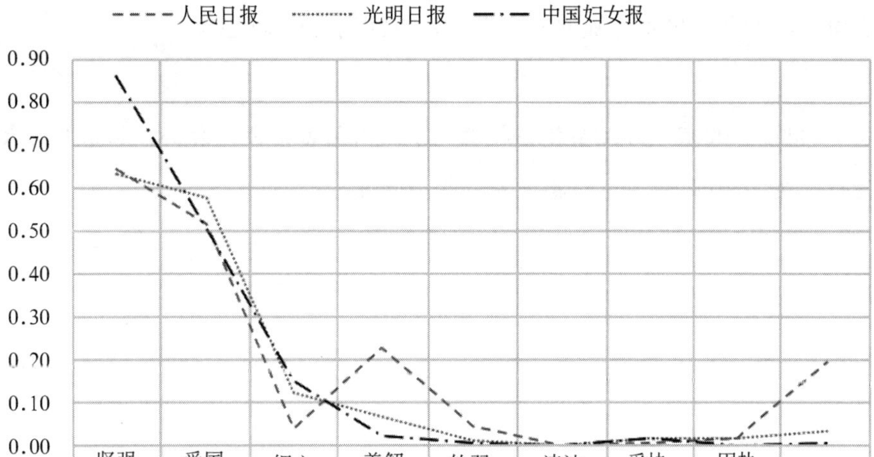

	坚强奋斗	爱国奉献	细心专业	善解人意	软弱无助	违法乱纪	妥协退让	固执己见	其他
人民日报	0.64	0.51	0.04	0.22	0.04	0.00	0.00	0.02	0.19
光明日报	0.63	0.58	0.12	0.06	0.01	0.00	0.01	0.01	0.03
中国妇女报	0.86	0.51	0.15	0.02	0.00	0.00	0.01	0.00	0.00

图 2　三家报纸报道中女性品质形象出现频率统计

体所拥有的媒介优势，例如：《人民日报》作为机关报，对女性形象的建构体现出更多的党性与责任感，通过综合报道将职业与性别之间的关联模糊化；《光明日报》作为面向知识分子的思想文化大报，做出了颠覆传统性别与职业观念的报道尝试；《中国妇女报》以其面向女性的定位更明确地凸显了不同女性的职业形象等。对报道中女性形象的建构需要多方面积极的探索，主流媒体做出了较为积极的尝试。

当前主流媒体疫情报道中的女性形象被更广泛地有意识地建构为积极的形象，并从社会各个领域对女性进行了较为全面的呈现。这体现出主流媒体对社会性别意识纳入传播主流的较好把握。然而，我们需要注意，主流媒体从业者的性别平等意识依旧有所缺失，传统的父权制思想仍然在传媒领域起着举足轻重的使用，性别本质论在主流媒体的新闻生产中仍然偶有出现。性别系统是运动的，是随着社会生活不断变化的，是社会现实被组织、被标明、被体验的方式。传统的父权制思想将女性作为男性这一理想性别的依附，并且使用二分法塑造男女性别中的对立，这体现在“内外”的对立、“工作与家庭”的对立。在疫情报道的新闻生产中，这种将女性有意识或无意识地贴近家庭形象的情况依旧较为突出。这种性别本质论来自传统的社会性别观念，也反作用于信息接收者的社会性别观念。

在主流媒体新闻生产领域，依然要避免形成新闻叙事中的刻板印象与社会性别意识，注意平衡男女性别的家庭责任，将性别与职业脱钩。

（刘超，北京工商大学传媒与设计学院新闻系讲师；裘安，北京工商大学传媒与设计学院2020级新闻与传播专业硕士研究生）

影视产业研究

影视控评现象探析及治理建议

党　雷

摘　要：影视控评现象越来越成为影视行业的顽疾。点击分账、收视对赌的商业模式，新媒体平台的监管缺位，精英影视评论的失语助长了影视控评之风。本文建议依法严厉打击影视控评行为，强化新媒体平台监管责任，发挥专业影评机构作用，营造良好的影评生态。

关键词：影视；控评；治理

近年来，影视控评现象已成为网络公共领域及影视行业生态的突出问题，许多影视作品遇到“未看先评”、粉丝霸评的现象，对此，央视新闻频道专门做了报道，并直指《风起洛阳》和《谁是凶手》两部剧集存在控评问题。影视控评不是新生事物，但在新媒体时代却此起彼伏、愈演愈烈，不仅损害了影视行业的市场秩序，而且扰乱了人们的精神文化消费，失去了影视评论的价值引导、精神引领、审美启迪作用，必须及时予以规范治理。

一、影视控评在新媒体时代的特色与困境

（一）新媒体时代为所有人发放了“麦克风”，影视评论更具大众性、自由性

影视是工业化时代的产物，影视评论与影视艺术相伴而生。从纸质媒体时代到

电视媒体时代，再到新媒体时代，从博客到微博、微信、抖音，影视传播介质的改变同时带来影视评论方式的改变。在传统媒体时代，评论家通过报刊、电视发表影视评论，能够对电影票房、电视剧收视率产生重要影响。随着互联网技术的应用，特别是智能手机的普及，新媒体技术仿佛给所有人发放了“麦克风”。人们可以在观影的同时，通过弹幕发表短评，也可以通过微博、微信、抖音等网络平台，以图文、语音、短视频等方式，发表对影视剧的解读、评价，使影视评论更具“在场”性，也使普罗大众占据了评论的公共领域。大众的影视评论对整个影视业发展所展现出的强大的社会引领功能是不可小瞧的，是值得关注的。[①] 新媒体技术极大地扩展了影视评论主体，拓展了影视评论方式，也消解了评论家的权威性，赋予影视评论更多的大众性、自由性。

（二）新媒体时代，技术与资本结合，网络水军搅浑了影视评论的一池碧水

在传统媒体时代，有时候几位评论家就能够控制影视评论风向。在新媒体时代，普罗大众看似自由的影视评论，更容易受到技术的影响、资本的挟持。大数据、人工智能技术在给所有人分发“麦克风”的同时，也具有了让某人发声、不让某人发声、制造虚假人物发声、操纵影视评分体系的能力。资本对影视评论的操控更是驾轻就熟，通过一些中介服务公司，收买影视评论大 V，放大某种意见的声量，删减甚至修改异议。网络水军作为专门从事此类业务的存在，接受委托以普通观众的身份拥护某一作品、发表某类意见，甚至打击竞争对手的作品，操控影视作品评分，提升作品的收视率、播放量、票房等，使得虚假影评与真实影评杂糅不清，喧嚣的噪声淹没了客观公正的评论信息，极大地扰乱了影视市场秩序。

（三）影视主管部门、行业协会纷纷发声，影视控评乱象仍未改观

针对影视控评、收视率造假等不良现象，中央宣传部、国家网信办、国家广播电视总局等，纷纷出台了相关政策规定，中国电视剧制作产业协会、首都广播电视节目制作业协会等行业协会，也发出倡议、通知，业界人士纷纷呼吁净化影视市场，规范行业发展秩序。然而，现实情况仍比较复杂。收视造假、影视控评以更加隐蔽

① 胡智锋．十八大以来中国影视文化发展纵览［J］．现代传播（中国传媒大学学报），2018（1）：96-101．

的方式出现，甚至有业内人士反映，制片方没人敢“裸奔”，不雇佣网络水军，不买收视率、播放量就不敢发行影视作品。某知名导演公开炮轰了买卖收视率乱象，有号称能操纵收视率的“大神”向其开价 90 万元一集购买收视率，80 集的剧集总共需要花费 7200 万元，购买收视率的花费占到了一家卫视购片费的近 70%。更有甚者，一些播出平台提出制片方不买收视率则剧集不予播出。购买收视率、雇佣网络水军的费用与播出平台支付的版权许可使用费大体相当，等于制片方免费赠播，影视作品才能够与观众见面。这严重损害了制片方、投资人的利益，不利于影视行业的健康发展。

二、未看先评、粉丝霸评等现象成因分析

（一）点击分账的商业模式助长了影视控评之风

影视行业奉为圭臬的“内容为王”原则，有时候需要通过流量来变现，特别是在播出平台交易影视版权的方式从现金购买转变为“点击分账”，甚至“收视对赌”之后，电视收视率、网络播放量的高低，意味着制片方版权许可使用收入的多寡，甚至决定着一些中小影视公司的生死存亡。影视评论极大地影响着影视作品的收视率、播放量，于是通过雇佣网络水军控制一部影视作品的网络评价，常常成为一些影视制片方看似不得已的选择。控评、刷分、播放量造假，成为一些影视剧上映前的“标配”。网络水军在新媒体平台养号、潜藏，提高使用时间、活跃度，在一些影视作品上映时，浮出水面刷好评。制片方雇佣水军在豆瓣、猫眼等平台刷高评分，和购买电视收视率一样，希望通过宣传、炒作，在巩固一部分观众的同时，尽可能吸引更多的路人粉，以提高影视作品的收视率、播放量，从而为播出平台吸引更多的广告商，进而让制片方获得更多收益。

（二）粉丝经济、粉丝文化使影视控评甚嚣尘上

明星与粉丝、作品与粉丝相伴而生，在新媒体时代，粉丝文化日益凸显为粉丝经济。影视作品作为精神文化产品，其市场好坏具有很大的不确定性。明星作为影

视作品的主要构成元素，是电影票房、电视剧收视率的可控指标，在西方影视产业实践中逐渐形成了明星制。作为粉丝情感的寄托、崇拜的对象，明星出演的影视作品，自然会获得粉丝的吹捧。一些原著粉丝基于移情作用，对根据原著改编的影视作品也寄予厚望。粉丝霸评成为影视控评当中的独特现象。粉丝霸评表现为粉丝一成不变地支持偶像明星，不在乎其出演的影视作品品质如何，不在乎偶像明星的表演水平如何，一味地为偶像明星点赞呐喊。而对于同期的竞争对手，或者威胁到偶像明星的其他主演，粉丝有时会不遗余力地予以贬低践踏。原著粉丝则更关心影视作品忠于原著的程度，越在主演选择、情节结构上符合原著，粉丝就越会喜爱点赞；越是不符合主要人物特征、情节结构改编力度越大，粉丝越会激烈批评。

（三）新媒体平台审查缺失使影视控评肆无忌惮

从承载平台和常见样态来划分，可将新型影评分为微博影评、朋友圈影评、弹幕影评、评分式影评、公众号影评和短视频影评。① 目前国内有影响力的影视作品评论平台，有豆瓣、猫眼等，其评分对于观众选择观看影视作品具有指引意义。豆瓣的影视作品评论由用户提供，是集品味、表达、交流于一体的创新平台，深受青年观众喜爱。豆瓣将所有评分用户所打的一到五星换算成 0 到 10 分，加起来除以总打分人数最终获得豆瓣评分。据豆瓣网创始人杨勃解释，评分中间没有审核，平时也没有编辑盯着看。每过若干分钟，程序会自动重跑一遍，把最新的打分意见收录其中。这种根据用户评价自主生成豆瓣评分的过程，或许正因为没有中间审核环节，很容易被网络水军攻陷，造成影视控评现象的出现。2016 年 12 月，央媒点名批评豆瓣、猫眼恶评伤害电影产业。在豆瓣平台，当时全国上映的贺岁档电影《摆渡人》被恶意刷一星，掀起轩然大波。2021 年 12 月，豆瓣又因《风起洛阳》《谁是凶手》两部影视剧，疑似遭遇水军控评再陷舆论旋涡。《风起洛阳》在剧集尚未开播时，豆瓣词条便出现大量一星、五星评分及短评，而《谁是凶手》词条则在女主角尚未亮相时便出现大量质疑女主演技的评论。这不能不令人对新媒体平台应对网络水军控评的决心和能力心生疑虑。

（四）精英影评失语放大了影视控评的声量

在新媒体语境下，影视评论的影响力以其吸引的流量多少来论断，传统影视评

① 梁振华，何庆平．“在场”的言说：新媒体时代影视评论刍议［J］．中国文艺评论，2021（6）：32-40.

论家与普通观众相比并无特权，越发显得曲高和寡，失去了在文艺评论领域的主流地位，无法对公众审美价值观进行引导，对影视作品的票房、播出量、收视率毫无影响，对影视作品创作缺乏指引作用。一些影视评论权威甚至成为“御用”研讨专家，常在影视作品热播之后现身，参与政府相关部门、制片方组织的专家研讨会，为作品的热映热播背书。这些专家发表的影视评论也以点赞喝彩为主，缺乏公正客观的态度，鲜有犀利的批评精神，更加削弱了影视评论家在大众心中的影响力。精英影视评论力量的衰微与缺位，助长了流量至上、控评当道的不良风气。

三、基于法治思维的综合治理建议

（一）依法查处影视控评行为，修订《反不正当竞争法》，增加反控评条款

公共领域不只是网友宣泄不满的渠道，更应当成为规范社会发展的舆论发声地，因此，参与者在满足多样化利益诉求的同时，应当将自己的行为限制在法律许可的范围之内。[①] 影视控评不仅仅是一种扰乱影视市场秩序的行为，情节严重的更涉嫌违反《刑法》《网络安全法》《侵权责任法》等法律，行为主体需要承担相应的刑事、行政、民事责任。根据最高人民法院、最高人民检察院 2013 年 21 号司法解释，明知是虚假信息，通过信息网络有偿提供发布信息等服务，扰乱市场秩序，情节严重的，依照《刑法》第二百二十五条第四项的规定，以非法经营罪定罪处罚。《网络安全法》规定：“不得利用网络编造、传播虚假信息扰乱经济秩序和社会秩序。《侵权责任法》第三十六条规定，网络用户、网络服务提供者利用网络侵害他人民事权益的，应当承担侵权责任。网络用户利用网络服务实施侵权行为的，被侵权人有权通知网络服务提供者采取删除、屏蔽、断开链接等必要措施。网络服务提供者接到通知后未及时采取必要措施的，对损害的扩大部分与该网络用户承担连带责任。网络服务提供者知道网络用户利用其网络服务侵害他人民事权益，未采取必要措施的，与该网络用户承担连带责任。”这些法律规定，是依法打击影视控评的坚强保障。

① 党雷．微博环境下公共领域的建构与规范［J］．青海社会科学，2012（1）：88-93．

影视控评，是通过放大网络评论声量、点赞好评、劝删、恶意评论等一系列操作，来操控评论风向的行为。如果影视制作机构、播出平台、中介机构实施控评行为，可能适用《反不正当竞争法》第八条和第十一条。第八条规定："经营者不得对其商品的性能、功能、质量、销售状况、用户评价、曾获荣誉等作虚假或者引人误解的商业宣传，欺骗、误导消费者。经营者不得通过组织虚假交易等方式，帮助其他经营者进行虚假或者引人误解的商业宣传。"第十一条规定："经营者不得编造、传播虚假信息或者误导性信息，损害竞争对手的商业信誉、商品声誉。"从构成要件上看，影视控评主要是由第三方中介机构采取数据造假、传播虚假信息等方式进行的，并不一定是虚假交易。因此，笔者建议对《反不正当竞争法》第八条做相应修订：民事主体不得通过组织虚假交易、虚假评论、数据造假等方式，帮助其他民事主体进行虚假或者引人误解的商业宣传。

（二）加大相关规章制度执行力度，严厉打击影视控评行为

近年来，国家互联网信息办公室为规范网络信息发布秩序，出台了《网络信息内容生态治理规定》《互联网跟帖评论服务管理规定》《互联网用户公众账号信息服务管理规定》等多项规章制度，对网络水军的刷帖控评行为做了较为细致的规范。依据《网络信息内容生态治理规定》，网络信息内容服务使用者和网络信息内容生产者、网络信息内容服务平台不得通过人工方式或者技术手段实施流量造假、流量劫持以及虚假注册账号、非法交易账号、操纵用户账号等行为，破坏网络生态秩序。《互联网跟帖评论服务管理规定》对跟帖评论服务提供者应该履行的义务做了详细规定：跟帖评论服务提供者应当建立健全跟帖评论审核管理、实时巡查、应急处置等信息安全管理制度，及时发现和处置违法信息；开发跟帖评论信息安全保护和管理技术，创新跟帖评论管理方式；及时发现跟帖评论服务存在的安全缺陷、漏洞等风险，采取补救措施。跟帖评论服务提供者及其从业人员不得为谋取不正当利益或基于错误价值取向，采取有选择地删除、推荐跟帖评论等方式干预舆论。《互联网用户公众账号信息服务管理规定》指出，公众账号生产运营者不得操纵利用多个平台账号，批量发布雷同低质信息内容，生成虚假流量数据，制造虚假舆论热点。这些规章制度对新媒体平台的主体责任、内容生产者的禁止行为及责任做了详细规定，严格执行这些规章制度，对于打击影视控评、数据造假行为具有重要意义。

（三）认真落实《关于加强新时代文艺评论工作的指导意见》精神

2021年8月，中央宣传部、文化和旅游部、国家广播电视总局、中国文联、中国作协等五部门联合印发了《关于加强新时代文艺评论工作的指导意见》（以下简称《意见》），明确了加强新时代文艺评论工作的总体要求。《意见》指出要把好文艺评论方向盘，开展专业权威的文艺评论，加强文艺评论阵地建设，强化组织保障工作。《意见》提出，要健全文艺评论标准，把社会效益、社会价值放在首位，不唯流量是从，不能用简单的商业标准取代艺术标准。反对刷分控评等不良现象。用好网络新媒体评论平台，推出更多文艺微评、短评、快评和全媒体评论产品，推动专业评论和大众评论有效互动。《意见》的出台为新时代文艺评论工作指明了方向，廓清了新媒体文艺评论存在的误区，是今后开展影视评论工作的指导性文件，特别是反对将商业标准简单取代艺术标准，反对刷分控评等不良现象，找准了当下影视评论工作存在的主要问题。深入贯彻落实《意见》，对于改变影视评论工作的乱象，唱响影视评论主旋律，全面贯彻“二为”方向和“双百”方针，具有深远的意义，有助于破除“唯流量论”、刷分控评等顽疾，抵制行业浮躁作风，营造风清气正的影视行业新生态。

（四）加强影视行业自律，净化影视控评生存土壤

对于影视控评、数据造假等行为，影视从业人员深恶痛绝、口诛笔伐，然而一些制作公司、播出平台，为了一时利益，又常常被市场裹挟，在影视作品发行播出过程中，签订了雇佣水军的协议，以免自身利益受损。没有行动的抵抗是无力的、懦弱的。影视行业必须切实加强自律，建立行业诚信体系，推行行业黑名单制度，凡是雇佣水军、实施影视控评行为的，在信用评价当中予以体现，列入行业黑名单，不得参与当年评优活动。鼓励影视制作公司、播出平台在签订版权许可使用合同时，按照影视作品的综合评价商定版权许可使用费，不与影视作品的收视率、播放量挂钩，明确约定不得采取影视控评、数据造假行为。影视制作机构、播出平台应加强对国家影视评论相关政策规定的学习，建章立制，杜绝弄虚作假，在项目管理、人员管理全过程，规范自身行为，形成风清气正的企业文化。

2021年12月，中国电视剧制作产业协会青年工作委员会发布《关于坚持正确

导向履行社会责任的倡议》（以下简称《倡议》），《倡议》呼吁自觉抵制“水军控评”行为，坚决反对唯收视率和流量至上，严格抵制各种形式的收视率造假、流量造假行为，以维护行业良好生态。行业协会的持续发声，有助于唤醒影视从业人员的规范经营意识，唤起影视机构抵制影视控评、数据造假的行动。

（五）强化新媒体平台审查责任，严格防范影视控评现象

影视控评作为危害整个影视行业的突出问题，其起源地、发酵地主要是豆瓣、猫眼、微信、抖音、视频网站等新媒体平台。2021 年 1 月，国家互联网信息办公室发布了新修订的《互联网用户公众账号信息服务管理规定》，针对网络水军、恶意营销等顽疾，进一步明确了平台和账号运营规则，压实了平台和账号主体责任。该规定指出公众账号信息服务平台应当健全技术手段，防范和处置互联网用户超限量注册、恶意注册、虚假注册等违规注册行为，应当建立公众账号监测评估机制，防范账号订阅数、用户关注度、内容点击率、转发评论量等数据造假行为。

在大数据、人工智能等新技术条件下，面对海量的大众影视评论，特别是固定套路的话术，空洞的带节奏的词语短句，新媒体平台具备数据搜集、清洗、分析能力，也具有更强的审核能力，能够识别虚拟账号，建立更加客观公正的运行规则，更应当承担起相应的审核责任。新媒体平台净化影视评论场，通过刮骨疗伤，管控虚拟账户、虚假评论，破除“信息茧房”，尽管会损失一部分流量，甚至影响表面的繁荣，但也将提升平台的信息质量和价值，形成良性的影视评论场，为新媒体平台的健康长远发展奠定扎实基础。据报道，针对影视控评问题，豆瓣电影平台回应，面对日益进化的水军攻击和模拟真实用户使用模式试图养号刷分的行为，豆瓣后台的算法、识别程序、判断“非正常打分”“非正常用户”的策略一直在实时更新和演进，以保证评分的正常。

（六）发挥专业影视评论机构优势，积极发挥建设性影评的引领作用

在严厉打击影视控评、数据造假等不良之风的同时，需要大力弘扬新时代影视评论价值观，建设新时代影视评论主阵地，借助新媒体技术，切实发挥权威精英影视评论的引领作用，鼓励影视专业评论机构开展建设性影视评论工作。目前影视行业影视大数据评估体系建设日渐成熟，以西安影视大数据评估中心为代表的专业影

视中介服务机构日益彰显市场价值。除了为影视制作机构、播出平台提供全链条大数据影视评估服务外，西安影视大数据评估中心倾力打造的万夫观影——百万大学生观影评论平台，代表了影视评论领域的新风向标。其采用线上线下相结合的方式，以最具活力、最具代表性的主流观影人群——大学生群体为样本户，借助影视大数据库、人工智能技术，通过超前点映、电影沙龙、线上评分等方式，对即将上映或即将进入发行阶段的影视作品开展第一时间的评论，对热播热映影视作品发表客观公正的评论，整理形成高价值影视评论文章，成为青年观影评论的新风潮、新标杆。这对于遏制影视控评、数据造假具有积极意义，得到了影视主管部门和青年观众的青睐。影视专业评论机构的发展壮大将进一步巩固主流影视评论阵地，体现建设性影视评论的规范作用。

（党雷，西北大学西安电影学院研究员）

5G 时代中国互动影视内容的新发展

项懿媞　吴春集

摘　要： 近年来，在 5G 技术革新带动下，在国外互动剧《黑镜：潘达斯奈基》和国产文字冒险游戏《隐形守护者》的双重冲击下，国内头部流媒体平台纷纷走上了互动影视的探索之路，诞生了一些实验性作品，开启了国产互动影视新纪元。通过分析国内外互动影视发展历程及目前国产互动影视现存的问题，本文提出通过“蚁穴”式故事线、“树”状制片模式、“水”态商业模式，开创全民互动创造影视时代的发展构思。

关键词： 互动影视；5G；隐形守护者

随着 2019 年中国正式进入 5G 商用元年，国内各流媒体平台相继乘着这场东风开启了对国产影视行业新兴业态的探索。在美国互动剧《黑镜：潘达斯奈基》和国产文字冒险游戏《隐形守护者》的双重冲击下，互动影视成为各平台战略布局的新兴板块。2019 年 6 月，爱奇艺抢先推出了互动剧《他的微笑》，打响了国产互动视频标准化制作的第一枪。随后，腾讯、优酷、B 站相继推出实验品，直面用户探索其可行性。互动影视这一领域，在 5G 技术的加持下由“死海”化为“蓝海”，成为平台的内容新赛道。

目前国内外对于这种观众可参与故事走向的视频还没有形成行业内共识的定义。本文主要以“互动影视”作为此类视频类型的概念性名词，对其作出尝试性概念界定。互动影视，是指作为视频观赏节目发布，观众可以通过交互技术手段作为影视剧中角色主导剧情走向的交互沉浸式视频类型，这种节目内容一般具有网状非线性的剧情结构，其本质在于情节发展由观众决定。

一、互动影视的发展历程

互动影视并非新型的视频类型，而是一场在科技发展加持下的“文艺复兴”。实际上，互动影视这一内容的雏形最早可以追溯到1967年，在蒙特利尔世博会捷克馆展出的《自动电影》。观众通过操作选择红蓝按钮来决定电影的情节走向。[①]

由于当时的技术水平及社会意识的局限性，这种先锋的交互式电影可操作性和复制性较低，并不能得到大范围的推广，仅仅作为一颗实验性的流星划过。因此，在接下来长达近40年的时间中，互动影视都未能出现一部影响力较大的同类型作品，仅作为一种小众文化存在。一场技术的变革将互动影视真正拉入了大众视野。

网络技术的革新推动传统影视行业进行新的探索，互动影视顺势搭乘新载体登上舞台。2008年圣诞夜前夕，中国香港林氏兄弟拍摄制作的《电车男追女记》在YouTube上线。[②] 该剧以“AB剧模式”（通过对两个或多个选项进行选择，使剧情导向若干结局中的一个）的交互方式，在YouTube上引发了一定的关注，被公认为全球首部互动剧。由于其剧情架构、技术支撑、播出渠道都不太成熟，这一剧集并未进入主流影视市场的考虑范围内。

此后，国内外互动影视开启了以时代媒介为依托的互动影视探索历程。

（一）国外：潜藏于游戏领域等待爆发时机

虽然在当时互动影视并未被纳入主流影视市场的考虑范围内，但却在游戏领域埋下了种子。2010年，法国在PS3上发布了一款名为《暴雨》（*Heavy Rain*）的交互式电影游戏。该游戏采用了真人CG动作捕捉的手法，玩家通过操作PS3手柄逐一控制4名角色破解折纸连环杀人案。游戏一经上线就吸引了大量关注，多家外媒给出高分评价。

2013年，法国再次在PS3、PS4上发布了一款名为《超凡双生》（*Beyond：Two*

---

① 彭方婷. 新风口还是伪需求？详解互动剧的前世今生｜万字研究［EB/OL］.（2019-05-23）［2022-03-25］. https：//mp. weixin. qq. com/s/UNSQ0yMFLhuWO0nC7ElVGQ.

② 牛旭. 国产互动影视、游戏的浪潮真的来了吗？［EB/OL］.（2019-07-23）［2022-03-25］. https：//mp. weixin. qq. com/s/k0d-P5Uqm73o2L-NVCSBcQ.

Souls）的交互式电影游戏。2016 年 4 月，一款名为《量子破碎》（*Quantum Break*）的第三人称射击类游戏在美国发布，该游戏特点在于首次以互动电影作为游戏过场，且制作极为精良，堪比一线美剧制作水准。2017 年 4 月，英国首次在 Steam 平台上线了名为《夜间模式》（*Night Shift*）的交互式电影游戏……短短几年内，欧美国家涌现出一大批交互式电影游戏，且品质皆维持着较高水平。2018 年法国再度推出的赛博朋克风格科幻大作《底特律：变人》（*Detroit：Become Human*）更是将交互式电影游戏再次推向一个小高潮。也就是在这一年年初，美国将互动影视拉回了人们视野。

2018 年 1 月 22 日，美国家庭影院频道（HBO）播放了一部名为《马赛克》（*Mosaic*）的 6 集电视连续剧，开启了互动美剧的先河。① 2018 年 12 月 28 日，《黑镜：潘达斯奈基》在网飞（Netflix）平台上线，使“AB 剧模式”再次成为互动影视的主要交互形式。然而这部在上映前就被极其看好的互动剧，却被评为了“《黑镜》和网飞的灾难片”。② 虽然该片口碑不佳、形式大于内容，但作为互动影视“重现江湖”的先行实验片，不可否认的是它起到了转折点和突破口的作用，并对我国影视行业产生了巨大冲击。最重要的是它使影视行业重新将目光投在了互动影视上。

（二）国内：通过交互技术的革新为内容铺路

国产互动影视在 2008 年《电车男追女记》激出“水花”后只稍微荡了下“涟漪”便经历了近乎 9 年的内容断层。直至 2017 年 10 月 25 日，《新剑侠情缘》手游联合由赵丽颖、林更新主演的《忘忧酒馆》以 H5 的形式推出了一款真人互动型视频《忘忧镇》，以此作为手游发布的宣传物料。该视频依旧采用了“AB 剧模式”的交互形式，结合了少数基础的滑动操作，它创新地采用了第一视角的拍摄方式，使观众的代入感和沉浸感得到了极大提升。截至 2018 年 1 月 14 日，该视频累计浏览量突破 8800 万，达到同行业 H5 数据记录 10 倍以上。《忘忧镇》对两个关联产品都产生了积极影响：借助《忘忧镇》，影视剧《忘忧酒馆 2》的播放量突破 1.3 亿；《新剑侠情缘》手游获得了 2017 年最大的用户新增，成功实现了流量引入和社群升级。③

在《黑镜：潘达斯奈基》的冲击下，2019 年 1 月，互影科技在这一个月内相继

---

① 尼莫．美剧《马赛克》模糊剧集和游戏的边界［N］．新京报，2018-02-01（06）．

② 大聪．最烧脑的黑镜系列出首部交互式电影，却成系列最低分原因在哪［EB/OL］．（2019-01-21）［2022-03-25］．https：//mp. weixin. qq. com/s/XmQGwOYwEN9MymzKAwEs6Q．

③ 郭吉安，费小丑，顾福昌．未来超级网剧，互动剧？［EB/OL］．（2019-01-07）［2022-03-25］．https：//mp. weixin. qq. com/s/pOqjmA3U6B7QqePEHA-i3A．

推出了《古董局中局之佛头起源》和《明星大侦探之头号嫌疑人》两部作品。二者都是正片衍生品，前者仍旧采用 H5 技术，而后者则首次登上了芒果 TV 平台，二者皆在互动影视的发展进程中探索了一些新的可能性。

如果说以上几部作品给国产互动影视带来了曙光，那么《隐形守护者》的出现，则直接划破了笼罩在互动影视这一领域上空的黑暗。2019 年 1 月 23 日，由橙光授权改编、腾讯"极光计划"推出的《隐形守护者》登录 Steam 平台。谁都不会想到，这部由于制作组经费紧缺，为了节约成本拍摄出的具有动态效果（并非连续画面，而是通过一张张静态图片像播放 PPT 般拼接而成）的交互式电影游戏，会因其高沉浸度的优秀剧情、精美的制作画面、综合性互动操作，在不久后一跃成为 Steam 排行榜第一，豆瓣评分 9.7 的高分作品（数据截至 2019 年 6 月 3 日）。《隐形守护者》以交互式电影游戏的"出道"身份，成为现阶段国产互动影视的行业天花板，开创了国产互动影视的新纪元。

同样作为头部视频平台的爱奇艺则在 2019 年 6 月 20 日率先上线了国内首部真正达到影视剧制作标准的互动剧《他的微笑》。上线第二天的总播放人数 941,919 人，人均经历 6.6 个互动点，总达成结局人数 82,294 人（数据截至 2019 年 6 月 21 日）。[①] 然而，这部有望成为爆款的作品，在过了"观察期"后，交出的最终成绩单却只是平平。

2019 年 7 月 8 日，国内用户生成内容（UGC）氛围浓厚的哔哩哔哩视频网站，宣布互动视频功能上线。

纵观国内外互动影视发展历程来看，无论国外还是国内，真正意义上的互动影视目前其实都处于一个初级阶段，都还没有形成一个业内所公认的标准。在二者都需要在一片混沌中摸着石头过河的时候，国产互动影视正需要建立行业规则。

二、中国互动影视发展存在的问题

2019 年 1 月《隐形守护者》成功破壁后，互动影视经历了雨后春笋般快速发展

① 骨朵编辑部.《他的微笑》丨互动与影视行业的"新物种"[EB/OL].（2019-06-21）[2022-03-25]. https://mp. weixin. qq. com/s/R7Ahq6wDRA5ENlis18ABvw.

的一年，在各层面都有了一定的突破。然而，不管是爱奇艺、优酷、腾讯等头部视频平台，还是互影科技这类以互动技术为核心的平台，抑或者 UGC 模式下的 B 站，都未再产出一部可以与《隐形守护者》相媲美的现象级作品。根据艾媒数据中心 2019 年针对中国互动剧市场渗透率的调查，只有 37.9%的中国网民了解互动剧，其中观看过互动剧的网民占比 93%。[①] 国产互动影视仍处于初步探索阶段，市场渗透率较低，产出规模和用户规模都很小，在内容、技术（含交互技术）、制度模式等方面都还面临着一些问题。

（一）形式大于内容，缺乏强沉浸感

一部好的影视剧作品，是可以对人的灵魂产生冲击，引发深度思考的。而纵观国内互动影视作品，能够稍稍企及这种高度的可能只有《隐形守护者》。其他互动影视作品几乎都是形式大于内容，这也就难怪文字冒险游戏玩家会嘲笑互动影视就是个改了个名头的“四不像”。毕竟论交互技术和操作手法，游戏领域早已领先互动影视这一概念提出近十年时间，早已形成了一套较为完善的系统。如果只是把目光放在“交互”二字上，那么做互动影视真不如直接做游戏。我们认为互动影视之所以会区别于交互式游戏出现，必然有游戏市场无法满足的某种需求。而这种需求，就是互动影视的本质。

这种需求，究竟是什么呢？如果不能弄清楚这种需求是什么，那么首先就来排除这种需求不会具备的性质。

首先，无效性和低效性。所谓无效性，就是指在互动影视中出现的一些无效选择节点。比如“主角起床时先喝牛奶还是先吃饼干”“是养一条鱼还是两条鱼”这种对剧情发展不会产生波动甚至毫无影响的选项。低效性指的是在故事发展过程中仅仅是为了推动故事剧情发展，并不会引发人们深度思考的选择节点。这个特征，正是现阶段国内外互动影视的通病。

其次，问卷式。所谓问卷式，就是指如同问卷形式一般一个接一个选择节点出现。因为在“量”的影响下，人们往往会由于感知疲劳而产生一定的抵触感和烦躁感，注意力也会有所转移。而互动影视需要抢占的就是观众的注意力。现阶段的一

① 艾媒报告丨2019—2020 中国互动剧产业现状剖析及用户行为调查报告［R/OL］.（2019-11-20）［2022-03-25］. https：//mp. weixin. qq. com/s/AwNbxTJ-VT4CfeFFNpwl3A.

些互动影视，隔个一两分钟就可能设置一个选择节点或者来个快速反应事件操作。一顿操作下来，观众接收的信息都是片段式的，这极度破坏了一部作品的沉浸感。

再次，目前行业内较被忽视抑或说是明确知道问题所在但碍于现阶段技术水平无法解决的问题，那便是“隐藏型定式结局导向”。就连业内评价最高的《隐形守护者》都不可避免地陷入了这个沼泽。在《隐形守护者》中，主角肖途在做各种选择的时候都可能导致一个结果——潜伏失败。不可否认的是，这是一个增强沉浸感的小设计，但它的度太过了。

排除掉以上三个选项后，分析观众真正的需求认知，就回归到了“灵魂冲击”和强沉浸。什么时候会产生“灵魂冲击”？当所发生的事情与“你”有关，你不再是看客时，抑或者因为共情调动的喜悦、悲伤等情绪大幅度跳跃时，这就是产生灵魂冲击了。为什么《隐形守护者》能够有别于其他互动作品脱颖而出？其核心竞争力就在于它的灵魂冲击力及强沉浸性。当观众在进入最后五个主线结局时，无论是“扶桑安魂曲”“丛林法则”“美丽新世界”“丧钟为谁而鸣”还是“红色芳华”，对于一路走到这个选择节点的观众而言，其实选哪个结局都一样。此时经历了一番潜伏后，游戏主人公早已只为了找到一个归宿。这是一个极为精妙的设计，运用了宿命论和归属感的力量。此时的受众已然过着肖途的人生，这就是强沉浸。

（二）制片模式和交互技术未形成业内标准

传统影视剧剧本的编撰都是线性的，即剧情的发展都会导向最终唯一的结局。而《他的微笑》总编剧汤祈岑表示，目前国内互动剧剧本主要为树干式和串串式。互动影视也许需要付出传统影视三倍、四倍甚至更多倍的工作量，且需要在遵循传统影视创作逻辑和经典戏剧创作规律的基础上形成更为严密的逻辑性，形成能为剧组人员所认知的体系。这对于编剧人员而言，是极其具有挑战性的。

制片似乎面临着更为严峻的挑战。互动影视的制片体系远比传统制片体系更为复杂，对制片人及制片体系有着更高的要求。目前，针对互动影视的立项及审批流程，国家电影局还是将其按照网络大电影处理。上报的要求并不是按照总时长或者分支剧情时长，而是结局的数量，这也就意味着需要付出更大的工作量来控制风险。传统影视的制片组能分为现场制片、生活制片、外联制片等，互动影视由于交互技术的加入，很可能会出现“交互技术制片”等新型制片组，这无疑对成本控制和资源统筹提出了更高的要求。由于互动影视多线路多结局的特性，制片人对剧本需要有更为严谨的把控度。

《隐形守护者》中有一个显著提高复观率的机制——角色好感度累积。在主角肖途的每一次选择及剧情的推进中，系统会根据观众在一些特殊问题上作出的选择，来计算该选择背后其他角色对肖途的好感度。这些好感度累积的结果，会直接影响某一个重大事件的结局。令人印象最深刻的是，肖途在特务机构偷偷搜查文件时被一位善良的女职员撞见，由于涉及身份的暴露，此时肖途需要决定是否要枪杀她。如若选择枪杀，则会安全度过这一阶段，似乎作出的这个选择是正确的。但出乎意料的是，在之后的一场肖途和特工庄晓曼的对峙中，庄晓曼会选择杀了肖途，因为肖途枪杀的那名普通女职员，是庄晓曼的闺蜜。而恰巧那天的枪杀，她在门后将这一切看得清清楚楚。当你倒回到那个选择节点，选择不枪杀小职员，你会发现屏幕上出现“有人记住了你的回答”的字眼，在之后的对峙中，庄晓曼才会选择放过肖途。

仅仅是一个角色一次好感度的设计就如此复杂，可想而知如若在制片过程中出现一个场序的混乱、一个镜头的忽视、一个细节（服装、道具）的错位、一个交互节点的设置漏洞……都可能致使好几场甚至一整条剧情线的重新拍摄，甚至是回炉重造。这对于剧组而言，是极具杀伤力的甚至是致命性的打击。

在交互技术层面，互动影视主要面临两大问题。其一是目前并没有形成业内公认的交互技术标准，都处于试水阶段，这也就提高了进入这一垂直领域的门槛。其二则是在于交互技术在游戏和影视中平衡点的把控。以《隐形守护者》来说，目前的交互方式主要表现为 AB 剧选择、简单快速反应事件操作、角色好感度这几种。这几种操作对于影游之间的平衡还处于可以让观众接受的范围，跳跃度不太大。但如果快速反应事件难度加强，或者仅仅单一点击操作都会使作品的体验感下降。因此，对于平衡点的把控并非简单地增加或减少交互操作，而是要寻找适用于影视的一套交互技术，这样交互技术才不会成为作品本身的累赘。

（三）商业模式不成熟，入行门槛高

现阶段，互动影视的研发制作主要集中于几个头部平台，有一个重要原因在于高制作成本低回报效益。前期准备复杂、拉投资困难，中期拍摄成本激增，后期收

益微乎其微。为了降低成本鼓励创作，爱奇艺为内容供应商及合作伙伴提供了互动视频平台。内容供应商借助互动视频平台的技术产出作品，再由平台直接购买。这种做法是目前的一种“兜底法”，通过降低门槛使互动影视由量变到质变，但真正要盘活这潭水还是需要依靠“微笑曲线”的两端。

爱奇艺《他的微笑》虽然是首部真正意义上的互动剧，但并没有在商业模式上着墨。《明星大侦探之头号嫌疑人》对互动影视的商业模式进行了探索，但也只停留在芒果 TV 会员付费观看上。《隐形守护者》则抓住了“微笑曲线”两端。一方面，采用阶段性付费体验。观众可先支付部分费用体验前几章剧情，如若满意，则可以继续付费解锁。由于目前互动影视的盗版门槛极高，因而想获得最佳体验只能购买。另一方面，平台方额外设置了角色人气排行榜（鲜花榜和鸡蛋榜）。观众可根据自身对角色的喜好购买相关虚拟道具进行投票。截至 2020 年 3 月 15 日，排名榜一的庄晓曼获得了近 7 万朵玫瑰花。由于充值比为 1∶1，即代表该角色光是鲜花榜就创造了近 7 万元的收益。试想倘若该作品是大 IP 大制作，在优质营销和粉丝经济的影响下，又会创造怎样令人惊喜的收益呢？

综上，现阶段国产互动影视无论是内容、制片模式、交互技术、商业模式等多方面都面临不同程度的挑战。既然国产互动影视的发展都是伴随着科技发展，那此次 5G 技术的出现和发展，又将会给互动影视带来怎样的革新呢？

三、5G 时代中国互动影视新发展的合理性分析

虽然距离 5G 信息高速公路的全面建成还需要一定的时间，但既然这场风已经刮起，任何行业都将不可避免地卷入这场风暴。如若只是作用于传统影视领域，会有一些显著改变，却不能达到突破、变革的效果。5G 的超高速会直接作用于影视行业产业链各部分，但传统影视领域已然形成了一个固有发展模式，对 5G 的需求并非是必需的。如若只靠 5G 技术来单方面修补影视行业中的一些漏洞，远不及通过行业中发掘出的弊端，产生对技术的迫切需求，从而使二者形成“你拉我扯”的共栖关系，达到共同快速发展。互动影视，就是 5G 在影视行业内的共栖选择。

（一）灵活型“蚁穴”式故事线，打破“隐藏型定式结局导向”

互动影视在内容创作阶段面临的一大难题就在于故事线的架构，由于剧本会存在多个结局及多条剧情线（见图 1），在架构过程中对创作者的逻辑思维及信息处理能力有着很高的要求，传统单线结局架构法已然不适应这样的需求。这也就是为什么会存在“隐藏型定式结局导向”这一现有互动影视的致命性通病。而解决这一问题的关键，就在于通过 5G 技术来打造“蚁穴”式故事线。

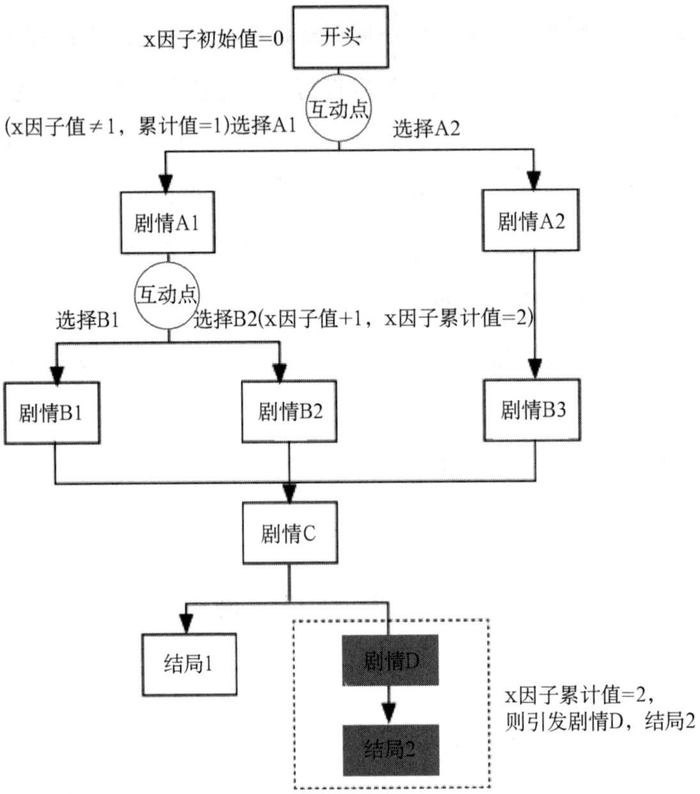

图 1　互动影视剧本走向模拟图[①]

自然界中的蚁穴内部沟壑纵横，或短或长的线路通往大小不一的分室，其中蚁后的分室位于蚁穴的底部。这样的结构与内容布局，与互动影视故事线有着高度的相似性：我们将故事的核心价值理念（非故事主线）作为通往蚁后分室的核心线，任何剧情分支及结局也就相当于蚁穴内的各分室，而穿梭于其中的蚂蚁，就是在互

① 牛雯莉．浅析我国互动影视的发展前景与方向［J］．视听界，2020（1）：73－77.

动影视中的"X"变量，即触发剧情改变的关键节点或影响因素。

要树立没有故事主线，只有作为"蚁后"的一个核心领导的理念。在这个核心领导下建立的每个分室，都是专属于观众的主线。在5G网络的联系中，一方面可以高速计算每个"X"变量变更下程序的调整，另一方面又能搭载庞大的信息数据库。每一只"蚁"的轨迹将构成故事线，结局依旧具有导向，但却不再是定向的，这就是5G时代下互动影视的核心发展方向。

（二）生长型"树"状制片模式，构建以内容为主干的制片新生态

现今我国制片模式还很不成熟，而5G时代下的互动影视则会在两股力量的推动下形成以内容为王的制片新生态。

其一，由于互动影视特殊的互动性，除了部分作品是与明星艺人交互外（含虚拟明星，以恋爱向为主），其余绝大多数的作品多是单人浸入向。观众更多的是探究自身和故事的联系以及价值所在。正如安迪·沃霍尔所言："在未来的世界，每个人都有十五分钟的成名时间。"当明星成为量产型，那也就是成为星星了。因此，观众为明星买单的意向会越来越低，观众越来越多的精力将被注入故事内容本身，内容即明星。内容会像树根从地下吸收养分一般，在市场为导向和明星内容产出者两者的交汇中形成一种自身不断优化的良性循环。

其二，未来的制片模式很有可能呈现"一间一界"的状态。制片最大的精力投入就在前期，而不管什么时候所追求的都是"一低二高"（低成本高质量高收益）。如若虚拟现实（VR）在5G的推动下进入普及化状态，则能给制片减少大量不必要的成本投入（资金、时间等）。以制片前期勘景为例，场景信息提供者、前期勘景小组消耗资本不多，但每个环节大大小小的消耗累积起来也是不可小觑的。制片组需要在备选场景挑选后前往实地勘景，很多时候的取景地在国外，这其中就涉及了大量的资金消耗。而若进入5G时代"一间一界"的制片状态，则这类型的成本都将得到有效的削减。

"一间一界"在现阶段仍然只是一种畅想，但却极有可能是未来的现实。现在的制片场景多为一房间一桌一屏幕，而在5G物联网和VR技术成熟的背景下，整个房间内的任何物体，都将成为信息的载体。还是以勘景为例，以当前的认知来看的话就是实现全方面投影和全感知下的VR旅游。这样就在一间房内，就可以进入呼

伦贝尔大草原、撒哈拉沙漠等各类剧本所需场景，并且实时还原当时的气候等各种状态。同理该项技术也将运用于服化道等其他组内，甚至是群众演员人数的控制上，这样就能在很大程度上去掉一些不必要的人员安排，就像给树木修剪叶子一样，砍掉了不必要的部分，也就会有更多的养分输入到核心内容了。

互动影视的内容除了包含故事外，还包含交互技术。这和玩游戏一个道理，不卡顿、多形态操作、创意型交互等都将成为作品与作品之间竞争的得分项。在市场的推动和制片控制下，资本和人才也将越来越多注入交互技术领域，从而实现技术的不断突破，反向推动 5G 的发展。

（三）沉浸型“水”态商业模式，为消费者创造需求

5G 时代的商业模式将表现出高融合和高沉浸两个特征。以广告为例，广告是当前影视行业商业模式中的常见形态。近几年随着越来越多“软广”的兴起，“硬广”在观众心中的可接受程度大幅度降低。在互动影视中，广告植入将实现与内容的高度融合，甚至让人分辨不出广告，潜移默化地影响消费者的需求。

就以《黑镜：潘达斯奈基》中被认为失败的早餐选择剧情为例，如果将其拓展，观众在剧情中可以体验到一袋玉米片的色泽，甚至借助相关设备感知到味道，而现实生活中也同样存在这类产品，就能实现现实和影视剧的无缝对接。一旦在剧情中观众使用某种道具、场地等成为习惯，也就自然刺激了在现实生活中的消费需求，就相当于超市中给顾客试尝的小零食一样。依托 5G 网络下高速的大数据处理分析，互动影视可以直接对接观众喜好，推出给每个人量身定制的广告。就像水一样，无论是流经何种地貌，都能根据对方的形态特征转化自身形态，从而实现双方的高度融合。

高沉浸的本质就是消费者主动消费，这和粉丝经济极其相似。不是简单地付费解锁章节，开通会员观看全集这类“被迫型”消费，而是观众发自内心地想要消费。在互动影视中，这种消费将会极其普遍。倘若“我”在剧情中养了一只猫，那“我”将必然对它的各方面都进行消费，这和现实中养宠物并没有什么区别；倘若在剧情中“我”被人拼死相救而施救者奄奄一息，“我”甚至还会抱怨为什么作为道具需要购买的药物不够。游戏《恋与制作人》就能通过代入感成为现象级高盈利作品，玩家将游戏中的虚拟人物视为自身的爱人、亲人，因此发自内心地愿意消费。倘若互动影视中的角色是我们现实生活中的爱人、亲人，互动影视甚至是对已逝之人的回

忆录呢？虚拟与现实的墙壁将受到巨大冲击，是否将出现此类形态暂未可知。但不可否认的是，在互动影视中，由于其本身的高沉浸感，观众会溺于水中，不断下沉，而消费额的水位将随之不断上升。

（四）开创全民互动创造影视时代

随着以抖音为代表的短视频平台和以 B 站为首的 UGC 平台的崛起，越来越多的人成为创作者。全民互动创造影视时代，并非遥不可及的幻想，而是互动影视追求的最终目标。而这种互动创造一方面表现为由 0 到 1，另一方面表现为由 1 到 0。

由 0 到 1 指的是观众自身创造影视，通过未来构建成熟的制片模式、故事线编撰程序、交互技术的普及，可以实现人人创造的愿景。就像用户在抖音中运用软件提供的特效拍视频一个道理，未来视频很有可能成为日常最普遍的信息交流载体。

由 1 到 0 指的是观众在剧情内的再创造，其原理类似于当下的沙盒游戏（玩家利用游戏中提供的物件，能够改变、影响甚至创造世界，是该类型游戏的核心玩法）。在已经给出的一个大的世界框架下，观众根据自身的喜好以及对剧情的理解，直接在剧情中创造出未知的剧情，甚至可以改变原有的故事大背景，形成俄罗斯套娃式结构。

这些构想在 5G 技术的不断发展中都有可能成为现实，虽然目前不管是 VR 还是互动影视，在没有成熟 5G 技术的支持下发展举步维艰，但这并不意味着我们就只是干等着技术的进步，否则 5G 和互动影视的共栖关系又谈何成立？而在双方共线发展的过程中，上至国家，下至每一个影视人，都将成为这条“故事线”中的“X”变量。

我国互动影视行业还处于初级阶段，每个影视人都在“摸着石头过河”。但在 5G 东风的助推下，技术的革新将会给影视行业带来一场深入的变革，无论是内容、制片模式、商业模式还是当前行业格局，都会受到巨大冲击。互动影视则极有可能成为这场变革的“第一枪”。在头部视频平台的引领下，每一个影视人都要做好迎接这场变革的准备。未来互动影视的发展仍有很长一段历程，但那也意味着存在更多厚积薄发的可能性。每个人都有可能成为发现互动影视海域中“One Piece”① 的第一人。

（项懿媞，上海福迪文化传播有限公司导演；吴春集，上海视觉艺术学院教授、文化创意产业管理学院院长助理）

① One Piece：日本漫画《海贼王》的主题，表示最珍贵的宝藏。此处引申为在互动影视蓝海中打造的现象级作品。

《地久天长》：从历史出逃，在当下安眠

魏文韬

摘　要：本文利用神话分析的方法，对王小帅执导的影片《地久天长》进行解读。影片采用景观化的悲情影像，延续了 20 世纪 80 年代人性论主题的阐释，建构了新时代的伤痕叙事。本文通过分析电影中人物沈茉莉“偿还孩子”的行为，提出电影单独突出了女性的生育价值，续写了男权社会的女性神话，折射了商品社会的交换逻辑。

关键词：《地久天长》；神话分析；伤痕；人性论

2019 年，影片《地久天长》摘得第 69 届柏林电影节最佳男女主角奖，让国内受众经历了一次“墙里开花墙外香”的目光转移之旅。“国际认证—中国买单”的模式对于王小帅导演来说并不陌生，这也正是第六代导演们的发迹路线。自《冬春的日子》起，王小帅拿下许多国家的电影节大奖，他也据此成为第六代导演的代表人物。往日荣光的再现让人兴奋，尤其是在中国文艺片市场呈现强劲生命力的时刻。当年《冬春的日子》只能以艺术之名在学院派小圈子里积累文化资本，如今的《地久天长》则意味着“艺术口碑”可以向经济资本转化。

一、前言

关于《地久天长》的研究，主要集中在创伤记忆呈现、影像和叙事风格、大时代下个体生命经验与道德希望等主题上。从创伤角度出发，部分研究认为在特殊的

时空下，《地久天长》中基层个体遭受巨大的“失独”创伤，展现中国故事和东方价值，[①] 并从个体创伤扩展到集体创伤，折射出整个特殊历史时期的时代风貌与社会景观。[②] 在影像和叙事风格上，有研究认为，《地久天长》中大量使用远景空镜、平视镜头以及重复情节等，[③] 将王小帅式留白引用到无声情节、人物塑造和价值判断上，从而造就了精致的场景设置和深度的精神再现，复原了真实的历史。[④] 在个体价值上，大部分研究都认为，该影片映射了历史困厄境遇中中国人历经生活蹂躏后仍保持的善良、仁爱的美好品质，[⑤] 而个体总是无法从历史的手掌中逃逸，揭示了苦痛的长久、生命的延宕；[⑥] 也有研究认为《地久天长》是在“消费悲情”[⑦]，并指出子嗣传承是影片人物一以贯之的思想，女性形象一律被划分为“贤妻良母”的代言人。[⑧] 综合来看，大部分研究都是从影片出发进行的一种支配性解码，认为个人的命运在时代巨流前只能被动承受创伤并持续隐忍。本文将从社会思想史的角度对影片作出更为丰富的解读。

本文采用神话分析对《地久天长》进行解读。神话分析是法国思想家罗兰·巴特在 20 世纪五六十年代提出的一种结构主义的分析方法，其理论资源是索绪尔的语言学以及巴特致力创造的符号学。在巴特看来，神话是一种言说方式，是一种信息，是一种“添加到纯粹物质上去的社会用法”[⑨]。巴特将这种社会用法自然化，并加工成自然而然的常识。神话的根本功能就是把一种概念和意图自然化，把偶然和复杂的历史意图建立在自然的基础之上，“偶然性以永恒性为依据”[⑩]。神话是一种被过分地正当化的言说方式，它的信息属性决定了它的载体的广泛性。除了口头言说之外，其他文字或表象都可以作为神话言说方式的载体，如写下的言辞、照片、电影、

① 欧玲艳．时代创伤的个体展现：以电影《地久天长》为例［J］．湖北工业职业技术学院学报，2019（5）：51-54.

② 蔡艳．创伤叙事视域下的《地久天长》研究［J］．东南传播，2019（9）：65-67.

③ 刘茉琳．《地久天长》中王小帅的镜头语言与历史反思［J］．西部学刊，2019（18）：103-105.

④ 肖静茹．《地久天长》之“留白”：王小帅的历史重塑与传统再现［J］．电影评介，2019（10）：22-25.

⑤ 张雯．身体图景中的创伤记忆、情感化审美与生存哲学：以电影《地久天长》为例［J］．东南传播，2019（10）：46-48.

⑥ 马超群，蒋成浩．影像的再造与迷思：历史空间、私人叙事、个体命运——评王小帅《地久天长》［J］．昭通学院学报，2019（6）：65-69.

⑦ 龚自强．消费悲情的三重症候：论电影《地久天长》［J］．艺术评论，2019（4）：132-140.

⑧ 司金冉．隐忍的人生与贤良的女性：电影《地久天长》中的家庭伦理叙事［J］．大众文艺，2019（10）：165-166.

⑨ 巴特．神话修辞术［M］．屠友祥，译．上海：上海人民出版社，2016：140.

⑩ 巴特．神话修辞术［M］．屠友祥，译．上海：上海人民出版社，2016：173.

新闻报道、竞技、戏剧表演、广告、运动等，[①] 这些不同的表意形式构成了泛化的文本，都是神话研究的材料。神话的能指是无限的，但其所指是有限的，且具有历史性和记忆性。往往一个所指，可以征用无数个不同的能指来进行表意。概念通过各种形式展现的这种重复，对神话修辞学家来说很珍贵，正是对某种行为的重复、强调，所指才泄露了它的意图。[②]

二、出走半生，归来已是他乡

《地久天长》讲述了几个工人阶级家庭跨越 30 年的悲欢离合。结为夫妻的刘耀军和王丽云是计划经济时期的工人，他们生下儿子刘星。时值改革开放之初，丽云怀上二胎，好朋友李海燕在厂里主管计生，她劝说王丽云打掉了孩子，王丽云也因此丧失了生育能力。当王丽云在市场化浪潮中下岗后，刘星则因意外而溺亡，刘耀军和王丽云不能承受丧子之重，在安静的雪夜中搭上出租车远走南方。

《地久天长》设置了几对矛盾，失独/成长、出走/回归、计划经济/下岗潮等，这些矛盾是推动电影剧情发展的主要动力，从而构筑了一个时间上跨越 30 年、空间上跨越中国南北、年龄上跨越三代人的现实主义题材故事。与王小帅以往的电影不同的是，《地久天长》用一种跳跃性方式，用典型事件勾勒改革开放以来社会生活的概念性历史，而他的前作，不论《冬春的日子》还是《我 11》等影片，都是一种偏记录性的影片，用日常性方式描述导演自身的记忆，这是题材与呈现方式上的区别。

同时，《地久天长》也脱离了第六代导演传统的叙事视角，从对自身成长题材的观照转向了对知青一代的叙述。第六代导演以北京电影学院 85 级、87 级毕业生为代表，他们所创作的题材多是聚焦于自身成长的“残酷青春物语”，包括王小帅《冬春的日子》、娄烨《周末情人》、路学长《长大成人》等，影片大多以艺术家、摇滚乐手为主人公。“他们是在讲述自己的故事，他们是在呈现自己的生活，甚至不再是自传式的化装舞会，不再是心灵的假面告白。”[③] 第六代导演成长于改革开放的氛围

① 巴特．神话修辞术［M］．屠友祥，译．上海：上海人民出版社，2016：140.

② 巴特．神话修辞术［M］．屠友祥，译．上海：上海人民出版社，2016：150.

③ 戴锦华．雾中风景：中国电影文化 1978—1998［M］．北京：北京大学出版社，2016：316.

中，宏大的历史使命和火热的阶级政治已与之渐行渐远，个人与社会的价值被重新发现。他们成长在一个“崭新的世界”，迎接的是“我们的时代”。在20世纪90年代文化氛围中，生活方式的巨大变革和社会景观的彻底改造，让第六代导演难以把握实体性的概念和历史，只好转而把握自我。在《地久天长》中，王小帅把主角锁定在知青一代人中，在某种意义上已超越了自恋式自我成长题材，曾经作为社会主义第一代新人的“子一代”，如今以父亲的形象出现在银幕上。之所以呼唤父亲的角色，一方面是因为改革开放已经有40年，人们所经历的事情纷至沓来，需要被言说和书写；另一方面是因为第六代导演本身的成长和经历，让他们具有了把握历史诉求的能力，不仅王小帅的作品，娄烨《风中有朵雨做的云》、贾樟柯《江湖儿女》等也涉及史诗性题材。

《地久天长》中，工厂的取景地在内蒙古包头钢铁厂，与王小帅“生命三部曲”（《青红》《我11》《闯入者》）中的“大三线”工厂环境基本没有区别，王小帅有一种诉求，他抽象出自己眼中社会主义工厂的典型特征，作为史诗性作品的背景。他的影片中，工厂具有统一的能指，如满眼的蓝色工装、整齐划一的动作、画着巨大肖像和写满口号的宣传墙、分割成豆腐块的单元房等。而这一能指背后是导演心中计划经济时期的国家形象。在巨大的工厂和国家形象面前，个人的力量显得单薄、孱弱；严肃的日常生活、四处飘荡的流言蜚语又指向一种迷茫的不可知论，背井离乡的“大三线”建设者和知青群体只好寄希望于出走。出走是贯穿王小帅电影的一个主题。无论处女作《冬春的日子》中青年情侣拥有的出国梦，《我11》中谢觉红父亲对于调回上海的诉求，还是《闯入者》中老邓从贵阳来到北京，抑或是《青红》里青红一家的上海梦，出走——从当前的社会环境中逃离——都是推动影片情节发展的重要动力。《地久天长》中同样有出走，刘耀军和王丽云离开工厂几十载，辗转海南等地，最终在福建的小渔村过活。

《地久天长》的出走与“生命三部曲”中的出走有很大区别：前者是走向改革开放前沿的南方，后者是“三线”建设者渴望回到家乡；前者是一种被动的放弃，被抛入市场和社会中自谋生路，后者是主动地回归故土，利用家的温馨对抗现代时空压缩带来的割裂与孤独。两种出走有明显的共性：逃离计划经济时期的工厂，逃离海洋一般蓝色着装的家乡。《薄薄的故乡》里王小帅笔下的父亲说过：“作为老百姓我们只能像河流里的沙子，冲到哪是哪。”[①] 逃离就是要尝试自主决定命运。王小帅自身也在完成一次次出走：“出生在上海，几个月大就去了贵阳，在贵阳长大，然后又去武汉，在武汉上中学，十五岁就到北京上学，毕业后被分配到福建，现在人在北京，但户口在河北涿州。所以，你说他是哪里人？”[②] 他频繁的空间转移内化于中国现代化道路，如“三线”建设，处于苏联和美国中间的中国，为保护工业力量，把集中于东部平原的工业设施和工人、科学家等迁往大西北和大西南，在深山、沟壑中建立起了后方军工企业。王小帅母亲是上海光学仪器厂的工人，父亲是上海戏剧学院的老师，“三线”建设时期，母亲随工厂来到贵阳，父亲为陪伴母亲也带着王小帅来到贵阳，王小帅是一个夹在工人与知识分子之间的弱弱的“三线”子弟。王小帅建构的这两种出走美学，都是对现代化大型集体行为的反思。

《地久天长》中的出走，呼应着 20 世纪 90 年代国企改制和工人下岗潮，部分国企工人在市场中重新择业。这一阵痛过程，也是中国社会结构被重新构建的过程。《地久天长》中，刘耀军和沈英明家庭的变迁正是这一社会变革的表征。沈英明和李海燕是国企干部，改制后进入房地产行业发家致富，跻身于社会的中上层；刘耀军和王丽云则带着下岗和丧子的伤痛，远走福建小渔村，靠修理技术过着拮据的生活，最终只能处于社会底层。40 年后，他们已分属当下中国社会的不同阶层。当刘耀军和王丽云乘飞机回归记忆中的工厂和故里时，他们看到的是一幅今天最普遍的现代化城市图景：林立的酒店、闪烁的霓虹灯、音乐环绕的商场，以及建设中的住宅小区。出走半生，归来已是两个故乡、两种人生，从某种程度上说，这也是中国社会现代化的表征。

三、悲情影像与人性论

《地久天长》定位于史诗性电影，讲述长段历史中的人物和社会变迁，剧情采用了景观化处理以及以点带面的剧情结构。与其说《地久天长》展示了 30 年中国民众的现实生活，不如说集中展示了老百姓的“悲惨生活”。电影特意选取了 30 年发展

---

① 王小帅．薄薄的故乡［M］．重庆：重庆大学出版社，2015：279.

② 王小帅．薄薄的故乡［M］．重庆：重庆大学出版社，2015：6.

里最典型的悲剧性事件，将这些事件浓缩在刘耀军、沈英明、张新建这 3 个家庭里：下乡知青的分别、二孩因计划生育被打掉、独生子之死、下岗、因严打而入狱、养子的离家出走……电影前半部分可以说是另一种《活着》，从福贵到刘耀军，悲惨的影像得到了延续，一种关于中国普通人命运的伤痕叙事完整接合了。“一如张艺谋和张艺谋式电影提供并丰富了西方人旧有的东方主义镜像；第六代在西方的入选，再一次作为‘他者’。”[①]《地久天长》也未跳脱这一自我镜像化模式，在柏林电影节夺得最佳男女演员双奖也是这种模式的再一次投射。

导演自述道，摄制组照着旧照片搭建起了 20 世纪八九十年代的场景，并让演员在场景中真实生活，使场景和道具变得有人气。[②] 这是导演的现实主义考量，但悲情过于密集的展示，损害了影片的现实主义力度。虽然导演使用了大量留白镜头，也采用非线性的剪辑方式，但悲惨的画面才是影片真正的中心，成为影片的时间刻度，影像都是围绕着悲情故事服务，作为伏笔和氛围铺垫。苏联导演安德烈·塔科夫斯基曾论述说：“电影中无论何种架构的必需的假定性，以及必需的最终标准，每一次都要归结为生活的真实性和具体的事实。它的不可复制性亦源于此，而不是源自作者找到一种特殊架构，从而用莫名其妙的思维转弯和自己的想法与之建立联系，赋予它‘本人的’某种意义。”[③]《地久天长》中影像都围绕导演的意义而展开，呈现生活自然时间的镜头较少，尽管导演在剪辑时有意打破线性时空，但影片的“现实主义”在很大程度上是一种景观化后的现实，类似于一场精心设计的舞台剧，关键性时刻充斥着电影感，时间与影像被意义表达所取代。

影片通过悲情叙事要传达的意识形态就是——没有坏的人，只有坏的制度。值得思考的是，这些悲情背后不同的承受主体（知识青年、工人、流氓群体等）被模糊了，统一化为一个煽情的词汇主体——“老百姓”，同时造成悲情的某些偶然性因素也被忽略了，皆归因于坏的制度的必然性。正如沈浩在谈到李海燕当年打掉王丽云二胎这件事时所说：“没有人怨妈妈，那是她的工作。”

这种悲情叙事却没有触动社会性的反抗行为，只是在耀军的拳头中被发泄给了墙面，并在最后的大团圆中被“福报”和“宽容”大方和解。电影用人性的温情给

---

① 戴锦华．雾中风景：中国电影文化 1978—1998［M］．北京：北京大学出版社，2016：312.

② 王小帅．《地久天长》：关于电影，关于我们［EB/OL］．（2019-03-21）［2020-03-20］．https：//movie. douban. com/review/10057727/.

③ 塔可夫斯基．雕刻时光［M］．张晓东，译．海口：南海出版公司，2018：73.

出了答案，其情感结构是非常 20 世纪 80 年代的，“人性论”是导演要表达的主题，出走是为了“拯救人”。20 世纪 80 年代的人性论书写，表现为影片中 3 个家庭都是“无辜”的。在人性与国家机器的矛盾和冲突中，个人的价值和自主性被凸显。“改革开放时期的话语场域开始强调‘个体’这个话题，并关注‘个人权利’的张扬在家庭关系中的体现，这一方面是在文化上与全球资本主义接轨，另一方面设置了对传统社会主义文化进行批判和改造的议程。”① 人性论创造出的超越阶级属性的抽象人性，实际上是服务于社会秩序再造的，构建“适合‘现代化’的‘经济个人’”②，“市场是人道主义的保护神”。就像福柯所言：“经济理性必定要计算刑罚和规定适当的方法，‘人道’是给予这种经济学及其锱铢计算的一个体面的名称。”③

这一经济理性在影片中也有所体现。影片最后，海燕在悔恨和精神病的 20 多年折磨中死去，她在满头银丝的丽云耳边说：“我们有钱了，不怕，你可以生了。”告别历史，走向现实。随后，沈浩在小房间对着耀军夫妇讲出了当年的真相，并如愿以偿得到谅解。历经时代风雨的三个家庭重归于好，友谊地久天长。

四、聚焦生育价值

《地久天长》是关于失独的电影，生育是电影的隐形主题。在影片中，生育成为几个家庭友谊缔结、破裂、修好的重要线索。在计划经济时期，王丽云和李海燕两家因为孩子刘星和沈浩而加深了友谊，经常相互串门，刘星的意外之死让两家关系趋于破裂，最后关系重修于好，也是在沈浩孩子出生后，“孩子”这一能指背后指代的是友谊、关系程度的所指。影片结尾，王丽云慈祥地怀抱沈浩的孩子，被大家团团围在中间，一种空间的政治学被揭示出来：失独的王丽云抱着新生的婴儿，抵达影片的中心，悲痛的时光得到弥补，艰难的生命得到延续。这个空间的中心位置恰好也隐喻了影片的中心，即生育问题。生育是影片最核心的矛盾，剧情的矛盾从生育出发，以生育结束。

生育处在影片的中心地位，一切都围着生育而转动，而与生育这一主题联系在

① 吴靖．文化现代性的视觉表达［M］．北京：北京大学出版社，2013：61．
② 贺桂梅．“新启蒙”知识档案：80 年代中国文化研究［M］．北京：北京大学出版社，2010：80-81．
③ 福柯．规训与惩罚［M］．刘北成，杨远婴，译．北京：生活·读书·新知三联书店，2018：102．

一起的女性形象便处在了为之服务的被动地位。沈英明的妹妹沈茉莉因为刘星的死而耿耿于怀，甚至用身体来主动“偿还债务”。而这一跨越30年的“暧昧”情谊终于以“还债”的名义被赋予了合法性。借助生育这一抽象的至高伦理价值，沈茉莉独自找到福建小渔村的耀军，为的就是还给他们一个孩子。可是刘耀军并没有让沈茉莉把孩子生下来，孩子最后被打掉——这一婚外性行为就很难被解释了，既然不是为了孩子，难道是为了爱情？那以孩子之名进行的婚姻出轨行为就揭开了自己的遮羞布，刘耀军仅仅是因为性需求、或曰中年“寂寞”而出轨。电影玩了一个似是而非的游戏，设置了生育至上这一迷雾，实则为耀军的出轨背书。

同时，沈茉莉也被他者化了，她作为女性的主体性在某种程度上是缺席的，她是男权社会中的典型女性想象。沈茉莉这一角色的出现仿佛是给观众特定的期待，衣着光鲜，青春可人，会打扮，会跳舞，并且是电影中为数不多的一个看上去“正义”的人，对耀军一家充满了“脉脉温情”。这样一个青春、美丽、温柔的女性，正符合大多数男性的期望，沈茉莉续写了男权社会所期待的女性神话形象。正如劳拉·穆尔维所说：“决定性的男性注视将其幻想投射到女性形象上，后者因而被赋予了风格。在她们传统的表现癖角色中，女人同时被观看和展示，为了强烈的视觉和色情冲击力，他们的出现被编码。”[①] 沈茉莉这一被“编码”的女性，因为心中的“愧疚”和对耀军暧昧的情愫一直保持独身，她甘于牺牲、默默奉献、情感忠贞的女性气质承受着男权社会中最大公约数的凝视，无论是剧中男性的目光，还是摄影机引导的观众的目光都将欲望投射给她，让她一直处于被动观看的状态。她的主体性依附于刘耀军一家，只有刘耀军家的症结得到解开，沈茉莉才能得到解放，她是一个完全被动的人。

在生育面前，人伦道德、女性权利、生命的尊严都退让了一步。正因为“偿还孩子”这一借口，沈茉莉的第三者身份不再是问题，王丽云的原谅也在预料之中，用一种似是而非的合法性为刘耀军的欲望买单，但这种虚假的合法性完全遮蔽了孩子和女性的主体性。更关键的是，这一情节把孩子还原为“物”，仿佛生命是可以买卖和偿还的，同时也把女性还原为“物”，仿佛女人只有能生育孩子才是有价值的，生命和女性的双重物化揭示了商品社会中深入肌理的交换价值和金钱逻辑，这一逻

① 穆尔维．视觉快感与叙述电影［M］//陈永国．视觉文化研究读本．北京：北京大学出版社，2010：279-287．

辑在李海燕死前那句“我们有钱了”中同样有所投射。

五、结语

《地久天长》用悲情的影像赚取观众的眼泪，而眼泪去的是同一个地方，即作为现实的今天。无论历史如何荒诞，都可以在现实中被原谅，在金钱与情感的弥补中地久天长。或许在一名第六代导演已跻身主流、掌握着社会资本的今天，回到现实相比于持续出走是一种更明智的选择。王小帅的“人性论出走”，是要从历史中逃离，回归到现实。而已故青年导演胡波去满洲里看大象的出走，是要从现实中逃离，去往另一个“远方”。同一个现实，为何一个要回归，一个要逃离？或许这就是老板与员工的区别，一个是冬春影业的所有者，一个是该公司的打工仔。同时，与王小帅从历史中的出走不同，其母亲作为“三线”建设工人从上海到贵阳则展示了不一样的“出走”。《薄薄的故乡》里他母亲在访谈中说道：“当时的人，完全不像现在，完全觉得是应该去”，“自然觉得要走，好像学校培养了这么久，就该这么做”①。这与王小帅所一直表达的“人性论出走”差别很大，体现了集体主义文化与个人主义文化之间的差异。

“每一件艺术作品都是一个了解事物的形式、范例或是模式，是一个认识论。”②在观看《地久天长》时，也应该从认识论的角度去对其进行把握，把真实与银幕分开，从地久天长的话语中抽离，完成一种观者的“出走”。

（魏文韬，通用技术集团医疗健康有限公司党委宣传部业务经理）

① 王小帅．薄薄的故乡［M］．重庆：重庆大学出版社，2015：271.

② 桑塔格．激进意志的样式［M］．何宁，周丽华，王磊，译．上海：上海译文出版社，2018：32.

传统文化创新发展

互联网赋能下博物馆影响力提升路径研究

李丹阳

摘　要：互联网时代，博物馆行业迎来了全新发展可能，影响力得到前所未有的提升。互联网的广泛连接性让博物馆借助新媒体与大众建立广泛的连接，真正成为大众文化消费的重要场所；通过新兴的信息技术，博物馆突破了时间和空间的局限，建构起云展览、云游博物馆等全新的展览生态；以网络视听节目为载体，博物馆实现了大众化的知识传播和更加深度的文化IP开发。

关键词：互联网；博物馆；影响力提升

第49次《中国互联网络发展状况统计报告》显示，截至2021年12月，我国网民规模达10.32亿，互联网普及率达73.0%。① 可以说，一个以互联网为基础设施的网络化社会已经形成。在网络化社会中，互联网通过改变人与人、人与资讯的连接方式，打破了传统媒体时代时空对人的限制，从而让很多行业发生了结构性变革。传统媒体时代受时空限制较大的博物馆行业，在互联网的赋能之下发生了颠覆性改变。本文对互联网赋能下博物馆影响力提升路径做出具体分析。

一、建立广泛连接，新媒体让博物馆“走近”大众

与传统媒体时代被动接收信息不同，互联网时代人们可以轻易获取自己所处空

① CNNIC发布第49次《中国互联网络发展状况统计报告》[R/OL].（2022-02-25）[2022-03-25]. http://www.cnnic.cn/gywm/xwzx/rdxw/20172017_7086/202202/t20220225_71724.htm

间之外的信息，而移动互联网则让人们可以在流动空间中随时获取信息。“这样一种时空实现了流动中的人的连接与聚合，也为流动中的人的需求的定向满足提供了各种可能。”[①] 借助互联网，博物馆可以打破时空限制，与大众建立高效、便捷、深层次的连接。

首先，互联网消除了博物馆与潜在参观者之间的信息不对称。截至 2019 年年底，我国已备案博物馆达 5535 家。[②] 在传统媒体时代，博物馆与潜在参观者存在明显的信息不对称，博物馆的门庭冷清与参观者不知道到哪里参观的问题同时存在，而互联网让这一矛盾得到有效缓解。一方面，博物馆资讯类网站为大众寻找可参观的博物馆提供了有效指引。例如，中国博物馆协会市场推广与公共关系专业委员会主办的弘博网每天都会推送高质量的博物馆相关信息，并且有全国博物馆地图，大众通过点击地图即可了解全国各地的博物馆；中国博物馆协会网站不仅推送各大博物馆的展览信息，还有全国大部分省区市博物馆的官网链接。另一方面，大多数博物馆都建有自己的官网，推介馆藏信息、公布展览信息、举办线上展览、开设网上购票系统等，打破时空限制，在线上与参观者建立连接。

其次，社交媒体赋予博物馆“超级连接”能力。“新媒体催生了多样化、个体化和私人化的受众要求，人们依据自我文化品位、生活方式等选择媒介产品，并以此作为一种‘交易货币’向具有相同爱好或属性的受众群体传播，产生拥有共同爱好的文化圈子，再将此圈子进行扩大，呈现出一种圈内向圈外辐射的文化效应或经济效应等，形成‘圈层传播’。”[③] 博物馆通过在微博、微信、抖音、快手等社交媒体上开设官方账号，可以聚集大量粉丝，从而实现信息的精准触达，为博物馆展览活动宣传营销、文创产品销售等沉淀忠实受众。例如，故宫博物院早在 2011 年就开通了官方微博，已有超过 1000 万粉丝。故宫博物院还通过在微博上策划活动、分享知识、发布信息等，与网友保持高频率互动，借助网友的社交媒体账号实现二次传播甚至多次传播，不断提升自己的连接能力和扩大传播范围。短视频平台的迅猛发展则为博物馆更加生动、形象地进行自我传播提供了可能。例如，2018 年 5 月 18 日，中国国家博物馆联合湖南省博物馆、南京博物院、陕西博物馆、陕西历史博物馆、

① 彭兰．重构的时空：移动互联网新趋向及其影响［J］．汕头大学学报（人文社会科学版），2017（3）：93-102.

② 赵晓霞．全国已备案博物馆达 5535 家［EB/OL］．（2020-05-19）［2022-03-25］．http：//culture. people. com. cn/n1/2020/0519/c1013-31714139. html.

③ 党李丹．圈层传播：新媒体时代分众传播的新趋势［J］．青年记者，2018（5）：6-7.

广东省博物馆和浙江省博物馆等七大博物馆，在国际博物馆日这天集体入驻抖音，发起“第一届文物戏精大赛”，让国宝“活”起来，向大众展现国宝魅力。活动上线两天，就有3万多人次参与。国家博物馆的抖音账号4天圈粉25.4万，其中单条视频播放量1042万。

再次，自媒体助力博物馆影响力呈现几何级增长态势。随着移动互联网的发展和智能终端设备的普及，海量用户在微博、微信等社交平台，抖音、快手等短视频平台通过图文、短视频等内容形式进行自我呈现与表达。而社交媒体的圈层化特点又使得用户可以将某一类话题轻易传播至对同一话题感兴趣的其他用户当中。具体到博物馆相关信息的传播中，参观者在社交媒体上的博物馆“打卡”、用户基于博物馆相关视听内容的二次创作等，能够让博物馆相关信息在大众中间进行裂变式传播，使其更容易触达博物馆的潜在参观者，甚至能够帮助博物馆或者藏品成为现象级“网红”，引发广泛关注。例如，2021年3月20日，三星堆遗址考古发掘中发现黄金大面具。真正让黄金大面具广泛触达不同年龄网友群体的是网友基于黄金大面具的“修图大赛”，众多网友根据自己的想象为黄金面具补上了另一半，例如，有的网友将黄金面具与奥特曼形象融合在一起，并搭配“沉睡千年，仍然相信光”的文案。各种脑洞大开的表情包、海报、短视频等在微信朋友圈、微博等社交平台呈现出“刷屏”式扩散。95后B站UP主“才疏学浅的才浅”则拍摄了用500克黄金敲打数万锤复原黄金面具的视频，该视频仅在B站的播放量就超过1500万次。至此，三星堆博物馆和黄金面具也走进大众视野，为以后的展览奠定了良好的基础。

在互联网的赋能下，博物馆真正建立起与大众之间的连接，走进大众视野，在文化传承与展示、构建文化认同等方面开始发挥越来越显著的作用。

二、突破时空限制，数字化技术重构博物馆展览生态

在新媒体时代，信息技术广泛渗透到各个传统行业，给传统行业带来结构性变革。在新兴信息技术赋能下的博物馆也呈现出全新的发展态势。近年来，数字化博物馆建设成为博物馆行业的核心议题。通过将藏品信息数字化，博物馆展览从“物—人”模式转化为“物—数字—人”模式。藏品信息的数字化储存和网络化传播展

示让传统博物馆突破时空限制，大大拓展了传播空间。

第一，博物馆藏品信息的数字化开拓了线上展览空间，打破了时空对传统博物馆行业的限制。传统博物馆展览受到时间、场地等因素的限制，既参观人数有限，又面临着藏品保护的巨大压力。数字博物馆通过虚拟现实、360 度全景、三维网页引擎等技术手段，将博物馆的藏品“搬”到网上，不仅可以让观众足不出户观看文物藏品，还能够给观众提供自主确定展览路线、自主选择观看视角、自由观看展品细节等便利。例如，敦煌石窟由于对洞窟内壁画保护的需要，对参观人数进行严格限制，很多游客在参观时只能参观限定数量的洞窟，并且由于不能使用楼梯和照明工具等而影响参观效果。敦煌研究院的“数字敦煌”资源库建设则在很大程度上解决了这些难题。“数字敦煌”汇集有关敦煌石窟的图像、影像、考古研究和保护等方面的数字资源，在网上再现了敦煌石窟的精美绝伦①，游客可以随时进入敦煌研究院的官方网站，全景漫游所有洞窟，欣赏洞窟内景，并且可以对高清画面进行移动、放大，零距离感知敦煌的文化艺术。

全国性文物资源数据库建设还为博物馆之间资源共享、逻辑互联提供了平台，为博物馆资源的挖掘与利用提供了全新可能。例如，分散在不同博物馆的同一类藏品可以通过云展览形式轻松汇集到一起，历史人物在不同地点留下的不同踪迹可以通过云展览实现时空交叠，等等。

第二，网络直播助力博物馆打造全新展览场景，“云游博物馆”成为游览新潮流。近年来，蓬勃发展的网络直播成为大众参与媒介生产、共享时空的重要媒介使用行为，其在各领域的应用给各行业带来了全新的发展形态。例如，网络直播对游戏、电商、教育、文旅等传统行业的渗透给这些行业发展带来新风口。网络直播与博物馆的融合，也同样给文博产业带来全新发展可能。尤其是在新冠疫情影响之下，“云游博物馆”成为大众参观游览博物馆的重要方式。例如，2020 年 2 月，淘宝联合 8 家博物馆共同开启“淘宝直播云春游”活动，西安碑林博物馆讲解员白雪松在这场活动中迅速走红，被网友誉为“宝藏男孩”。2020 年清明节期间，故宫进行了三场直播，由故宫工作人员导览三条游览路线，三场直播关注量达到了 2.4 亿次。②

基于网络直播的“云游博物馆”通过将线下与线上相结合实现情境融合，给观

---

① 贺亚楠．“云”游莫高窟［N］．人民日报（海外版），2020-02-18（7）．

② “云游”博物馆兴起，创造博物馆发展新天地［EB/OL］．（2020-05-20）［2022-03-25］．https：//www.163.com/dy/article/FD2EALE70525OQOV.html.

众带来即时直观的在场感。在网络直播中，观众一方面可以在主播（一般为博物馆讲解员）的带领下通过互联网实时游览参观博物馆，直播的不可预测性和主播的实景讲解给观众带来同线下参观相似的仪式感与悬念感。此外，观众还可以通过弹幕与主播实时互动，向主播提问。主播与观众的即时互动也成为云展览的内容构成，可以说“云游”博物馆这一形式是由主播与观众共同完成的。“这种深度的参与感、获知的充实感、交际的轻松感满足粉丝的多种需求”①，既能够给观众带来与传统参观完全不同的体验，又能够激活博物馆开发出新的文创产品。

第三，新兴技术优化观众参观体验。物联网、大数据、云计算与博物馆的结合，促进了数字博物馆的诞生，使得数字博物馆最终进化为智慧博物馆。② 增强现实、虚拟现实、裸眼 3D、全息投影、人工智能等技术为博物馆的文物展览、沉浸式参观体验、与参观者互动等提供了全新可能。物联网技术可以通过面部识别摄像头收集参观者的年龄、性别等数据，跟踪参观者的位置，捕捉参观者在观看不同展览品时的情绪等，对每一个参观者进行“画像”，进而为其建立游览偏好档案，帮助博物馆更好地为每一个游客提供个性化服务。虚拟现实、增强现实、混合现实等技术与博物馆展览的结合让传统博物馆焕发出新的生机。例如，某虚拟现实开发商为大英博物馆开发了一款强大的虚拟现实应用，支持 Oculus Touch 控制器。用户通过 Oculus Touch 控制器不仅可以查看各种来自大英博物馆的收藏品，还可以和各种收藏品互动，感受真实触摸的感觉。增强现实技术则可以将博物馆藏品以丰富多彩的方式展现出来，让用户与藏品近距离互动。例如，在应用了增强现实技术的博物馆，用户只需要用手机扫描相应的物品，就会在屏幕中显示文物模型以及声音、文字和特效等。混合现实技术则可以让观众通过佩戴全息设备，穿越到博物馆设置的特定场景之中，在互动中感知历史，获取知识。

三、搭载视听内容，融媒表达赋能文博影响力扩展

近年来，文博类视听内容呈现出蓬勃发展之势，尤其是在互联网平台的助力之

① 赵哲超，范爽．数字时代文博产业的转型与传播策略：以西安碑林博物馆直播为例［J］．新闻与写作，2021（6）：96-99.

② 邵小龙．以互联网思维推进智慧博物馆建设［J］．中国博物馆，2015（3）：78-81.

下，以博物馆及藏品为主题的综艺节目、纪录片等在全年龄圈层引起广泛关注。通过对藏品前世今生的跨时空叙事、对文物魅力的科技化呈现、对文博知识的多屏幕传播，博物馆以视听内容为载体，实现了前所未有的大众化传播，影响力显著提升，并以此为基础实现文化 IP 的深度挖掘，不断延伸产业链条。

（一）互联网语态表达丰富博物馆藏品展示和阐释方式

传统的博物馆展览多采用“实物展示＋导览员讲解”的形式，再加之时间和空间限制，无法为参观者完整展现文物的知识内涵和现实价值。而互联网语境中，文博类视听节目则通过网络化语态表达和丰富的内容呈现形式，对馆藏文物做全面细致的价值诠释，通过文物建立历史与当下的连接，唤起中华民族的共同记忆，在传播中华优秀传统文化的同时，构建更广泛的文化认同，增强大众的文化自信。

文博类视听节目以更加丰富多样的表现形式，采用通俗化、日常化的微观视角呈现文物背后的故事。近年来出现的文博类视听内容不约而同地采用更加生动有趣、更加接地气的形式来呈现和传播文博知识。纪录片《我在故宫修文物》将镜头对准文物修复工作者，在对人物日常细碎故事的讲述中呈现文物承载的传统技艺和文物修复、保护的意义。微纪录片《如果国宝会说话》对宏大历史题材进行碎片化处理，以更符合用户的内容消费习惯，用新潮的网络化语言阐释历史文物价值，借助数字化技术对文物进行动态呈现。《国家宝藏》将综艺与纪录片、舞台剧等元素相结合，在“前世传奇”环节用舞台剧的形式生动讲述文物背后的历史故事，再通过“今生故事”将文物与当下时代相联系，让人们真正看到文物所承载的中华文明。《上新了·故宫》《我在颐和园等你》《登场了！敦煌》等综艺节目则将真人秀元素与博物馆场景相结合，借助小剧场、动画短片、影视资料等形式讲述历史故事，让嘉宾在真实场景中演绎历史故事，通过虚实结合打开尘封的历史，给观众带来双重体验。

互联网则为文博类视听节目提供了更为广阔的传播空间，助力文博类话题在大众中成为热议话题。《我在故宫修文物》《如果国宝会说话》等文博类纪录片虽然是在央视首播，但是真正让其火爆出圈的则是 B 站。《国家宝藏》也是靠碎片化精彩内容刷屏微信朋友圈、屡登微博热搜而一直维持较高收视。

（二）助力博物馆文化 IP 开发

文化 IP 不仅隐藏着高辨识度、强变现能力、长变现周期和自带流量的文化符号，还能不断衍生出新的且相互连接融合的文化产品。[①] 对于以传播文化为核心业务的博物馆来说，将自有文化 IP 实现深度开发是其实现产业化运营的重要路径。文博类视听节目作为大众化的文化消费产品，在助力博物馆文化 IP 推广开发上具有先天优势。互联网则通过为文博类节目提供更多播出平台、通过社交媒体引爆舆论关注等方式，进一步放大文博类视听内容在博物馆 IP 开发中的功能。

例如，2019 年艺人王一博参加了以滑板为主题的网络综艺节目《极限青春》，敦煌市博物馆借势通过微博与王一博互动，向王一博赠送了一块以敦煌为主题的定制滑板，滑板上装饰有大众熟知的敦煌经典飞天图。这一话题一度登上微博热搜，让敦煌 IP 相关的文创产品得到了王一博粉丝以及广大网友的关注。随后，敦煌市博物馆又在 2020 年与网络综艺节目《这就是街舞 3》打造了联名文创产品，包括滑板、T 恤等，进一步让敦煌 IP 实现“破圈”传播。故宫博物院与北京电视台联合推出的文创类综艺节目《上新了·故宫》，将文创产品打造与节目内容实现深度融合，邀请明星与文创设计师、高校文创专业学生共同设计以故宫元素为主题的文创产品。而文创产品能否“上新”，则需要由网友在网络平台上投票决定。节目通过与网友的线上互动，引导大众参与到博物馆的文化 IP 开发当中。故宫博物院通过《上新了·故宫》实现了集知识传播、文创生产、市场培育于一体的新型文化 IP 开发模式。

综上所述，植入互联网基因的博物馆行业在与大众建立广泛连接、提升参观者体验、开创全新展览形态、挖掘自身文化 IP 等众多方面都呈现出全新的发展样态，影响力不断提升，真正实现了大众化传播。

（李丹阳，山东省广播电视监测中心编辑、中国传媒大学新闻学院博士生）

① 2018 中国文化 IP 发展高峰论坛在京举行［EB/OL］.（2018-09-26）［2021-06-17］. http：//www. cssn/zx/bwyc/201809/t20180926 _ 4573054 _ 1. shtml.

中华优秀传统文化的对港传播模式研究*

——以国家级非物质文化遗产代表性项目绛州鼓乐为例

王紫薇

摘　要：贯彻落实“爱国者治港”原则，关键要以中华优秀传统文化为桥梁来增强香港同胞的国家意识与爱国精神。本文认为，国家级非物质文化遗产代表性项目绛州鼓乐通过展示展演、互动体验与课堂教学活动构建了系列化、层次化的跨文化传播框架，使香港民众在显形、隐形、技术性三个文化层次中逐步加深了对绛州鼓乐的了解，进而增强对中华优秀传统文化的认同感，在对港传播方面具有较强借鉴意义。未来，中华优秀传统文化应当从传播内容、渠道、形式三方面发力，在不同文化层次中逐步实现对港传播，提升香港民众的文化认同感，促进人心回归。

关键词：中华优秀传统文化；对港传播；绛州鼓乐

党的十八大以来，文化建设的重要性日益凸显。《中华人民共和国国民经济和社会发展第十四个五年规划和 2035 年远景目标纲要》中强调了文化建设与文化传播的重要作用，指出要“强化中华文化传播推广和文明交流互鉴”，“讲好中国故事，传播好中国声音，促进民心相通”①。在全面落实“爱国者治港”原则、推动港澳民众融入国家发展大局工作中，中华优秀传统文化的对港传播通过“以文化人”的方式，提升香港民众的文化自觉、自信和认同，进而塑造其国家意识与爱国精神。

绛州鼓乐源于我国历史文化名城山西省运城市新绛县，入选第一批国家级非物

* 本文系文化和旅游部民族民间文艺发展中心基本科研业务费专项资金项目“港澳青少年中华文化认同路径研究——以港澳青少年内地游学产品为例”（202104）阶段性成果。

① 中华人民共和国国民经济和社会发展第十四个五年规划和 2035 年远景目标纲要［EB/OL］．(2021-03-13)［2022-03-25］．http：//www. gov. cn/xinwen/2021-03/13/content＿5592681. htm.

质文化遗产代表性项目。以绛州鼓乐为主题的文化交流活动已面向香港开展十余年，自 2017 年起连续 4 年入选内地与港澳文化和旅游交流重点项目，并被评为 2020 年度“港澳青少年内地游学推荐产品”。绛州鼓乐在对港传播方面已积累较多经验，形成了系列化、层次化的传播模式，在探索中华优秀传统文化对港传播模式研究中具有较强借鉴意义。

一、绛州鼓乐的对港传播具有潜在优势

法国文艺理论家伊波利特·丹纳曾在《艺术哲学》一书中提出，艺术的形成主要取决于种族、环境和时代三大要素。绛州鼓乐的产生与发展也与时代精神、人民生活、生存环境息息相关。绛州鼓乐诞生于华夏农耕文明，新石器时代晚期已有雏形，在时代更迭中历经多次功能与风格的演变。

（一）绛州鼓乐审美功能得到强化

关于绛州鼓乐最早的文献记载可追溯至唐代，《旧唐书》《唐会要》《太平广记》等多部史书中都详细记载了绛州鼓乐宫廷化的过程。宋代以后，绛州鼓乐逐渐由宫廷表演下沉至民间演奏，常用于庙会迎神赛社、春节社火表演、丧葬仪式、祈雨、驱邪在内的各类民俗活动中。[①] 这一时期，绛州鼓乐实现了民间普及，人们更加重视绛州鼓乐的仪式功能。

改革开放后，随着人民的生活水平与文化素质大幅提升，绛州鼓乐的审美功能得到强化。1987 年，时任新绛县文化馆馆长王秦安组建了“新绛县农民锣鼓队”（后更名为“山西绛州鼓乐艺术团”），组织创编了《秦王点兵》《滚核桃》两首曲目。两个节目先后在太原“两节一会”活动和人民大会堂举办的“龙乐音乐周”闭幕式上演出并引起轰动。

1988 年至 1995 年，山西绛州鼓乐艺术团结合民间鼓谱和传统打法再次创编了《黄河船夫》《晋南花鼓》《老鼠娶亲》《牛斗虎》等多个表演曲目。作品的扩充使山

① 杨高鸽．二十世纪八十年代末以来绛州锣鼓传承变迁状况的考察与研究［D］．西安：西安音乐学院，2007：9.

西绛州鼓乐艺术团收获了大量演出机会。自 1995 年开始，该艺术团先后受邀前往美国、法国、丹麦、日本等五大洲的 40 多个国家演出，在世界范围内引起关注。正是在这一时期，绛州鼓乐真正从民间表演走向了舞台演出，完成了仪式功能向审美功能的根本转变。

（二）绛州鼓乐育人功能不断凸显

绛州鼓乐的艺术化、舞台化转型使其在众多鼓乐中脱颖而出，更因以下两个特点而在击鼓手法、鼓乐力量感、鼓乐创作等方面对香港鼓乐的提升有所裨益。

一是演奏技法多样。绛州鼓乐以鼓为核心，运用花敲干打[①]形成角度、力度、速度多方位的变化来丰富音色、音韵，形成典型语汇。[②] 同时，绛州鼓乐曲目节奏丰富，同一个曲目中 3/4 拍、4/4 拍常交替变换。

二是融入文化叙事元素。与其他鼓乐表演形式不同，绛州鼓乐的舞台作品有完整的剧情，每个节目均配有不同的服化道设计，表演过程中歌声与鼓声交相辉映、此起彼伏。其他锣鼓演出为避免观众的视听疲劳，通常将节目时长控制在 3 至 4 分钟。而绛州鼓乐因融入了丰富的文化叙事元素，能够连续表演 10 分钟却仍引人入胜，打破了“锣鼓长了没好戏”的传统认知。

总体来看，绛州鼓乐审美功能的强化与教育功能的凸显，满足了香港民众欣赏鼓乐艺术、学习鼓乐演奏的需求，形成了对港传播的潜在优势。

二、绛州鼓乐对港传播模式分析

跨文化传播学之父爱德华·霍尔在《无声的语言》一书中根据人们对文化的知觉程度，将文化分为显形（formal）、隐形（informal）、技术性（technical）三个层次。显形文化指人们知觉程度较高、与日常生活紧密相关的文化；隐形文化是人们通过模仿习得的不易知觉、无法描述的文化；技术性文化则是以正式教学、传授而得的知觉程度最高的文化。[③]

---

① 花敲干打：指凭借鼓、锣、钹、板以及其他打击乐器，运用各种演奏技法打出花样，既有艺术性也有观赏性。

② 栾凯．绛州鼓乐艺术初探［J］．北京舞蹈学院学报，2010（S1）：5-8.

③ 战泳霖．此处无声胜有声：析爱德华·霍尔《无声的语言》［J］．青年记者，2017（7）：98-99.

绛州鼓乐分别在显形、隐形、技术性三个文化层次上实现了对港文化传播。自1995年首次受邀出席香港艺术节起，山西绛州鼓乐艺术团累计赴港演出交流9次。以鼓乐演奏见长的新绛县西街实验小学共前往香港开展4次绛州鼓乐交流活动，同时，该校还连续开展了14年绛州鼓乐研习活动，接待了千余名香港青少年前来交流学习。在以上活动中，香港民众通过欣赏、体验、学习等方式逐渐加深了对绛州鼓乐的认识与了解，获得了自信心与满足感，与绛州鼓乐背后蕴含的中华优秀传统文化产生了情感联结，增强了对中华优秀传统文化的认同感。

（一）显形文化层面：展示展演，积累好感度

绛州鼓乐的在港演出活动是展示显形文化的主要传播方式。香港民众通过欣赏绛州鼓乐的艺术表现手法，初步感知绛州鼓乐气势浑厚、粗犷激昂的艺术特色，感受绛州鼓乐现场的震撼与魅力。

1995年，山西绛州鼓乐艺术团受邀参加香港艺术节。香港艺术节是香港地区的一个国际性文艺盛会，活动集合了全球艺术精英及香港地区优秀艺术家。绛州鼓乐的演出被安排在香港文化中心，该中心能够容纳1600余名观众。山西绛州鼓乐艺术团在此连演两场，每场均座无虚席，观众鼓掌达40余次，谢幕长达6分钟。演出结束后，许多观众在剧院门口抢购《绛州大鼓》的CD，数百套光盘销售一空。[①]

这是香港民众首次近距离接触、欣赏绛州鼓乐。此场演出极大提升了绛州鼓乐在香港民众心中的好感度。多家香港媒体对演出进行了报道。《新晚报》指出，艺术家凭着极具水准的才华，使每一曲日引人入胜，入座者由始至终屏息欣赏，听到精彩处都报以赞美的掌声。《联合报》报道称，绛州鼓乐可以说是至今所观赏过来自内地的舞台演出中，最具国际水准的一个制作。良好的演出效果也为绛州鼓乐后期面向香港开展互动、教学活动奠定了基础。

（二）隐形文化层面：互动体验，提升参与感

作为鼓乐的一种，绛州鼓乐因具有易于上手的特性而在面向香港民众的互动体验活动中产生较好的传播效果。一些香港民众虽没有受过鼓乐训练，更不懂专业的演奏技法，但通过对示范者的模仿，他们同样可以有节奏地击鼓。这种模仿击鼓的

① 王秦安．绛州鼓乐风靡港澳［J］．中外文化交流，1995（3）：54-55.

体验环节将绛州鼓乐的隐形文化植入香港民众的生活与血脉之中。他们从中吸收了绛州鼓乐独有的气势与激情，并将这种气质潜移默化地代代传递下去。

2003 年“非典”疫情过后，为振奋香港民众的士气，香港中乐团策划举办了香港鼓乐节活动。在香港维多利亚公园举办的开幕式上，香港中乐团艺术总监阎惠昌在舞台上带领 3140 名香港民众一同击鼓，共同完成“香港活力鼓令 24 式”的表演，活动现场气势磅礴，鼓声响彻云霄，共有 6000 余名香港民众驻足观看。

由于香港民众参与度高、活动效果好，香港鼓乐节成为每年开展的常态化文艺活动，活动由“香港活力鼓令 24 式擂台赛”“鼓王群英会”“未来鼓王争霸赛”三部分组成。截至 2021 年，香港鼓乐节已成功举办 19 届，参加人数超过万人，参与者覆盖面广，从 2 岁至 88 岁，从健康人士到伤残和智障人士纷纷组队参与其中。其中，“香港活力鼓令 24 式擂台赛”参与人数较为广泛，每年多达 80 余支队伍报名参加。此项比赛将绛州鼓乐的经典曲目《秦王点兵》《牛斗虎》列为赛事指定曲目，这一比赛规定使绛州鼓乐得以深入香港课堂。

（三）技术性文化层面：课堂教学，增强文化认同

2007 年开始，为了提升香港鼓乐手的演奏水平，在香港鼓乐节中取得更好名次，许多香港学校每年暑期都组织本校鼓乐团学员前往新绛县参与绛州鼓乐的学习交流活动。十几年来，面向香港开展的绛州鼓乐课堂教学活动规模不断扩大，从最初每年 20 名学员参与扩展至一年近 300 名学员分批次前来学习，交流团体涵盖大学、中学、小学与艺术院团等 10 余所机构。许多香港学员都报以朝圣的心态来参加活动，通过系统性学习，他们在演奏技巧、艺术修养等多方面得到提升，更感受到绛州鼓乐背后所蕴含的民间艺术魅力，增强了对中华民族的文化认同感。

此项活动根据香港学员的演奏水平与参与诉求，开发设计了浅层与深度两种课堂教学模式。在浅层课堂教学模式中，课程兼顾了鼓乐演奏训练与鼓乐文化体验活动。活动主要包括绛州鼓乐课程、“绛鼓”制作技法、历史遗迹探寻、国学文化探究、民间传统工艺体验等内容。深度课堂教学模式以满足香港学员鼓乐学习需求为宗旨，更侧重于鼓乐训练与田野采风。由于具有鼓乐演奏基础，参与深度课堂教学的香港学员对学习鼓乐有着较高的热情与积极性。在参加活动前，香港学员会提前熟悉乐谱，练好基本功。活动开始后，他们白天同老师学习鼓乐演奏技巧，晚上则

深入乡村，观看民间鼓乐表演、走访民间艺人，感受绛州鼓乐的厚重底蕴与绛州鼓乐民间演奏者的“绝活绝技”。①

学员来到新绛县学习鼓乐虽然辛苦，却收获颇多。包括赤练鼓乐团、香港英华小学在内的多个团体因来到新绛县参与绛州鼓乐的“特训”而在香港鼓乐节中屡获冠军。此外，不少香港学员运用学到的鼓乐知识，对他们自己的音乐作品进行创新与改编。这一行为表面看来是艺术的创作与提升，而其背后却暗含着香港民众对中华优秀传统文化的接纳与认可。

通过参与绛州鼓乐的课堂教学活动，香港民众不仅提升了鼓乐演奏技巧，生发出鼓乐演出所需的集体意识，了解到鼓乐学习的艰辛与不易，更在回港后获得了本地同胞的认可、喜爱与关注。在这一过程中，绛州鼓乐增强了香港学员的民族自豪感与文化自信心，提升了其对传统文化的认同感。

三、中华优秀传统文化对港传播建议

对港文化交流的内容、渠道与形式是文化传播的核心元素。绛州鼓乐以鼓乐创新节目为传播内容，针对不同受众，打破时空限制，采用展示展演、互动体验、课堂教学等交流形式，使香港民众了解其显形、隐形、技术性文化内涵，更增强了其对中华民族的文化认同感。绛州鼓乐这一成功的文化传播案例，对中华优秀传统文化对港传播具有启示意义，本文建议从传播的内容、渠道、形式三个层面提升中华优秀传统文化的对港传播效果。

（一）传播内容：满足时代与人民需求

传播内容是对港文化传播的基础。只有拓宽传播渠道、丰富传播形式，才能真正提升中华优秀传统文化的传播影响力。在对港文化传播过程中，好的传播内容应当同时符合时代要求，满足香港民众需求。

一是要符合时代要求，注重中华优秀传统文化的创造性转化与创新性发展。随

① 王志峰，杨亮．山西绛州鼓乐和香港的不解情缘［EB/OL］．(2020-09-03)［2022-03-25］．http：//www.hkcd.com/content/2020－09/03/content_1212292.html.

着全球化发展与时代的变革，文化的发展与流动具有必然性。传统文化应当符合新时代要求，将中华优秀传统文化创造性转化为有益于当代的新的文化成果，同时，对外来文化兼收并蓄，创新性发展出新的文化形态或文化样式。①

二是要重视香港民众需求，开发香港民众需要的文化交流活动与产品。作为国际金融中心，香港已形成一个多元包容的社会。身处其中的香港民众在生活方式、价值观念等方面融合了多种文明与思想，其对中华优秀传统文化也产生了与内地受众不同的需要。因此，在传播中华优秀传统文化的过程中，应了解香港民众的真实需求，专门设计适合香港民众的文化交流活动，开发香港民众易于接受的文化产品，以“润物细无声”的方式提升其文化认同感，增强其民族自豪感。

（二）传播渠道：打破时空限制

安东尼·吉登斯在谈及现代性问题时提出，时空分离是现代性形成的三大动力机制之一。时空分离意味着时间与空间不再被特定的地点所限制，这种改变不仅推动了全球化进程，而且为不同场合协调社会活动提供了时空重组的坚实基础。② 现代社会的这一重要特征也为中华优秀传统文化的对港传播提供了有利契机。

一方面，要打破地理空间限制，组织开展对港双向交流活动。传统的地理空间是一种社会和文化产物，空间里弥漫着社会关系。③ 特定空间中展开的人际交流、交往行为是跨文化传播的重要组成部分。打破地理空间限制的对港文化传播活动主要有两种方式：组织香港民众前往内地开展文化交流体验活动和内地文化艺术团体赴港交流演出。透过此两种交流方式，香港民众不仅有更多机会接触到中华优秀传统文化，而且能够以亲身感受相关社会环境与民风民俗的方式来加深对传统文化的理解。因此，双向交流活动应当成为中华优秀传统文化的主要对港传播渠道。

另一方面，要打破数字空间限制，做好中华优秀传统文化的线上传播。数字化时代，互联网在文化交流方面的作用日益凸显。在新冠疫情常态化防控背景下，具有空间转换需求的内地与香港文化交流活动受到较大限制，这为构建数字传播新格局提供了前提与契机。当前，应当加强数字化传播手段的应用，不断完善对

---

① 包晓光．新时代语境下传统文化创造性转化创新性发展的几个问题［J］．湖南社会科学，2018（3）：7-13.

② 吉登斯．现代性与自我认同：现代晚期的自我与社会［M］．赵旭东，译．北京：生活·读书·新知三联书店，1998：19.

③ 陈卫星．生存空间的符号与姿态［J］．博览群书，2004（7）：89-97.

港传播活动的数字空间，搭建数字化交流平台，丰富数字空间的文化互动形式，使香港民众在数字空间中也能产生深入了解中华优秀传统文化的兴趣。

（三）传播形式：统筹文化三层次

由于不同文化层次的交流方式、交流特点各异，中华优秀传统文化的对港传播应当统筹好不同文化层次的功用与效果，为不同文化层次的交流活动设计相应的交流方式，设定不同的活动目标，逐步改变香港民众对中华优秀传统文化的认知。

一是在显形文化层面，改善香港民众对中华优秀传统文化的认知。由于人们面对显形文化层次的知觉程度较高，因此，这一层次的文化交流活动应当重视“五感”传播，即中华优秀传统文化的展示展演活动应当结合自身特色“赋魅”，对香港民众的视觉、听觉、触觉、味觉、嗅觉产生不同程度的刺激与影响，使香港民众提升对中华优秀传统文化的好感度，刷新对中华优秀传统文化的认知。

二是在隐形文化层面，提升香港民众对中华优秀传统文化的好感度。在不易察觉、无法用语言描述的隐形文化层面，关键要做好香港民众对中华优秀传统文化的体验、互动活动，使香港民众在参与中培养兴趣、获得满足感，产生深入了解中华优秀传统文化的愿望。

三是在技术性文化层面，重塑中华优秀传统文化融入香港民众的文化行为。通过对中华优秀传统文化的系统性学习，香港民众真正从门外汉变为了领域内的“专业人员”，学习的深入与身份的转变将使中华优秀传统文化融入香港民众的日常生活，改变其行为习惯，同时为其提供文艺创作灵感。

“文化即交流”是爱德华·霍尔在跨文化交际领域中提出的核心观念。只有在交流中，文化才能产生碰撞与交融。未来，相信以中华优秀传统文化为载体的传播与交流活动，能够结合其自身特点，在传播内容上满足时代要求与人民需求，在传播渠道上打破时空限制，在传播形式上统筹好显形、隐形、技术性三个文化层次的作用与效果，逐步改变香港民众的文化认知、文化态度、文化行为，提升香港民众的文化认同感，促进香港民众的人心回归。

（王紫薇，首都师范大学文学院博士研究生，文化和旅游部民族民间文艺发展中心助理研究员）

基于闽南地方特色文化的阅读推广实践

——以福建省漳州市公共文化机构为观察对象

陈伟超　常　昕

摘　要：闽南文化独特的历史底蕴、辐射范围、表征体系使其成为我国民系文化的重要分支。研究认为，通过阅读推广渠道传承闽南地方特色文化具有重要实践意义。本文以福建省漳州市公共文化机构作为研究切口，梳理推广现状，厘清难点与问题，探讨可行路径。

关键词：公共文化机构；闽南地方特色文化；阅读推广

习近平总书记在阐述中华文化与各民族文化的关系时指出，各民族优秀传统文化都是中华文化的组成部分，中华文化是主干，各民族文化是枝叶，根深干壮才能枝繁叶茂。[①] 闽南文化作为中华优秀传统文化的重要组成部分，不仅在文化内涵上深刻影响闽南民众的生产、生活方式，在闽台两地和侨胞认同的文化相承、情感维系上也具有重要研究价值。近来，随着“全民阅读”推广的全面铺开，将地方特色文化以阅读形式加以传承，成为扎实推进文化事业发展的必要举措。本研究以福建省漳州市公共文化机构为观察对象，通过实地走访调查、研读相关史实文献、查览有关部门政策举措，梳理当前漳州市公共文化机构针对闽南地方特色文化的阅读推广现状，进而提出存在问题、给出可行路径与建议，以期促进当地特色文化阅读推广事业的持续发展。

① 习近平在中央民族工作会议上强调 以铸牢中华民族共同体意识为主线 推动新时代党的民族工作高质量发展［EB/OL］.（2021-08-28）［2021-11-24］. https：//www. ccps. gov. cn/tpxw/202108/t20210828_150303. shtml.

一、闽南地方特色文化的内涵与现实意义

（一）多元融合文化构建闽地价值内涵

闽南文化的结构源自本土闽越文化，发展于中原汉族文化的移植，杂糅多元海外文化而形成。闽南文化在曲苑艺术、宗教信仰、民俗节庆等几大表征维度上呈现多元融合的价值内涵和叙事建构。闽南曲苑艺术瑰宝璀璨、底蕴悠久、艺术价值颇高，频频入选非物质文化遗产名录：有“东方古典艺术的珍品”之称的“南音”；誉满海内外的布袋木偶戏；历史悠久、传唱不休的宫廷梨园戏；以漳州锦歌为基、杂糅多种戏曲养分的歌仔戏……在民间信仰上，闽南宗教文化异常盛行，兼容并蓄。除世界几大宗教文化在闽南广泛传播外，曾在世界范围内或中国历史上绝迹已久的宗教信仰也能在闽地找寻相关遗迹。[①] 同时，民俗节庆与宗教信仰的延展交融甚多。闽南便是以多样的曲艺表达和民俗信仰形成独特的文化传衍框架。

（二）文化同源性维系民族身份认同

闽台之间地缘相近、血缘相亲、文缘相承、商缘相连、法缘相循。[②] 这独特的“五缘”关系赋予闽南文化独特的对台意义。作为文化交流合作的前沿地带，闽南地区无疑将成为推进祖国统一和民族复兴事业的重要“助推器”。同时，作为我国著名侨乡，其在形塑海外华族文化认同上同样作用显著。对离乡远渡的华人而言，共同的乡土文化是其实现国族身份认同的重要纽带。迫于艰难的迁移条件，海外闽南族群以语言维系群体内高度的文化认同。[③] 地方方言成为他们传承乡缘文化、链接彼此的主要载体。对于在海外国族文化涵养下成长起来的新世代华族同胞，以方言承载闽南文化的跨境传播，能够以更高效有序的方式增进中华文化认同。

---

① 闽南文化［EB/OL］.（2015-10-26）［2021-01-18］. http：//www. fjdsfzw. org. cn/2015-10-26/content_45768. html.

② 高树庆. 发挥闽南对台优势，构筑两岸图书馆交流合作平台［J］. 图书馆工作与研究，2010（7）：100-103.

③ 王曦. 族群认同视域下闽南方言的跨境传播［J］. 湖南科技大学学报（社会科学版），2020，23（5）：172-177.

二、闽南地方特色文化阅读推广的目的与意义

融知识记录、文化传播、意识灌输、思维塑造、价值凝练、情感表达等多样的形式和内容在内的阅读已然成为人类交际所必备的社会性技能。作为一种文化性的释意和协同工具，即便是在数字化冲击下，阅读也以多样化方式链接个体，形塑族群文化认同。

（一）闽南地方特色文化与阅读推广相辅相成

闽南文化多样态的文化表征、高地域文化认同能够使得阅读推广活动更好下沉。以地方特色文化作为阅读推广的入口，既贴近民众阅读心理，也符合民众阅读诉求，能够有效激发起民众的阅读兴趣，进而反哺阅读推广工作。阅读推广活动的有序进行，不仅能够使闽南地方特色文化更好地传承，更能够在连接人与文化之间的价值共振与情感共鸣中实现精神呈现与价值实现[①]，激发社会力量参与，吸纳更多民间资源，增进文化保护意识，进而在这种多元联动的社会共同体协力下培养民众持续阅读的意愿。

（二）阅读工具加速闽南文化产业链条衔接

在文化融合的叙事结构下，阅读推广对于文化产业的融合改造、驱动文化消费的内在动能具有十分重要的意义和影响。闽南文化涵盖戏剧文艺、音乐美术、建筑服饰、民俗节庆、饮食娱乐等领域，同时集文字、图片、声音、视频等各类载体为表现形式。辐射面广的产业种类、灵活性高的呈现形式使得闽南文化成为一个完整的文化生态圈。阅读作为推广渠道，扮演着“黏合剂”作用，黏合读者（用户）和内容（闽南地域文化）。这能够在聚焦阅读服务、内容品质、用户生态等方面的建设中使得各文化产业链环环相扣，形成紧密产业网络。[②]

---

① 张波．全民阅读的多重意蕴、现实场域与路径设计［J］．出版发行研究，2021（8）：5-10.

② 张建友，张祎鑫．价值链视域下数字阅读产业发展路径探索［J］．出版广角，2021（17）：48-50.

三、闽南地方特色文化的阅读推广实践

公共文化机构由于自身的文化服务属性，在对地方特色文化的阅读推广上具有不可推卸的责任和义务。笔者在查阅有关文化管理部门的政策举措、漳州开放大学读书会运作模式等相关文献资料基础上，结合实地走访漳州市图书馆，记录当地公共文化机构在闽南地域特色文化的阅读推广现状。

（一）漳州市文化管理部门闽南文化阅读推广实践

1. 市直政府单位：打造“书香漳州”系列阅读活动

自 2011 年以来，中共漳州市委宣传部、市委文明办、市教育局等市直有关单位响应全民阅读号召，围绕世界读书日，打造“全民阅读·书香漳州”系列活动。该活动旨在推介本土作家精品出版物，在讲好漳州故事的基础上传播闽南地域特色文化。该系列活动开办以来共开展了主题阅读、经典诵读、校园读书节、家庭故事会、社科普及周、赠书助读等近百项活动。① 2020 年，为更好助力全民阅读推广，加快推动数字化阅读平台建设，漳州市委宣传部与福建新华发行集团就该系列活动签订战略合作协议。此次合作加大了活动资金投入，对各高校、机关党建的实体书屋进行升级改造。该系列活动还打通线上方式，策划云端阅读活动，联合各大书店商城，邀请相关作家，以视频直播、脱口秀、在线访谈等形式与读者进行互动，分享读书心得。②

2. 市文化和旅游局：深挖“花样漳州”文旅品牌

自 2018 年起，漳州市文旅局致力漳州文化走出去，擦亮漳州城市名片，围绕“世遗品质、原乡情怀”的定位，积极打造“花样漳州”全域城市旅游品牌。③ 该文

---

① “全民阅读·书香漳州”系列活动启动［EB/OL］.（2019-04-24）［2021-11-28］. http：//www. zhangzhou. gov. cn/cms/siteresource/article. shtml? id=60461970846290004&siteId=6204168 11908440000.

② 我市开展“全民阅读·书香漳州”线上系列活动［EB/OL］.（2020-04-22）［2021-11-28］. http：//www. zhangzhou. gov. cn/cms/siteresource/article. shtml? id=60493419886080005&siteId=620416811908440000.

③ 我市着力打造“花样漳州”全域旅游目的地［EB/OL］.（2018-04-26）［2021-11-28］. http：//www. zhangzhou. gov. cn/cms/html/zzsrmzf/2018-04-26/889772888. html.

旅品牌聚焦闽南历史文化、特色建筑、红色精神等，构建闽南特色文化生态旅游产业；秉持“过台湾、下南洋、闯世界”的故事逻辑，串联漳州海丝文化与闽台祖地宗亲文化；选取东山关帝、保生大帝等特色宗教信仰融入庙宇建筑、闽南古城群落场景，构建独特建筑符号；将非遗技艺体验、曲苑戏剧演出内嵌于旅游消费产业线，在拉动文化消费的大循环下催化传统艺术的文化流动。

在闽南红色精神的传承上，该文旅品牌按照“北有焦裕禄，南有谷文昌”的定位，将谷文昌纪念馆打造成为“绿色丰碑，红色经典”红色旅游产品。①

（二）漳州市公共教育机构闽南文化阅读推广举措

漳州开放大学依托校内教育资源、文化资源以及红色资源等优势，于 2017 年创办丹霞读书会。② 该读书会开创“校内＋校外”模式，定期开展文化讲坛、读书交流会、诗歌朗诵会等主题阅读活动，力邀各领域专家学者、行业名流将文化、自然、经济、科学等领域前沿信息分享给与会民众。同时，漳州开放大学与市文物文化单位、民间书屋形成全民阅读联盟，协力举办各类读书系列活动，并发动读书会成员、校内教职工，联合出版社编印了《三溪草堂读画记》《诗联咏诵古代二十四孝》等极具地域特色的乡土教材和社区读本。

在活动创新上，读书会巧用社区之力，通过社区居委会连接市民群众，推进百课进社区；开设“闽南方言文学班”“老年书法班”“行知青年读诗班”“闽南方言诵读班”等富有地方特色的学习课程。③ 在数字化资料库的开发建设上，读书会投入大量经费，组建专门团队，广泛收集编录各类音视频资源。读书会还与漳州市图书馆形成合作，共建共享数字化阅读平台，开设数字图书馆、在线终身学习等便民云端服务。在未来建设过程中，漳州开放大学还将逐步完善校内地方文献馆的建设，以便持续推进全民阅读的在地化进程。

① 我市着力打造“花样漳州”全域旅游目的地［EB/OL］.（2018-04-26）［2021-11-28］. http：//www. zhangzhou. gov. cn/cms/html/zzsrmzf/2018-04-26/889772888. html.

②③ 以文化为魂，打造“互联网＋场景”全民阅读服务平台：2021 年福建省终身学习品牌项目“丹霞读书会”［EB/OL］.（2021-10-12）［2021-11-28］. http：//mp. weixin. qq. com/s/YBHZwySqulDWJ5gVkqxf7g.

（三）漳州市图书馆闽南特色文化阅读推广实践

1. 整编专门队伍，保管地方古籍文献

地方古籍文献是记录当地历史文化的珍贵一手资料，经岁月侵蚀，其受虫蛀、发潮等影响，在储藏上对馆内空气温湿比要求严格。如何合理保护开发地方古籍，发挥其应有价值，是公共图书馆的一大职责所在。漳州市图书馆（以下简称“漳图”）在对地方古籍的保护上，特设古籍文献保护中心，配备专人收录整编各类古籍、手稿、字画，并根据古籍文献特殊的储藏要求保护馆藏文献。

2. 联合侨联跨界合作，共建华侨文献专题库

漳州全市旅居海外的华侨同胞达 70 多万人，归侨、侨眷人数 50 多万人。作为公共文化事业单位，漳图在收录保护华侨文献上具有重要的责任和义务。鉴于特定的研究需要，漳图联合当地侨联侨办开设了华侨华人文献中心来组建专题资料库，双方通力合作，互通资源，联合编撰了《漳州华侨史》，收录汇总了漳州当地华侨、华眷相关信息，为漳州华侨文化研究提供可靠的文献资料。

3. 立足漳台文化关系，展望对台研究价值

除却台湾土著居民外，近 80％台胞民众祖籍来自福建省，而其中漳州籍移民占 35％。漳图又称“林枢楼”，与台湾渊源颇深，1995 年前，漳图馆舍面积狭小，不足 1000 平方米。漳籍台胞林枢先生感念家乡，为推动两地友好协作，出资兴建了漳图新馆。图书馆原馆长基于漳台两地紧密的血族宗亲联系、相仿的文化风俗以及建馆渊源，在图书馆内创办了漳台文化交流协会、台湾文献研究中心，立志于贡献漳图应尽的对台研究义务，促进两岸交流协作。

4. 馆际校际合作，推动地方文献资源融通

闽南特指福建南部，依据语言、文化、风俗等划分，囊括厦门、漳州、泉州所属各县市，即“闽南金三角”。[①] 厦门作为经济特区在对闽南文化的开发和涉台活动交流合作上具有先天优势。同时，厦门大学台湾研究院作为大陆研究台湾文化具有权威影响力的研究机构，其保存的台湾文献资源和研究成果对于研究闽台文化具有

---

① 高树庆．发挥闽南对台优势，构筑两岸图书馆交流合作平台［J］．图书馆工作与研究，2010（7）：100-103.

显著价值。而泉州作为闽南海丝文化发祥地和台胞移民最多的祖籍地，拥有反映闽台历史关系的国家级专题博物馆——闽台缘博物馆，使其在对闽南海洋文化与台湾文化的研究上也颇具影响力。漳图在地方文献的保护上不仅与地方文化单位、高校进行密切合作，而且与厦门、泉州两地公共文化文物事业单位与高校图书馆之间均建立了良好的馆际、校际交流关系，推动闽南三地的古籍资源互通和学界资源的更新与反馈。

5. 沉浸式参与体验，培养公众阅读“饥饿感”

在推动非遗技艺传承、盘活传统文化阅读热方面，漳图注重读者的参与性和互动体验。在馆内的非物质文化遗产传习中心，定期邀请当地非遗传承人面向公众免费开设包括漳窑制作工艺、木偶头雕刻、漳州传统美术、漳州茶道艺术等具有闽南漳州文化特色的学习训练营。每期训练营十节课，采用小班制教学，让学员与大师零距离互动，并亲自动手实践。漳图这种教学式文化推广模式不仅能够切实加深民众对当地传统文化的理解，而且能够培养民众对当地传统非遗技艺的学习兴趣，加快特色传统文化的阅读推广进程。

6. 善用服务职能联办文化活动，实现多方共赢

漳图联合当地政府部门、各高校、民间社会团体组织举办各色传统文化会展、读书分享讲座、文化会议论坛。在活动筹办上，漳图利用自身公共文化服务属性聚拢民间赞助，邀请学界名人学者、各行业精英翘楚参与活动。多样化的文化推广活动，履行了教化社会公众的义务、满足了民众的知识信息获取需求、拓宽了阅读推广渠道、提供了知识分享平台。

7. 聚焦两微一端平台，形塑集体记忆符号

在对外传播推广上，漳图依据地域文化特色，于两微一端平台上策划“漳南儒风”与“漳图·悦读”两大模块推动传统文化输出。其中，“漳南儒风”模块，注重塑造“朱子过化之地”的城市文儒底蕴，将漳州当地文学历史名人、书院书社建筑风貌与风俗民情相结合，采用图文形式讲述漳州的儒学文化记忆。而“漳图·悦读”则落地漳州市民的日常生活，强调趣味性与故事性，分别以《漳州乡村文化记忆之乡土乡味》《漳州乡村文化记忆之乡风乡俗》为主线，通过图文形式结合民间故事传说介绍漳州当地独特的风土民情和饮食文化；以闽南人儿时的“乡土记忆”为精神符号，塑造属于漳州市民的集体记忆和情感。

四、闽南地方特色文化阅读推广中的难点和问题

（一）面向公众的免费城市阅读空间建设不足

《“十四五”文化和旅游发展规划》指出，创新打造“小而美”的城市书房、文化驿站、文化礼堂、文化广场等城乡新型公共文化空间。[①] 在走访调查中，部分市民反映市区内公共阅读空间建设不足，市图书馆阅读空间狭小，阅读体验不佳。在市委宣传部、市文旅局牵头下的漳州市全民阅读系列活动中，虽有 8 家书房、书屋荣获市“阅读基地”殊荣，但这些书房、书屋多为营利性民间企业组织，在打造面向公众免费开放的城市书房、建设阅读驿站等方面仍有待加强。

（二）讲述闽南地方特色文化的书籍稀缺

书籍由于信息承载量高、传播力强，在文化宣传和意识形态渗透上更加潜移默化和深入。[②] 目前市面上撰写地方传统文化的精品图书不多、形式较为单一、未对不同年龄段的阅读需求和阅读能力进行考量，未能实现分级内容呈现。漳州市台商投资区实验幼儿园的幼师表示：“学校曾尝试为园内学生挑选闽南地方特色文化的儿童科普绘本，但这类绘本实在太少。哪怕有，由于呈现内容相对枯燥乏味，学生们的阅读意愿和阅读兴趣也不强。”

（三）市公共图书馆闽南特色文化保护开发不足

在对地方古籍文献的保护开发上，漳图未进行更深入的数字化开发，未来需要构建专题数据库，分类别设定搜索内容，以便市民检索需要。加之古籍文献多为古旧图书、残本、珍本、老旧手稿等，其翻阅查看的注意事项颇多，稍有不慎便会造成不可逆的损坏。因而，古籍仅能束之高阁，未能走进大众视野。此外，在对台湾

---

① 文化和旅游部关于印发《“十四五”文化和旅游发展规划》的通知［EB/OL］.（2021-04-29）［2021-11-28］. http：//zwgk. mct. gov. cn/zfxxgkml/ghjh/202106/t20210602 _ 924956. html.

② 关培凤，万佳. 历史教育与国族认同：台湾地区高中历史课纲变迁研究［J］. 闽台关系研究，2020（2）：11-25.

文化的研究和涉台交流上，近来未有较大的研究成果，馆内对台交流协会、文献研究中心没能充分发挥部门职能。在对外宣传传播上，漳图虽也采用了新媒介手段进行宣传推广，但其订阅号的用户打开率不高。与此同时，由于建馆年代较早，馆内空间较为逼仄，各阅览室、自修室的面积狭小，读者座位仅百个，难以满足市民阅览需求。

五、漳州市公共文化机构闽南特色文化阅读推广路径

（一）市政文化管理部门：谋划全局，覆盖村落

近来，漳州市政将各文化纪念馆、非遗展示馆、传统技艺培训室等文化空间落成于漳州古城区与九十九湾闽南水乡城区内。针对城市公共阅读空间的投建规划，可设于两大文化历史城区内，让城市的历史文化足迹能够串联成线，形成全域文化场景，打造文化产业区块闭环。在全民阅读系列活动的推广过程中，不仅要聚焦市区民众，更要覆盖下沉到农村。农家书屋作为地方知识的门户，承担着传承乡土文明、传播知识信息的职责。① 为此，在推进地方文化的阅读推广过程中，地方文化管理部门需要关注农村民众的阅读需求，打造农家书屋，帮助当地农民打开视野、实现观念转变。

（二）出版、教育机构：资源共享，打造精品

学校作为国民教育机构，在人文培养、价值塑造、涵化教育上自有一套完整的教学体系。读书会，作为阅读爱好者的集散地，聚集了众多民间智慧与资源。社区连接公众，是获取公众意见、获取用户画像的信息源头。出版业连接作者与读者，作为弘扬、传承与发展文化的重要媒介，必然是中华优秀传统文化传承发展工程实施的中坚力量。② 出版业要与地方高校、读书沙龙会、民间社区进行紧密合作，协力构建共享的信息网络，以便出版社更好了解社会所需，集纳多方意见反馈给作者，进而协助作者产出更多精品书目，为多元地域特色文化内容呈现兜底。

---

① 杨扬，胡琦．台湾地区农家书屋的创新实践及启示［J］．图书馆学研究，2019（13）：89-94.

② 王伟超．论中华优秀传统文化出版及传播的多元路径［J］．出版广角，2021（19）：68-70.

（三）市公共图书馆：强化职能，推陈出新

1. 加强两岸文化交流，构建智慧服务平台

在两岸文化交流合作上，图书馆应主动出击，承办各类文化交流活动、研讨会、学术论坛。积极与台湾各文化事业单位、高校研究所建立合作关系，打通两地学术交流渠道，为两岸的学者研究开展搭建桥梁，进而让漳台文化交流中心“活”起来，文献保护中心“动”起来。同时，加快古籍文献专题数据库的建设。针对传统戏剧、技艺、舞蹈、音乐、民俗活动类文化遗产资料，图书馆可运用录像方式形成数据资料，[①] 搭建智慧平台，实现古籍文献的数字化呈现。

2. 强化互联网思维，搭建自有媒介矩阵

在内容宣传推广上，漳图可与地方传统官媒合作，借此传播馆内信息，提高信息进入公众视野的概率。在内容上，漳图可立足馆藏资源提供独家优质信息，创新内容呈现形式，如强化馆内智慧设施建设，利用“VR/AR＋传统文化”等方式，让读者能够实现沉浸式阅读体验。同时，优化图书馆内空间布局，提供良好温馨的阅读环境，强化读者阅读体验。最后，重视读者意见，将读者反馈建议作为下一次内容呈现的参考依据。如此循环往复，图书馆再通过新媒介渠道搭建媒介矩阵，将依赖外部渠道所吸引的用户流量引入自有媒介流量池中，打造一套完整的对外传播体系。

3. 打造地方特色 IP，挖掘文创融合价值

国家图书馆依托馆藏资源效仿故宫文创模式，打造专属人格化 IP 品牌，打破了公众对其庄严肃穆的刻板思维定性，重构了创新、年轻化的国家图书馆形象。漳图可借鉴以上做法，成立专门的文创中心，寻找可孵化的创意点，将自身文化形象抽象为艺术符号，并将之应用到生活物件的造型设计上，开发为兼有鉴赏性和实用性的文化消费品。[②]

（陈伟超，北京印刷学院新闻出版学院硕士研究生；常昕，北京印刷学院新闻出版学院副教授）

---

① 赵婷，陶信伟．日本公共图书馆参与地方文化遗产保护的经验与启示［J］．图书馆工作与研究，2018（7）：124-128.

② 常昕．历史文化与消费市场的兼容：《上新了·故宫》传播逻辑分析［J］．中国编辑，2019（2）：19-23.

新时代背景下新平县花腰傣族服饰文化产业发展研究

王靖媛　左琼仙　贾　蔓

摘　要： 本文从历史与现状、现存问题与发展路径三方面切入，展开对于新平花腰傣服饰文化发展的研究，意在促进新平花腰傣服饰这一民族文化瑰宝的传承与发展，保持其长久生命力。

关键词： 新时代；花腰傣服饰；文化产业发展

云南红河流域哀牢山腹地有一支傣族支系，该民族服饰古朴典雅，女子腰间系着一条长长的腰带，腰带上的图案精致，挑花刺绣绚丽多彩，挂满银色闪亮的缨穗、银泡、银铃，该民族支系从而被人亲切地称呼为“花腰傣”。这一支系的服饰文化是其独特民族文化中的“重头戏”，其服装被称作“穿在身上的历史”。

本文在对花腰傣服饰进行实地田野调查的基础上，结合相关的研究，多角度分析其服饰的内涵，旨在保护传统民族服饰文化的同时，让花腰傣服饰焕发出旺盛的生命力。云南省玉溪市新平彝族傣族自治县的花腰傣服饰种类繁多、造型各异、装饰精致，在一定程度上表达了少数民族艺术特色、傣族与其他民族不同的审美价值。时至今日，新平花腰傣服饰产业得到了空前发展，但也存在诸多问题。如何进行有效创新，解决新平花腰傣服饰产业面临的问题，已成为一项重要而紧迫的任务。

一、新平花腰傣服饰文化发展历史及现状

花腰傣服饰的发展经过了漫长的历史演变过程。在此过程中，许多文化元素不

断被遗落，同时又在当今的文化自觉浪潮里被拾起。花腰女子一针一线织成的服饰，在一代又一代的传承中生生不息。

（一）新平花腰傣服饰文化特点

花腰傣服饰分为节日盛装、沐浴装和便装三类，当地人根据不同的社交场合穿着不同服饰。人们在婚礼和葬礼上皆穿着盛装，以示庄重。新娘服尤为重要，其制作从孩提时开始，一套衣服将花去数年的心血；沐浴装专供沐浴时穿，较为简单；便装主要供日常生产劳动时穿戴。

花腰傣服饰颜色多以黑为底，搭配艳丽色彩。尽管色彩众多，却错落有致，青黑底色将全身丰富的色彩贯穿成统一的整体。花腰傣服饰装饰色彩的另一精妙之处，在于白银饰物的点缀和过渡作用。在深沉凝重的青黑底色与斑斓明艳的五彩色之间，有了晶莹雪亮的一抹银灰色，带来了活泼的动感与跃动的生机。面料与银饰一动一静，舒缓交织，形成了妙不可言、浑然一体的色彩搭配。①

花腰傣服饰腰间采用彩带层层束腰。红河流域的傣族支系之所以被称为“花腰傣”，其主要原因在于她们腰部系着由缤纷色彩、多样装饰图案构成的“花腰”。傣家女孩腰间以彩虹般的彩带缠腰，为此称其为“花腰傣”。据当地傣族人说，花腰傣女孩子 7 岁开始学习传统刺绣，其母亲从女孩出生就开始准备多年后的嫁妆。每逢劳作间隙母亲就细心刺绣与编制，随着女孩的成长花腰带被缝了拆，拆了缝，一直织到女儿出嫁那天，作为嫁妆送给女儿。因此，花腰带也成为花腰傣母女亲情的象征。

花腰带不仅是展现傣族妇女体态美的装饰物，也是护腹的实用品。按材质来分，花腰带有银质腰带和彩色条纹腰带两种。彩色条纹腰带多用红、黄、绿、白、青、紫、蓝等彩线织成，长 10 到 15 米，穿戴时在腰部层层束紧，腰带上的刺绣以钱纹、直线纹、折线纹、菱形纹等绚丽斑斓的传统图案或规整的色彩条纹构成，并且挂满缨穗、银泡、芝麻铃、鱼形流苏等装饰品，集美化装饰、收腹保暖于一体。银质的花腰带宽约 6 厘米，有的两侧缀满上百颗芝麻铃，有的则在下侧缀满鲜艳的丝线流苏，在腰部层层缠绕时正好露出流苏部分，呈现出色彩斑斓的视觉效果。无论是银质腰带，还是彩色条纹布腰带，层层缠绕的着装方式伴随着人体的运动，均具有多

① 姜欣．新平花腰傣服饰符号解读［J］．中国包装工业，2015（21）：88.

层次的流动美感。①

花腰傣服饰的图案体现了其历史与现实的交融。它承载着一个民族的优秀传统，承担着发扬本民族文化的历史重任，成为蕴含着特殊意义的符号。花腰傣服饰上的图形形制上下对称、排列有序，与考古发现的古滇国青铜器以及古越人服装上的纹饰一脉相承，历史的厚重感也在服饰上的图案中一点点显露出来。与此同时，花腰傣服饰黑色底衣上的刺绣菱形、三角形图案，展现的是一片片梯田和一重重山峦，一条条花边展示的是大大小小的江河，花边的间距是他们在稻田里走出的田坎，这一切都在向人们诉说着他们在迁徙过程中的艰辛和无奈，以及对新生活的期待与向往。

与此同时，服饰还具有刺绣靓丽独特、穿戴讲究两大特色。花腰傣女性运用平绣、十字绣和反面绣等技法，运用直线、平行线、方形、条形和三角形等组成富有装饰风格的图案，组合出山水、花草和动物等图案。在服饰色彩上，配色大胆，随意搭配便将整个画面装饰得艳丽夺目。服饰本身不仅在造型上注重韵律感，而且在穿戴方式上也有很多讲究。在服饰本身造型上，内褂贴身，左衽，无袖无领，长度及腹；而外套较短，仅过胸部，襟边及下摆边绣着多彩的花纹图案，袖子近手腕处打破黑底色的沉闷，镶各色绸缎或彩线绣；筒裙相传是彩虹仙女传下的，代表着吉祥美满。层层叠叠的花边刺绣，使裙身出现斜度，打破了横向的规律，更富动感。二是服饰穿戴方式上，花腰傣筒裙斜穿这一独特风俗恰恰呼应了形式美法则，一下子打破了过多条纹装饰可能带来的呆板乏味，而将简单的色彩重复上升到层叠交织、互补互衬的审美境界，浑然一体，美不胜收。②

（二）新平花腰傣服饰文化的历史发展现状

随着我国经济社会的快速发展，人民生活消费水平不断提高，对精神层面追求的日益增长，审美意识也不断提升。作为文化载体的花腰傣服饰，不仅实用价值高，艺术价值也极具潜力，但其未成规模化地生产与销售，只在少数民族聚居区的旅游景点有相关文化产品的售卖，因而尚未在国内开辟广阔的市场。

花腰傣独特而又极具审美价值的服饰备受人们喜爱，其形象在影视作品中也不

① 苟双晓．花腰傣服饰文化探源［J］．重庆文理学院学报（社会科学版），2013，32（2）：56-60.

② 吴侠，杨源．那一抹华彩斑斓：哀牢山下花腰傣［J］．流行色，2007（7）：148-151.

断得到呈现。

2011年，一部以花腰傣民族文化为题材，在新平县取景拍摄的电影《花腰女儿红》在中央电视台播出。这部电影的故事背景是建设社会主义新农村，傣族村寨里年轻又漂亮的花腰傣姑娘阿月、阿玉姐妹俩，通过传承花腰傣独具匠心的服饰制作工艺，将绚烂多彩的花腰傣服饰推向市场。另一部花腰傣题材电影是2016年上映的《花腰恋歌》，讲述的是一位花腰傣女大学生毕业后响应号召，回乡开发家乡旅游、民族工艺品傣绣、手工织布等事业，从而实现人生梦想的创业故事。

当地政府出台帮扶政策，为民族文化创业者提供机会。新平县充分发挥政府的主导作用，探索政府、群众、企业、院校等多方合作开发的民族特色村寨建设模式；引导高等院校、科研院所等专家学者献智献策，参与民族特色村寨规划建设、少数民族特色文化开发工作；鼓励引导旅游开发公司投资开发民族特色村寨，争取更多社会资本的投入；发挥群众主体作用与首创精神，着力增强少数民族群众保护本民族传统文化的自觉性，让他们自觉加强对村寨历史文化、吹拉弹唱及手工艺制作技艺、歌舞节庆及婚丧饮食等民俗文化的收集整理与传承，自觉把民族文化融入日常生活；注重发挥少数民族干部和文化传承人的影响力，让他们带头发展“农家乐”“民族手工艺品小作坊”等。

二、新平花腰傣服饰文化产业现存问题

花腰傣蕴藏着古老神秘的民族文化，有“穿在身上的艺术，写在身上的历史”的美誉。近年来，国内掀起一股“花腰傣热”：花腰傣摄影艺术节、服饰成为国内外专家学术研究的热点。正和很多其他传统手工艺一样，当前花腰傣服饰手工技艺不可避免地受到现代社会发展的冲击，服饰艺术的传承面临很多不容忽视的问题。

第一，新平花腰傣服饰制作技术没有专业教师传授，仅靠一代又一代长辈们口耳相传、手把手指点教学。然而，随着人口老龄化，老一辈手艺人对花腰傣民族服饰这种细致活，可谓“心有余而力不足”。

第二，新平是劳务输出大县，大量年轻人多选择外出打工赚钱养家，只留下年迈的老人和还在上学的孩子留在家乡。传统工艺传承呈现“后继无人”的现象。

第三，花腰傣服饰原生态材料减少。以原生态材料自织自染制作的藏青色面料，点缀上雪亮的银饰和彩色的织锦，三种有差异的颜色融合在一起，既与自然色彩和谐一致，又反映出深沉、热情、直爽的民族性格的属性。① 近年来因外界对花腰傣服饰文化的喜爱，产品外销呈现上升趋势，导致制作服饰的原生态材料供应不足，服饰特色呈现淡化趋势。

第四，现代化服饰种类款式多样，带给人们不一样的新鲜感。其中，许多服饰实惠舒适。于是，当地少数民族群众在平时的日常生活中越来越高频率地穿着现代服装。

第五，花腰傣服饰的制作缺乏创新性，长辈们大都遵从上一辈的教诲，很少会进行创新，最多仅是刺绣与图案的略微变动，装饰效果几乎仍是“千篇一律”。重视传统经典的传承固然重要，一味固守传统，就必然影响消费者的购买兴趣，毕竟很少人会重复购买缺乏新意的产品。

第六，花腰傣服饰要进行规模化生产的道路还任重道远，女孩出生时家中长辈就会为其制作嫁衣，其中饱含家人的爱护之情。这样的一件衣服，很难进行规模化生产。即使进行规模化生产，制作出来的服饰也只是形式上的“花腰傣服饰”，况且花腰傣服饰中烦琐的芝麻铃和银泡很难进行机械化生产。

三、新平花腰傣服饰文化产业未来发展路径

2021 年 6 月 10 日，《国务院关于公布第五批国家级非物质文化遗产代表性项目名录的通知》正式发出，花腰傣服饰榜上有名，实现了云南玉溪新平县国家级非物质文化遗产代表性项目零的突破。② 这势必也会对今后其传承和发展产生很大的推动作用。就目前的现实情况来看，花腰傣服饰传承现状堪忧。关于新平花腰傣服饰文化发展的思考迫在眉睫。

---

① 洪飞．花腰傣服饰艺术与非物质文化遗产保护研究［J］．大观（论坛），2020（8）：84-85.

② 喜报！新平“花腰傣服饰”获批国家级非物质文化遗产项目 实现零的突破［EB/OL］．（2021-06-11）［2021-11-18］．https：//new. qq. com/rain/a/20210611A0BOJM00.

（一）形成大众记忆点，突出产品特色

云南省新平地区的傣族民族文化特征和传统大众认知中的印象有显著差异，例如传统大众认知中的傣族女性服饰整体看来素雅大方，但新平地区独特的花腰傣女性服饰并非如此，整体看来亮丽华贵，并形成了其独特的“花腰”形体。该地区这种丰富独特的民族文化，是相应文创产品开发强有力的内容来源和精神内涵支撑。

人在接受事物和思考时，往往会不自觉屈从“毛毛虫效应”。云南西双版纳的水傣女性筒裙服饰几乎成了大众脑海中傣族女性服饰形象的代名词。要想推广新平花腰傣服饰这种与大众普遍印象相左的同类型竞品，必将经历“阵痛期”，在此阶段的首要任务就是突出花腰傣服饰文化的特色，让目标客户群体对花腰傣服饰形成记忆点。

（二）产品创新发展，适应现代生活

随着时代发展，新平花腰傣服饰文化产业应该顺应时代发展与消费者的需求。笔者在进行实地调查时，发现在新平县漠沙镇，有专注于发扬当地花腰傣服饰文化的作坊，其运作方式别出心裁，有很多值得我们借鉴和思考的地方。该作坊致力于制作花腰傣服饰和生活用具装饰的缩小版，并将其拆分组装，穿戴在玩偶身上，并将这样的娃娃命名为“萝卡叠”（花腰傣语中意为“吉祥娃”）。产品充分展示了花腰傣服饰之美，增加了客户买单的可能性。缩小版的花腰傣服饰穿在娃娃身上，既可当作家居装饰物又可作为儿童玩具，也方便保存运输。其不墨守成规，从形式上进行创新，想法和做法很好，但企业本身依旧存在着一些不足之处：一是“吉祥娃”服饰的制作虽然有现代机械的辅助但主要仍依赖于手工，生产效率低，未形成生产规模；二是尽管成本有所下降，但过高的手工成本依旧导致产品定价过高，很大一部分目标客户群体难以承受；三是产品自身体系丰富性有待加强；四是宣传不足，让产品推广止步于当地。

新平花腰傣服饰文化要想取得长足发展并逐步壮大，就必须注重各方面的创新求变，以上当地企业的例子或许能作为一个好的开始，但远不能止步于此，民族文创产品的创新要注意产品与现代社会生活的适应性，花腰傣民族日常生活用具、景观等也可融入产品设计。表 1 是笔者构思的产品。

表1　花腰傣民族产品构思

产品	属类	产品总数	单价	设计理念
花腰傣食盒包内胆	日用品	3	小号：66元 中号：76元 大号：86元	傣族传统食盒多以竹叶制成，防水防湿、软硬适中、柔韧性好，重量轻易携带。根据市场主流轻奢、奢侈品包款大小制成三种型号的包内胆
镂空浮雕景观夜灯	日用品	2	竹楼月影款：128元 田埂款：108元	景观一：傣家凤尾竹/竹楼月影 景观二：圆形田埂 采用浮雕形式，光线不刺目，符合夜灯属性，且具有一定审美观赏价值
花腰拼图冰箱贴	益智玩具	1	156元	根据花腰傣“花腰”本身色彩艳丽、纹样复杂的特点，使用玻璃珐琅材质制成无数小块可拼成拼图的冰箱贴

表1中的产品都是常见的生活用品，但当我们赋予其花腰傣民族文化内涵时，一则有利于民族文化发展，二则增添了产品的独特性，使其更具市场竞争力。

（三）利用互联网做好市场营销

新产品进入市场，可采取线下和线上两种方式进行营销宣传。

1. 线下：与新平冰糖橙开展双赢合作

在淘宝App搜索关键词“云南玉溪新平”，搜索结果排名前十的均是新平冰糖橙，任意进入其中一家商铺销量都相当可观，可见“冰糖橙”这一农产品已经一定程度上成为新平的代名词，且已经拥有了一定的市场基础。冰糖橙种植一直是新平当地经济发展的重要产业之一，形成了一定的产业规模，近年来也积极适应互联网大潮搭上了线上销售的班车。

秉承“双赢共享”的原则，我们可以拟选线上平台销量处于中上游但还有较大提升空间的冰糖橙商家，向其提出更改包装的建议。包装由本项目联络专业人士设计，在主要体现冰糖橙元素的同时宣传本项目具有民族文化特色的产品；包装主要体现在两个位置，一是冰糖橙盒装外壳，二是盒内不同层级的冰糖橙之间的分层覆盖纸。这样可以潜移默化地向受众推广文创产品。

2. 线上：“明宣传”和“暗宣传”双线齐头并进

“明宣传”即利用抖音、小红书、知乎、豆瓣等国内年轻人喜爱的网络平台，找到活跃于其间的人气博主，支付费用以进行广告宣传。

“暗宣传”同样是利用这些年轻人常用的社交平台，但并不直接进行广告宣传，而是寻找一些看似和宣发产品毫不相关的博主，支付费用推动对方使用产品制作视频，例如可以建议相关博主在其“用化妆品护肤品清洁物品”的创意视频中使用拼图冰箱贴这一产品，并在不经意间露出产品标识，也能在无形中增加潜在客户对品牌的记忆点。

传统手工艺产品唯有继承传统工艺，保留民族和地方色彩，同时有所创新，适应现代生活需要，才可在今后得以长足发展并壮大。

（王靖媛、左琼仙，云南师范大学文学院2021级研究生；贾蔓，云南师范大学文学院教授、硕士生导师）

乡村旅游背景下
大理喜洲名人故居旅游开发

苏雄娟　杨学兰

摘　要：近年来，随着我国经济不断发展，国民生活水平不断提高，乡村旅游逐渐成为重要旅游模式。大理喜洲作为典型的乡村古镇，拥有较多的名人故居及丰富的文化旅游资源，利用乡村旅游背景开发名人故居旅游，将会产生极大的效益。本文运用SWOT理论分析乡村旅游背景下喜洲名人故居旅游的开发，并提出了开发的对策建议。

关键词：乡村旅游；大理喜洲；名人故居；旅游；开发

云南省大理市喜洲镇作为千年古镇、茶马古道的中转站，曾涌现出许多科举文人和商贾，这些文人商贾的故居现在仍有很大一部分保存在古镇内，但没有被充分地开发，文化价值也没有得到很好的利用。近年来，大理市大力实施乡村振兴战略，喜洲镇被列为大理州级乡村振兴试点乡镇。在此发展背景下，开发大理喜洲名人故居旅游，文化与旅游融合，促进旅游产业转型升级，推动文化遗产的保护传承，具有重要的意义。

一、大理喜洲名人故居旅游开发的SWOT分析

喜洲有着独具特色的白族民居建筑群，已作为“重点保护民居建筑”进行保护利用，还有历朝历代的名人故居。在喜洲四方街的题名坊上就清晰地记录着喜洲历代文人志士的姓名：喜洲商帮代表人物、喜洲近现代名人、科举文人。目前在喜洲

古镇内的故居可分为商帮人物故居、文人故居和革命故居三大类。

（一）优势分析

1. 名居资源众多

喜洲自古以来人才辈出，举人、进士不胜枚举，这些文人故居部分在喜洲镇内保留完好，如杨士云的“七尺书楼”，杨正南的“甲科第”等。喜洲古镇内还有众多宗祠以及华中大学抗战迁滇校址等。喜洲古镇名居资源类型不同，数量众多，在此进行名居旅游开发，其中一大优势就是可供选择的名居数量较多，开发模式可以多样化。

2. 名居旅游可开发力度强

在喜洲，开发得较好的名居属严家大院，形成了自己独有的旅游体系，是整个古镇内比较有代表性及特色的名居。严家大院主要从民居的角度来开发，更多的是向游客展示白族建筑的特色以及白族文化，对于故居主人的精神品质以及经商理念挖掘得甚少，从此方面考虑还有很大的开发潜力。古镇内的其他建筑均是如此，主要是以“重点保护民居建筑”来进行开发利用。部分名人故居则被开发成客栈，传统与现代结合的客栈开发使这些故居创造出一定的经济价值，但故居最主要的文化价值却没有得到体现。如果我们将名人背景融汇其中，或者更多地从名人的角度进行开发利用，将会赋予故居不同的内涵和特色。

（二）劣势分析

1. 开发难度大

喜洲古镇拥有众多名人故居，但很大一部分是作为文物被保护，开发力度不是很大。典型的有尹家大院、张进士府等故居。游客可以购买门票进去参观，但这里没有真正全部对外开放，故居中大多居住着名人的后代。此外，部分名人故居还不允许参观，因为是当地村民的私宅，如果将该地住户往外迁，又将会产生古镇“空心化”的现象。开发故居旅游，既要保护古镇历史文化遗存、历史建筑等物质载体，也要传承风土人情、生活习俗等文化生态。协调好旅游开发与村民生活，是名人故居旅游开发的一大难点。此外，资金又是一个大问题，古镇内有少部分的名人故居闲置，虽然也属于被保护的建筑，但是政府对其投入的经费较少，没有对其进行管理和修缮，许多名居现在破烂不堪。如果再不对这些名人故居进行保护和开发，这些名居终将会消失在人类历史长河中。如果要进行旅游开发，必须要对名人故居进行大规模修缮。投资大，收益见效慢，使得开发难度比较大。

2. 基础设施不完善

喜洲作为中小城镇，基础设施的落后也是其一大发展瓶颈。基础设施很难在短时间内建设完善，喜洲古镇在旅游业发展过程中就明显地暴露出了一些问题，如交通拥堵，尤其是在节假日的时候，整个古镇及周边交通堵塞情况严重，需要增派人员来指挥交通；旅游业的发展需要良好的住宿条件，而喜洲住宿条件还不足，来喜洲游玩的游客更多的是返回大理古城住宿。此外，景区标志少或不明显，使得很多游客在村子里迷失方向。

3. 缺乏鲜明特色

名人故居旅游的开发对于国内外来说都不是陌生的话题，很多城市都有几个名人故居博物馆，但开发模式都千篇一律。现在的消费者大多追求有特色、体验丰富的游玩模式，而名居旅游的开发形式有限，很难突破创新。喜洲镇名人故居中的历史文物又很少，有些名人的生平事迹已无从考证，这就使名居旅游开发更加缺乏特色。

（三）机遇分析

1. 政策支持

国家大力提倡乡村旅游的发展，建设特色小镇，在政策上给予鼓励，在财政上给予支持。名居旅游的开发既能加强当地名人故居的保护和合理利用，提高该地的影响力，又能发挥其社会教育作用，弘扬和培育民族精神，传播社会主义先进文化，激发人们的爱国情怀，二者相互结合，共创效益，将会得到政策的大力支持。

2. 消费市场扩大

喜洲近几年的乡村旅游业渐渐发展起来，当地政府承包了部分田地用来种植花卉，农家乐、果园采摘主题园区也渐渐增多。更多的游客更愿意来感受这种悠闲的乡村生活。喜洲以南是大理古城，以北是洱源县地热国景区和丽江古城，相比之下，喜洲名气较低，地域特色不鲜明，许多游客往往会忽略它的存在。而近几年喜洲乡村旅游的发展，为名居旅游的开发带来了市场和消费者，越来越多的城镇居民更愿意来感受自然风光、体验农村生活。消费者群体的扩大，为喜洲名居旅游提供了更广阔的市场。

3. 基础设施改进

喜洲作为中小城镇，基础设施的建设相对落后。近几年随着乡村旅游的发展、市场需求的带动，有些设施得到了一定的完善。基础设施的建设，无论是在交通、住宿方面，还是其他服务方面，都会随着乡村旅游的发展而发展，而名居旅游开发可以利用这个机遇进行。

（四）威胁分析

1. 同质化现象严重

国内大多数名居旅游开发都相互模仿、相互借鉴，某一个名居的开发模式得到好评，其他的名居也以同样的方式进行开发，这样的开发会使消费者失去参观的兴趣。喜洲古镇的名居旅游正在发展，名居的开发数量较多，开发难度较大，面临的问题就是名居的开发模式相似，运行机制、管理方式也都大同小异，周边商品销售的同质化也会使故居所蕴含的文人精神难以体现。

2 市场竞争激烈

古镇名居是爱国主义教育基地、优秀思想文化的载体，越来越多的人乐意前去参观游览。乡村旅游与名居开发结合起来如果产生一定的效益，必然会有许多城市进行模仿。大理历史悠久，文化名人众多，各古镇或多或少都会有一些名人故居。喜洲在乡村旅游中融入名居元素，其竞争力是巨大的。

二、大理喜洲名人故居旅游开发的建议

（一）自然生态式开发

喜洲东临洱海，西枕苍山，地理位置优越。喜洲境内有众多风景旅游点：海舌公园、牧语花场、纳里花海、油菜花田，田园风景美不胜收。开发名居旅游应当结

合乡村旅游，让游客在感受文化气息的同时，享受自然风光。喜洲人杰地灵，培育出众多优秀人才，与当地的自然环境息息相关，通过自然生态式名居旅游开发，定能让游客感受到当地的文化气息。自然生态式名居旅游主要是把名居旅游与自然生态相结合，参观完名人故居后，去享受农村自然风光，或者是在体验悠闲农村生活的同时，走访名人故居，充实精神文化。二者结合开发的模式可以增加名居旅游的吸引力。

（二）文化体验式开发

“看”式体验：喜洲名居旅游的开发，要有一定的文化体验项目，这样才能让游客有印象更深刻的体验。喜洲商帮曾经有过辉煌的历史，可以借此来拍摄关于喜洲商帮的纪录片。喜洲是电影《五朵金花》的拍摄地，当年这部电影在国内外引起了很大的反响，也使喜洲的名声得到了一定的提升，现在再以纪录片或电影的方式向人们展示喜洲的商帮文化，相信会给今天的喜洲发展带来积极影响。可以设置放映室，每天在固定时间放映拍摄完成的纪录片或电影。还可以通过打造歌舞剧，展示商帮在经商路中遇到的困难和阻碍以及文人志士的求学历程。严家大院每天都有白族舞蹈的表演，可以在表演结束后呈现歌舞剧，让游客充分了解喜洲的历史。

“听”式体验：目前喜洲名人故居旅游开发主要是以观赏为主，其中只有严家大院配有专门的讲解员。故居的开发需要按类别进行，每条线路上都有相应的讲解员，主要负责这条线路的介绍。对于单独的故居，既可以配备讲解员，又可以设置扫二维码听讲解。每座故居都以故事为脉络向游客展现。其中对于部分有人居住的名人故居，主要是以故事讲解为主。政府应当和村民做好沟通，既能保证游客充分了解故居主人的故事，又不能影响到村民的基本生活。要让游客在“听”中了解历史，在“听”中传承文化。

“动”式体验：在开发名人故居旅游时，可以设立手工制作纪念馆，利用商帮在经商过程中的物品——铜钱、马鞍、锅等，让人们用彩泥模仿捏造，也可以进行临摹绘画，让游客亲手制作纪念品。文人故居可以让游客临摹文人的书法作品，如杨士云书法遒劲，有六书制。通过写、画等实践活动让游客充分了解名居。

“感”式体验：喜洲的甲科第古宅、董家大院、杨家大院等都已被开发成客栈，沿袭了原先主人的房屋样式，其宁静、舒适的氛围特别适合厌倦了喧嚣都市的人群。

喜洲的故居大都呼应了“面朝大海，春暖花开”这句话，客栈传统与现代的结合，自然风景与人文气息的结合，能使游客得到不一样的享受，游客可以选择居住这些客栈，体验氛围，感悟名人思想。此外，还可以设立心得感悟交流馆，利用目前尚未被开发的名人故居。游客参观完名人故居后，可以去心得感悟交流馆休息并交流所思所得，还可以把自己的心路历程书写下来，在交流馆中进行展示。

（三）保护式开发

作为一种珍贵的物质文化遗产，名人故居承载着历史的记忆，是不可再生的人文资源。名人故居的开发，要以保护为前提。乡村旅游的发展，要求打造美丽乡村，构建和谐的人文环境，只有实现人与自然、人与文化的和谐统一，才能满足人们对乡村旅游的期待。乡村旅游的发展，能够让更多的人认识喜洲和喜洲的名人故居。政府可以加大对名人故居的宣传，鼓励社会各界投资、参与名人故居的保护性开发，让人们在感受自然风光之美的同时也能感受到文化之美。喜洲名人故居的旅游开发一定要以保护为主，通过发展乡村旅游，建设整洁美丽的村庄环境，让田园风光与名人故居相得益彰，给予人们不一样的精神体验。

（四）开发线路的设计

1. 严家大院＋商帮故居

第一种开发线路以商帮故居为主。严家大院是目前喜洲古镇内开发得最好的，可以严家大院为核心，再辐射其他商帮故居。严家大院目前的旅游开发主要是以民俗旅游为主。如果从名人故居角度来开发的话，更多的是要展现故居主人的故事，包括商帮在茶马古道上的经商历程、经商理念，以及这个家族的历史脉络。严家大院的大门上有一副对联“创业维艰先辈尝辛苦　守成不易子孙加奋发”，用意就是告诫后人创业艰辛，守业不易，要勤俭节约持家，奋发有为。这些精神和文化理念在现有的展览中体现得甚少，用讲故事的方式呈现精神文化，是名居旅游开发的重点。除严家大院外的其他商帮故居也是如此，以一个故事为线索，带领游客进入商人经商的历程中，从名居中能感受到经商的不易，了解经商的原则。

严家大院目前开发模式：观看白族建筑风格的特点—了解严家大族的历史—老字号产品售卖—白族歌舞表演—扎染体验馆—侯庐家宴。

严家大院名人故居开发模式：观看白族建筑风格—故事串联严家历史及经商文化（跟团：人工讲解；个人：利用数字化制作景区二维码）—歌舞剧演绎故事情节—老字号产品售卖—白族歌舞表演—扎染体验馆—侯庐家宴—心得感悟交流馆—游玩其他风景名胜区。

2. 七尺书楼＋文人故居

第二种开发线路以文人故居为主。喜洲从古至今出过很多文人，四方街上有一个“题名坊”，一侧刻有经商家族的名字，另一侧则刻有历来功成名就之人的名字，清末就有一百多个名人的名字刻在上面，他们对国家和社会发展做出了贡献，也给后代留下了许多有价值的诗文，对大理地区的文化教育事业有很大的推动作用。第二种线路主要以“七尺书楼”和“甲科第”为中心进行开发。

七尺书楼开发模式：游览杨士云故居七尺书楼—听杨士云从官经历（学杨士云官品）—听杨士云对父母的孝养（学杨士云的人品）—听杨士云的求学经历及人生志向（悟杨士云的学品）—知七尺书楼的由来。其他名居的开发模式以杨士云故居为主，在此基础上有一定的创新，体现各自的特色。

具体的参观线路可以是：参观四方街上的题名坊（了解喜洲的文人志士）—参观七尺书楼—参观赵甲南故居—参观张进士府（故事讲解历史，结合所有的文人故居形成一条旅游线路，用一个个故事讲解故居的历史，讲解文人的生平经历，让游客在故事中学习优秀的道德品质）—游览赵府—去甲科第游览杨正南故居（这是喜洲古镇为数不多的明代古院，曾是多位进士、举人的故居）—游玩其他景点。

3. 华中大学遗址＋革命故居

在抗日之火燃遍大江南北之际，华中大学、西南联大等学校迁入云南，使云南的教育事业得到进一步的发展。其中华中大学在严子珍先生的邀请下，迁到了喜洲，并在这里办学长达8年之久，为云南培养了众多的优秀人才，极大地促进了云南教育事业的发展，对滇西文化产生了深远的影响。在华中大学和五台中学的筹建过程中，四大家族创始人做出了极大的贡献，他们重视教育的发展，热心于社会公益事业，其中严子珍先生在五台中学的筹建过程中捐赠了大量的资金，其他三大家族的创始人也积极响应学校的创建。五台中学和华中大学不仅见证了艰难岁月时期师生顽强拼搏、积极向上的精神，更见证了喜洲商业人士对社会的贡献和对教育的重视。

革命故居参观路线：参观华中大学纪念馆—参观五台中学遗址—心得感悟交流

馆—观赏农村风光。

（五）宣传推广

2018年10月1日“游云南”App全面上线运营，实现一部手机游云南，涵盖内容丰富，分类明确，对云南的风景名胜做详细的介绍及推广。喜洲名人故居旅游开发的宣传推广，可以借助“游云南”App。此外，新媒体时代，抖音、快手也为宣传推广提供了多样化途径。借助乡村旅游的机遇宣传推广名人故居旅游，吸引更多的客源，联合营销，能够为双方带来更多的效益。

大理喜洲名人故居旅游开发，从整体情况看，无论是由政府主持开发，还是外包给社会商业家，都还存在一些问题。随着乡村旅游的不断发展，政府对乡村旅游和文化遗产的保护与开发给予了有力的政策支持，这对于喜洲名人故居旅游开发来说是一个非常好的机遇。喜洲作为千年古镇，拥有优美的自然资源、丰富的民族文化资源、悠久的历史文化资源，这为旅游带来了巨大的市场，名居旅游的开发，可以借助这个良好势头继续推进。

（苏雄娟，云南师范大学文学院副教授、硕士研究生导师；杨学兰，云南师范大学文学院文化产业管理专业学生）

舟山群岛海洋文化旅游产业发展研究

汪兰川　陈彦好

摘　要：为促进舟山群岛海洋文化的深入挖掘和传播，推动舟山群岛海洋文化旅游产业的创新和可持续发展，本文通过文献查阅、实地调研对舟山群岛海洋文化旅游资源进行深入研究，分析开发现状，指出存在问题，并提出相应的对策。舟山海洋文化旅游产业正处于平稳发展的阶段，应保持原有优势，继续深入挖掘海洋文化内涵，开发特色海洋文化旅游产品，加强与周边高校、知名企业的合作交流，培养和引进高端人才，创新海洋文化旅游发展的模式，建立海洋文化旅游的品牌优势，并通过新媒体进行宣传进而提高知名度。

关键词：舟山群岛；文化旅游；海洋文化

文化旅游产业是文化产业和旅游产业融合而成的新型综合性产业形态，产业融合发展是 21 世纪世界经济发展的重要趋势之一。[①] “十三五”以来，我国出台了一系列促进文化产业与旅游产业融合发展的政策，推动了我国各个区域文化旅游产业的发展。浙江省舟山市作为我国由群岛组成的地级市，拥有秀美怡人的海岛风光和源远流长的海洋文化，发展文化旅游产业的潜力巨大。开发好利用好现有资源，使海洋文化资源与自然资源深度融合发展，不仅有利于舟山群岛海洋文化的传承与传播，而且能够推动舟山海洋文化旅游产业进一步发展壮大，对舟山群岛文化旅游产业的创新与可持续发展具有现实意义。

① 许秀文．文化旅游与城市经济协调发展的内在机制研究［J］．社会科学家，2018（8）：95-101.

一、舟山群岛发展海洋文化旅游产业的SWOT分析

（一）舟山群岛发展海洋文化旅游产业的优势

1. 区位优势

舟山群岛地处浙江省东北部，西面毗邻杭州湾，北近上海市，东面是美丽富饶的东海海域。2009年舟山跨海大桥全线通车，让舟山群岛从此告别了和大陆间千百年来舟楫往来的历史，长期以来因交通不便而制约经济发展的局面得到改善，使舟山群岛更紧密地融入长江三角洲经济圈，同时也给舟山群岛海洋文化旅游产业的发展带来了全新的挑战和机遇。

2. 自然资源优势

舟山群岛由1390个岛屿组成，这些岛屿合起来的陆地总面积不大，但是海域面积相当广阔，拥有众多山海奇观。舟山群岛不仅岛屿众多，而且水域辽阔。这里水岸线狭长且深，航道交错纵横，拥有众多的港湾。其中以沈家门渔港最为著名，它与挪威的卑尔根港、秘鲁的卡亚俄港，并称世界三大渔港。舟山群岛海域自然环境优渥，为鱼虾洄游、繁殖、生长创造了极好的生存条件，盛产鱼、虾、藻、贝类等海产品。

3. 海洋文化资源优势

舟山群岛海洋文化资源丰富，形式多样。有海岛群众喜闻乐见、雅俗共赏的海岛民间文艺，如以跳蚤舞、马灯舞等为代表的民间舞蹈，以舟山锣鼓、渔工号子等为代表的民间音乐，以渔民画、船板画等为代表的民间美术等。有风味独特的海洋美食文化，如将大黄鱼、小梅鱼、雷达网带鱼、风鳗、对虾、贻贝、梭子蟹等富有特色的海鲜加以清蒸、酱渍、盐渍、酒酿等，形成了独特的海洋美食文化。还有海上交流文化，舟山早在秦始皇时期就有海上对外交流的历史。明嘉靖年间，今六横岛与佛渡岛之间的双屿港曾一度成为当时最繁华的海上国际自由贸易市场。[①]

① 周永章. 双屿港：不可不知的繁华［J］. 文化交流，2014（12）：48-52.

（二）舟山群岛发展海洋文化旅游产业的劣势

1. 文化和旅游产业融合发展不足

舟山海洋文化旅游产业对海洋文化的挖掘尚处于初步阶段，虽然政府已在宏观政策上有所行动，但落实到具体实施层面需要广大群众的合作、社会各界的共同努力。舟山岛屿众多，虽然舟山群岛已经提出了“一岛一主题”的发展理念，但是除了少数几个岛屿开发得相对成熟，其余很大一部分岛屿的文化旅游产业千篇一律，趋于同质化，文化内涵仍旧停留在表象，与旅游产业融合不足，无法满足游客的需求。一方面，对海洋文化的挖掘不够深入系统；另一方面，海洋文化产业与旅游产业的融合发展尚未形成成熟的模式。

2. 专业人才的匮乏与流失

人才对于海洋文化旅游产业的发展是至关重要的，但舟山群岛在这个方面陷入重重困境。大量在外地高校就读的本地学生毕业后选择在外发展，而舟山本地大学的大部分学生也留不下来，这导致舟山群岛文化旅游产业发展缺乏专业型人才，大部分从业人员文化程度不高。舟山群岛海洋文化旅游产业的建设不仅需要基层人员，更需要综合性专业人才，比如文化创意产业专家、工业产品设计师等高层次人才。

3. 地域局限性明显，季节性强

舟山群岛各岛屿之间的文化旅游产业发展极不平衡，地域局限性明显。普陀山作为我国佛教四大名山之一，一年四季游客香火不断，而普陀山岛之外其他海岛的文化旅游产业的季节性十分明显，在旅游淡季几乎无人问津。每年5月至11月，尤其是7—9月游客数量最多，游客人数几乎可占全年接待总数的40%，停车场、道路等公共设施超负荷运转。到了秋冬，由于气候原因，滨海旅游难以开展，不少景区遭冷落，旅游淡季持续时长达5个月之久。

（三）舟山群岛发展海洋文化旅游产业的机遇

《全国海洋经济发展“十三五”规划》提出，要优化海洋经济发展布局，拓展提升海洋旅游业和海洋文化产业。[①] 舟山作为全国第一批旅游改革综合试点的城市、海洋旅游综合改革试验区，在浙江建设海洋强省的战略中占有重要地位。随着国家

① 丁六申，马丽卿．新常态下舟山海洋旅游业发展策略探索［J］．江苏商论，2019（1）：86，95．

政策的支持和鼓励，舟山群岛国家级新区建立、舟山跨海大桥通车、自由贸易区成立、网易舟山研发中心交付使用、浙江大学舟山校区建立，越来越多的项目陆续落地舟山，逐渐提升舟山的战略地位和优势。

(四) 舟山群岛发展海洋文化旅游产业的威胁

在信息全球化、文化多元化的背景之下，人们的沟通变得更加方便，文化交流更加频繁。这意味着每种文化都在不可避免地遭受到不同文化的影响和冲击，舟山群岛在吸收来自国内国外不同文化的同时也不可避免地受到很大的冲击，如果不能将舟山传统的海洋文化传承下来，并且赋予其新的生机和活力，那么它就很可能面临消逝的局面。再加之舟山的文化旅游产业起步较晚，发展还不成熟，在国内处于弱势地位，如果不能及时有效地应对这些外来冲击，舟山海洋文化旅游产业今后的发展将会困难重重。

二、舟山群岛海洋文化旅游产业的开发现状

(一) 特色主题岛的建设

舟山群岛由1390个大大小小的岛屿组成，每个岛有自身的文化资源和自然风光。舟山群岛按照“一岛一主题”的发展理念，在保持海岛原有的自然风光基础之上发掘各地的特色与文化内涵。其中开发较成熟的有以观音文化著称的普陀山岛、以武侠文化闻名的桃花岛、以海钓文化获得美誉的白沙岛等。这些岛屿的开发充分结合了自身的自然资源优势、地理优势，深入挖掘自身文化内涵，形成了极具影响力的海洋文化旅游特色。

(二) 海洋特色节庆品牌的培植

近年来，舟山群岛结合各地的文化特色举办了一系列节庆活动，比如普陀山的观音文化节、朱家尖的国际沙雕节、嵊泗的贻贝节、桃花岛武侠文化节等。每一个节庆活动的举办都深深植根于当地的文化资源，这不仅使舟山地区民间文化、民俗艺术集中地展示在大家面前，达到了普及宣传的作用，也极大地推进了舟山群岛海洋文化旅游的综合开发。

（三）海上运动类产品的打造

舟山群岛近年来以体育发展为突破，谋划运动休闲基地和体育小镇创建工作，积极创新多样化康体养生、疗养休养产品和线路，开发海岛游艇、帆船、潜水、骑行、海钓等运动项目，持续打造定海山地徒步大会、岱山风筝赛、嵊泗划骑跑公开赛等“一地一品牌”精品体育活动。

（四）海洋系列博物馆的推出

舟山群岛近年来建构了一整套完整的文博产业系统。其中最具特色的是岱山海岛博物馆群，包括以台风、海洋生物、渔业、岛礁、灯塔、盐业、渔村、海防等为主题的一系列博物馆，不仅促进了岱山当地文化旅游产业发展、吸引了大量游客，而且保存和传播了舟山海洋特色文化，具有重要的现实意义。

（五）海洋系列文体活动的举办

近年来，舟山群岛举办了一系列与时俱进的文体活动，如每年夏天在朱家尖南沙举办的东海音乐节，开创了国内首个将海洋生态与青年文化结合的大型户外音乐节品牌，已成为长江三角洲地区的知名户外音乐节。又如舟山群岛马拉松比赛通过对比赛线路的优化，用赛事展现海岛的风景线，充分彰显了舟山群岛的风采。海洋系列文体活动已成为舟山群岛的新名片，打响了舟山群岛的知名度，推动舟山文化旅游产业的发展。

三、舟山群岛海洋文化旅游产业的发展对策

（一）继续深挖海洋文化内涵

舟山先民创造了灿烂的海洋民俗文化、海洋宗教文化、海上交流文化等，各种文化之间相互交融，是舟山海洋文化旅游产业发展最为丰富的资源。近年来，随着海洋文化旅游产业的不断推进，舟山群岛在一定程度上做了相应的调整，但还不够全面系统，应更深入地挖掘各个岛屿的海洋文化内涵，进行资源整合，施行精品战略，规划精品旅游项目，加速开发富有特色海洋文化内涵的旅游产品。要在海洋文

化中充分吸取养分，深入挖掘文化内涵，通过创意转化使得源远流长的海洋特色文化具有新的活力与生机。

（二）优化特色海洋文化旅游产品

特色海洋文化旅游产品是海洋文化精华的凝聚和提炼，能够在很大程度上吸引游客，在开发和优化海洋文化旅游产品时要合理充分地利用当地独有的特色文化、自然景观以及渔港旅游等资源的优势，将其创意转换成为独具特色的海洋文化产品。比如可以让来参观国际沙雕节的游客了解沙雕制作的整个过程，以最直观的方式让他们体验到沙雕艺术的魅力和趣味；也可以带游客参观渔民画的绘画过程，并以渔民画展览、渔民画比赛等方式使游客更深入了解海洋文化；还可以打造岛村体验类产品，开发“当一天渔民，吃一天海鲜”“滩涂赶海”等海岛休闲旅游产品，让游客真正融入舟山海洋风情之中。

（三）加强文化旅游产业与高校、企业的合作

舟山群岛虽然拥有众多自然资源、文化资源，但其开发程度远远不足，运作机制也不够完善。现阶段舟山群岛紧缺旅游产业开发管理、文化产业机制运作、创意文化产品设计和经营管理方面的复合型人才。政府部门要充分利用周边高校资源、名企资源，让人才为舟山群岛文化旅游产业发展提供智力、创意的支持。具体来说，舟山市可与各高校、企业等签订合作计划，组建专项研究小组进行合作研究；政府部门可以定期去高校举办沙龙、讲座等活动，宣传普及海洋文化旅游产业的发展等。

（四）创新海洋文化旅游产业的发展模式

舟山群岛文化旅游产业应创新发展模式，与不同领域、不同行业进行结合发展，比如旅游地产、养老产业、影视产业等。早年在桃花岛拍摄的影视作品《射雕英雄传》《神雕侠侣》《天龙八部》的播出使得越来越多的影视作品选择在桃花岛拍摄，这极大地推进了桃花岛旅游文化产业的发展。韩寒的电影《后会无期》在东极岛的拍摄，使东极岛凭借秀美的岛屿风光、独特的文化内涵，从冷门的偏远小岛变成了文艺青年的聚集地，游客数量急剧增加，知名度大大提升。由此可见，文化旅游与影视产业的融合发展极大地推动了舟山群岛文化旅游产业发展。

（五）建立品牌优势

舟山各岛屿众多，在“一岛一特色”的发展理念下，每个岛屿不仅要根据自身

特点、文化以及地理优势发展文化旅游产业，更要逐步建立起品牌意识。各岛屿应在当地现有旅游产业的基础上，将具有开发价值的文化资源进行创意转化、升级包装，将其转变成文化旅游资源。要理清品牌定位及目标人群，进行品牌的创新建立。而发展较为完善的岛屿可以继续深入塑造海洋文化旅游品牌，比如可以举办岛屿吉祥物设计比赛，通过建立可爱生动的卡通形象，更好地传递海洋文化。也可以打造精炼简洁、朗朗上口的品牌广告语，围绕特定的宣传主题，通过特定的媒介向游客传递海洋文化旅游的信息。

（六）结合新媒体拓展客源市场

文化旅游产业必须加大对外宣传的力度来吸引更多的游客以带动整个产业的良性循环。对外宣传不仅要充分利用传统媒体，更要加强利用新媒体的优势。新媒体的创新能力、综合能力和普及速度在社会各类媒体中居于首位，利用好微信、微博、抖音等可以助力舟山群岛海洋文化的宣传推广。在新媒体领域，我们可以以传播速度快、互动性强的抖音平台为例，根据不同的传播主体，建立多元化海洋文化旅游产业传播主体策略。首先，政府及相关机构要做好引领工作和统筹规划。其次，要引导好民众，在互联网时代，接收者亦是文化传播的主要参与者，每个人都可以借助短视频社交媒体较为简便的操作工具完成“众包”式生产，和其他网民进行分享。要基于短视频社交媒体评论、点赞、转发等功能，进行人际互动，完成圈层式传播。

四、结语

文化旅游产业是一种能够满足人们日益增长的物质和精神需求的新兴产业。现阶段，舟山海洋文化旅游产业正处于稳步发展时期，应保持原有优势，继续深入挖掘海洋文化内涵，开发特色海洋文化旅游产品，培养和引进高端人才，并通过新媒体进行大力宣传，提高知名度。随着国家政策的鼓励支持，舟山群岛海洋文化旅游产业将不断发展和完善，相信舟山群岛海洋文化旅游产业会越来越好。

（汪兰川，沈阳建筑大学设计艺术学院副教授；陈彦好，沈阳建筑大学设计艺术学院视觉传达设计专业研究生）

流行文化观察

从“丧文化”传播到“躺平族”兴起

——传播心理学视域下的青年亚文化解读

张轶楠

摘 要：在当今媒介语境下，文化的多样性成为趋势，青年亚文化模式翻新、群体逐渐壮大。2016年7月，以“废柴”“葛优躺”为代表符号的“丧文化”产生并在青年群体中逐渐流行开来。次年，日本“佛系”文化在微信公众号上广为传播。“丧文化”和“佛系文化”是当下青年“躺平”文化的亚文化早期形态。房价居高不下、教育内卷、疫情流行，全球经济发展问题、就业问题困难重重，丧文化和佛系文化青年们主动选择降低欲望、消极妥协的“躺平”哲学来缓解生存压力和身份困境，并随着社交媒体、圈层文化的传播，影响日益深远。本文从传播心理学角度探讨当下媒介环境对于青年群体“丧文化”的传播到“躺平族”兴起不容忽视的影响元素，以及扬弃这种青年亚文化的途径与举措。

关键词：青年亚文化；丧文化；躺平族；传播心理；媒介社会

2016年7月，情景喜剧《我爱我家》中的剧照“葛优躺”被刷屏，以“废柴”“葛优躺”等为代表符号的“丧文化”产生并逐渐流行开来。作为当代青年亚文化的新形态，“丧文化”体现了90后、00后青年人的情绪状态，低落颓废的精神世界和习得性无助的心理模式，其文化内涵在很大程度上与主流价值观念形成冲突，不利于青年人的良好成长。同时，“丧文化”所包含的消极避世心理，又成为“无所谓”“不在乎”“没关系”态度面对一切的“躺平”哲学的基础依据，“躺平”主义者不再愿意去保持积极乐观、努力奋斗的状态，宁愿选择“躺平”，去降低自己对未来的期望值和对物质的欲望，以此达成内心对自我的接纳。

“躺平”是一种对生活和生命的无奈妥协，对自由追求的消极态度。面对喧嚣浮躁的社会，青年人选择躺平并回归本心的同时，也要继续为社会创造价值并承担必要的责任和义务。如何营造良好的舆论氛围，更好地调整青年人的结构性认知，改变“躺平族”问题应对的心理模式，成为当今语境下亟待解决的社会问题。

一、青年“丧文化”投射出的个人心理动力模式

“丧文化”作为一种个人心境状态的表达，在很大程度上来源于个体心理动因。个体处于某种需要或欲求状态时产生的朝向满足而恢复到正常冲动状态去行动的倾向，称为心理动因（drive）。它受到个体社会阶层、社交圈或成长环境的价值观和规范的影响。

首先，“丧文化”的主动发声来自主体心理压力宣泄的需要。弗洛伊德认为：压力和宣泄是人的两种基本心理机制。当今社会赋予青年人更多的责任与压力，不仅要满足基本生活需求，还要追求更高层次的精神需求。教育内卷、就业压力、迷茫的精神目标从各方面向青年群体施压。“丧文化”作为压力的输出口，成为这种心境下的主要宣泄形式，内化为一种自我心理调节机制，并作为一种流行文化广泛传播。在这种青年亚文化氛围中，一部分青年人决定放弃不断产生焦虑而伤身的生活模式，不再靠拼命工作来赚钱，逐步接受顺从，展现出无力感，放弃抵抗来自各方面的压力，形成习得性无助，以逃避的、非主流价值的态度反叛竞争。他们像第欧根尼一样，通过睡在自己的木桶里晒太阳对抗社会责任与义务。

其次，“丧文化”的传播来自主体引起关注和社交需求的满足。新的媒介语境带来交流的便捷，也带来情感的隔阂，媒介中介阻隔、快节奏生活模式、碎片化信息接收形态，使传统意义上的社交发生畸变。“丧文化”引起同情和关注，并且孕育共鸣，给圈层群体中的个体带来同病相怜的错觉与归属感，构建类型化的社交模式，部分满足个体的社交需求。“躺平族”群体的概念化归类，有益于“丧文化”群体的圈层认同感和归属感。“躺平”主义者在婚姻、职场竞争和家庭关系等方面摆出一副与世无争的姿态，是在“丧文化”语境下更进一步的“发展”和分类，也代表着更进一步的类属关系。

再次，“丧文化”环境下兴起的“躺平族”构建着他人凝视中的自我意象，完成自我和解与接纳。“丧文化”的传播降低了他人观念中对自我的无意识心理期待。自我主观建构自我意象，形成表面上较低的自我心理预期，致使他人不会对个体的失败过分苛责，而对个体成功加以关注和认同。“躺平”哲学加剧了这种心理效能，不作为、追求更平和甚至消极的生活态度和方式，逃避内卷和压力环境，让人回归最基本的生存状态。“丧文化”传播带来的“躺平”，对自我意象的建构实际上是一种自我保护的防御机制，是个体对环境的反叛与妥协，从而达成内心的自我和解与接纳。

对自我的要求与和解，对他人的认同与归属，对他人眼中自我的心理预期，对世界和社会环境的认知与反叛，构成了个体理解世界的底层逻辑，从而构建了个体选择成为“躺平族”的内驱力。

二、青年“丧文化”传播的社会心理机制解析

自我意象的建构、观念的形成和表达、主体的自我审视，在很大程度上受制于现今的媒介传播与舆论环境。

首先，传播媒介的“拟像性”塑造使得个体将各种传播媒介作为情绪情感的宣泄窗口。从个体生存意义上来说，各种媒介平台搭建的并不是真实的生活环境。现实体系制约下的个体在真实的生活中无法完全表达出真实的“本我”，而是在“超我”指引下，更多地作为“自我”在社会环境中存在和行动。现实社会的各种束缚抑制个体的表达需求，而网络媒体空间的匿名性、拟像性、即时性使他们能够在消解个体存在的前提下进行媒介拟像基础上的情感宣泄，在媒介环境中释放、又不干预正常的现实生活，这为个体创造了极佳的情绪宣泄的窗口和途径。

其次，传播媒介的信息爆炸使得个体陷入信息焦虑，强化“丧文化”的感受与无奈的“躺平”。网络媒介平台创造了自由表达的空间，也为信息的存档提供了保障。媒介对于大量无法甄别信息的储存和传播日益丰满着世界信息网络中的“信息库”，大量信息留存于网络，只进不出，造成如今信息爆炸的现象。个体的感觉在维持着机体与环境之间的信息平衡，而信息爆炸打破了这种平衡，带来信息焦虑。各

种获取信息的媒介使个体淹没在大量信息中无法取舍，个人与他人掌握的信息对比使个体感到焦虑。这种心理机制强迫主体去搜集，力图填补缺失的空白，从而加剧了个体的迷茫与信息处理负担。由于媒介渠道的便捷，许多突发社会新闻会立刻在网络上大范围辐射，各种各样的负面情绪随着事件的传播携带着焦虑的情绪渗透青年群体的心理，构成“丧文化”的助长因素，青年人在信息压力的负荷下选择“躺平”。

再次，媒介环境制造的注意力经济，造成青年人心理负荷能力与思维能力缺失。形式多样的媒体使出浑身解数，在雷同信息的传播过程中与其他媒介争夺个体的注意力。在信息过载的媒介语境下，注意力成为一种稀缺资源。各种媒介的争夺，加剧了注意力稀缺的负面影响，标题党的断章取义、碎片化的思想片段、奇观性的信息描述，干扰着本就稀缺的注意力，剥夺着主体的思维能力，造成更大程度上的迷茫和焦虑，给青年人的心理带来超抑负担，扩大了“丧文化”的输出范围。有研究显示，如今大多年轻人很难专注于做一件事，他们的时间被零碎切割，无法集中投入学业和事业，这表明新媒介的传播语境对于个体能力的发展带来较大的负面影响。

最后，一些媒介平台通过营造“丧文化”氛围，形成圈层群体，强化亚文化特质。在多元文化的影响下，处在价值观形成阶段的青年群体不仅具有好奇叛逆、标新立异、与众不同的心理特征，而且迫切追求圈层身份认同与集体归属感。社交平台上的青年人淹没在“丧文化”群体语境下，在接受媒介信息传播的过程中逐渐去个体化，自我认同被团体认同所取代，为了团体的归属感形成从众心理。在群体压力的作用下，他们被裹挟于“丧文化”圈层，逐渐接受“躺平”，在群体无意识中形成知觉定势并参与“丧文化”的群体表达。

塞利格曼的“习得性无助”实验揭示了习得性无助可以通过观察被迫学习和接受。亚文化圈层群体中的舆论领袖有意识地引导舆论传播，越来越多的 UP 主、微博大 V 参与“丧文化”语境。他们在社交和宣泄中选择“躺平”主义的生活哲学，将自我意象传达出去，造成更为广泛的影响。从主体认知的缺陷到媒介拟态环境下不作为的动机缺陷，再到抑郁情绪的恶性循环，这些都将涉足“丧文化”圈层群体中的个体围困在原地，唯有无奈选择“躺平”，在自我消解中满足合理欲望。传播心理学研究显示，人更容易注意到负面信息。“丧文化”集体无意识形成后，个体会在媒介使用的选择性接触、理解、记忆中加剧和巩固这种文化特质。“躺平”就是在“丧文化”群体无意识渗透下，接受习得性无助而选择的反叛社会竞争和处世压力的应对态度，通过降低自己对未来的期望值和对物质的欲望，来达成内心的自我和解。

三、“丧文化”的扬弃与“躺平族”的消解

青年亚文化作为青年群体创造的、与父辈文化和主导文化既抵抗又合作的一种社会文化形态，具有边缘性、颠覆性和批判性的特征。要想更好地抵御“丧文化”对青年群体的侵蚀，就需要社会良性氛围的营造和亚文化个体自我认知的提高。同时，一种社会文化传播与流行的媒介环境的优化也是“躺平族”走出圈层、走向积极自由的重要因素。

首先，文化传播中个体的媒介素养提升与积极心理成长是“丧文化”扬弃的关键。在当下的社会竞争环境中，个人心理机制调节是适应社会变化和面对生活问题的基本生存能力。后真相时代的媒介信息网络在带给青年人多样生活的同时，也带来更多的可能性。这就需要传播主体在媒介的拟态环境中，提高自身媒介素养，有意识加强思维的独立理性，主动对信息进行甄别、选择、取舍。同时还要训练和提升个体心理弹性，减少媒介信息带来的心理焦虑，锻炼自己与各种压力共存、和解，尽量避免被带入“丧文化”圈层所营造的精神空间与情绪氛围。此外，即使受到“丧文化”的影响，青年人也需要积极调节自我认知机制，主动应对或寻求帮助，客观多维看待问题，避免在“丧文化”语境下合理化欲望低落、自我效能下滑、颓废避世，将自己的生活态度导入消极自由的“躺平”。

其次，加强信息监管、净化舆论环境是传播媒介应承担的社会责任。当今社会是一个文化多元且相对自由开放的社会，各种文化形态对青年群体精神世界和价值观念产生着深刻影响。青年“丧文化”的焦虑心理很大程度上受制于媒介语境的气氛营造。传播媒介既要保证文化的多样性，又要创造有利于青年发展的舆论环境，对庞杂的资讯进行过滤筛选，淘汰低俗、虚假、博人眼球、断章取义的内容，对于标题党、垃圾信息做出整治，减少信息焦虑，履行好“把关人”的职责，净化媒介舆论环境。

态度免疫理论指出：对于信息的较小冲击能够强化人们的态度、先前的承诺和知识框架等，使人们抵抗之后较大的冲击，并且对劝说有抵御能力。媒介舆论需要

正向价值观的引领，传播媒介的社会责任就在于培养主流价值观念的意见领袖，传播正能量信息，积极引导和帮助青年群体。当下网络上不乏代表主流价值观发声的意见领袖，他们以自己坎坷的生活经历打动受众，传递正向价值观念。如何在保证文化多样性的基础上趋利避害，是当代媒介语境下亟待思考和解决的问题。

最后，多方协作形成关爱青年发展的社会氛围是“躺平族”消解的关键。开放的社会文化带来意识形态的多元化，国际关系的转变推动更加包容互动的政治和文化环境，也带来更为宏观的竞争与合作。随着社会竞争的不断加剧，青年人生存领域内卷严重，焦虑与疲惫的情绪不断泛滥。随着全球经济深度探底，未来尼特族①还将膨胀。国际劳工组织 2020 年 3 月发布的《2020 年全球青年就业趋势》称，2019 年全球青年人口大约有 13 亿，其中 2.67 亿是尼特族，预计到 2021 年这一数字将达到 2.73 亿。孟子有云：“穷则独善其身，达则兼济天下”，每个人都有选择自己生活方式的权利。中国巨大的经济发展成就为多元化生活方式选择创造了条件。基于现实环境自主做出适合个人的生活选择，本身就是社会发展的体现。“躺平”亦是一种用于解压的自我调侃，引导“躺平族”奋斗，更多需要从营造良好的工作环境、培养积极的社会价值取向出发，通过国家、社会和学校等各方共同努力，给予这些青年更多的关怀，以更加包容的态度理解当代青年的选择，以更加积极的作为改善青年人面临的困境，以更加理性的价值观引导青年自主奋斗，相信那些嘴上“躺平”的青年人一定能正面思考，放下多余的执念，将合理的欲望转化为积极能量投入到未来实践中。

（张轶楠，首都师范大学文学院副教授、硕士生导师）

① 尼特族是 NEET 的音译，NEET 的全称是（Not currently engaged in Employment，Education or Training），最早使用于英国，之后渐渐在其他国家使用。它是指不升学、不就业、不进修或参加就业辅导，终日无所事事的族群。

剧本杀游戏行业的意义、问题与建议

石晨旭　沈　宇

摘　要： 本文通过实地调研与访谈，综合分析媒体报道、行业报告以及相关研究成果，提出新兴的剧本杀游戏行业具有多重社会意义，值得鼓励和发展。然而，由于目前诸多问题出现恐将影响行业发挥正面价值。因此，在深入分析了剧本杀行业问题根源的基础上，本文针对这些问题的根源提出了一系列促进剧本杀行业发展的建议：明确对口管理部门，建立行业监督机制；鼓励剧本杀命题创作，发挥价值观引领作用；加强人才培养，建立良好的行业形象。

关键词： 剧本杀；行业监管；价值观；人才

一、引言

作为一种新的都市社交游戏现象，剧本杀近两年开始受到大量的关注与报道。一方面，剧本杀行业被商业研究领域看好。美团《2021 实体剧本杀消费洞察报告》指出预计 2021 年国内剧本杀市场规模将超过 150 亿元，消费者规模或达 941 万。[①] 艾瑞咨询《2021 年中国剧本杀用户研究及标杆企业案例分析报告》认为 2022 年剧本杀的市场规模将达到 238.9 亿元。[②] 相关商业调查报告的出现和其中高速增长的

---

① 2021 实体剧本杀消费洞察报告：超七成用户为 30 岁以下 [J]．新民周刊，2021 (21)：31.

② 艾瑞咨询．2021 年中国剧本杀行业用户研究及标杆企业案例分析报告 [R/OL]．(2021-10-13) [2022-03-25]. https：//mp. weixin. qq. com/s/BR5QI04AP4WXg1NMdbGqng.

数据充分体现出资本市场对剧本杀行业的兴趣。其中的剧本创作发行、店铺经营以及线上平台经营蕴含了大量的商业机会，目前已经开始有资本进入剧本杀平台运营，行业聚集效应正在逐步形成。此外，剧本杀也引起了主流媒体的关注。2021 年《人民日报》《光明日报》《中国日报》等多家媒体对剧本杀进行了多次报道，指出这种新兴游戏作为年轻人的“社交新宠”成为潮流娱乐方式的新代表，产生了“疗愈功能”，行业发展潜力巨大。《中国青年报》《南都周刊》等媒体也指出了剧本杀游戏行业中所产生的问题，例如盗版频发、“黄暴”本出现、创业风险增加、缺乏监管等，并对这一新行业对青少年的影响以及发展前景提出担忧。面对社会上喜忧参半的多重关注，剧本杀行业何去何从？是否有发展的价值？这是我们要明确的问题。

二、剧本杀游戏的多重社会意义

作为一种社交游戏，剧本杀在 2016 年左右开始在我国多个一线、二线城市陆续兴起并逐渐形成流行趋势。其游戏雏形是国外的谋杀之谜（Murder Mystery）。[①] 因为狼人杀、三国杀等桌游流行在先，因此国内延续了这种命名惯例称之为剧本杀，其中也包含以往推理桌游的很多元素。顾名思义，剧本杀游戏又增加了许多特色设计，尤其在剧本阅读、推理、演绎等方面。

玩家可以通过线下实体店铺和线上剧本杀游戏平台两种形式参与剧本杀游戏。线下剧本杀游戏通常在实体店铺中进行，每次游戏通常是 6 到 10 人左右的规模，在游戏主持人的引导下，玩家根据剧本设计开始完成游戏环节，通常需要几个小时，玩家之间的互动效果与对游戏内容的体验更加深刻。在线上剧本杀中，玩家通过剧本杀 App 或小程序进行在线选择剧本、组队、分角色进行剧本阅读、推理、复盘等环节，虽然保持了同样的游戏内核，但是少了线下互动的重要内容，玩家的交流体验感大大降低。后来发展出的实景剧本杀，将游戏设计与古镇、博物馆、书店等场景相结合，强调沉浸式游戏体验。

因为丰富多元的游戏乐趣以及突出的社交体验，剧本杀游戏行业发展迅速，不仅形成了一个新的产业链，而且产生了更广泛的社会意义。通过调研与访谈，本研

---

① 陈依凡．“剧本杀”手机游戏：叙事、互动与时间的三维研究［J］．新闻研究导刊，2019（3）：48-50.

究发现：第一，剧本杀游戏可以成为青少年价值观的重要引导方式。剧本杀通过立体多元的叙事方式，创造了一种更加深刻、独特的阅读体验，加上沉浸式的演绎、推理、复盘等游戏环节设计，使玩家对剧本当中传达的价值观有更加深刻的感悟。目前，多部优秀红色剧本杀作品就是采用这种游戏形式，潜移默化地传达家国情怀、革命精神。第二，剧本杀成为当代青少年社交游戏的有效补充。网络媒体的发达使得虚拟社交越来越广，而现实的交流越来越少，宅男宅女越来越多，随之产生了许多社会、心理问题。[①] 原有的线下社交游戏已经很久没有迭代，逐渐丧失了新鲜感和号召力。剧本杀的出现为缓解青少年的社交问题提供了一个新的出口。[②] 第三，剧本杀拓展了新的教学、研究领域。例如，在创意写作教学方面，剧本杀剧本创作成为创意写作的一个新的对象。2021 年 9 月，青岛科技大学的创意写作课程和文化创意产业概论课程中进行了剧本杀剧本创作的实验教学。2019 年开始，剧本杀游戏开始进入学术研究的视野，其中的叙事方式和社交属性开始受到关注，传统的影视戏剧学理论已经无法解释这些新的现象，为相关理论研究提出了新的问题。第四，剧本杀创造了多种全新的就业岗位。剧本杀写作、剧本杀店铺运营、游戏主持、非玩家角色配合、线上剧本杀游戏平台开发与管理、剧本杀发行工作等整个产业链都迫切需要多元人才的加入。此外，古镇旅游业、保险业、影视业、书店等领域已经开始针对本行业形象推广合作开发剧本，把剧本杀游戏作为市场营销的一种新形式，拓宽了剧本杀游戏的应用范畴。从这几个方面综合来看，剧本杀游戏是一个具有多重社会意义、值得鼓励发展的行业。

三、剧本杀游戏行业问题的深层原因

剧本杀游戏行业也出现了很多问题，如盗版侵权泛滥、剧本内容参差不齐、剧本知识含量低、店铺和平台恶意挖角、从业人员素质良莠不齐、安全隐患、虚假营销等。这些问题对该行业的社会声誉和发展前景产生了严重的影响。这些问题也已在媒体报道和行业报告当中多有体现，本文不再赘述，现在主要探讨这些问题的根

① 蒋俏蕾，童淑婷，陈宗海．青少年互联网依赖与风险应对［J］．青年探索，2020（6）：37-46.

② 邓熙媛．社会学视阈下的新兴休闲游戏狂欢［J］．喜剧世界（下半月），2021（4）：50-51.

源所在。根据调研，本研究将剧本杀行业衍生出的问题归为以下几个方面。

第一，市场需求与价值观引领之间的矛盾问题。

作为一种商品，剧本杀创作首先要尽快抢占市场，呼应玩家市场的需求，创造新鲜刺激的游戏体验，提出游戏有趣的卖点。新华社文章《宣扬暴力、灵异，变味的“剧本杀”引担忧》① 等报道也曾指出大量剧本专注边缘而迷乱的悬疑推理剧情来满足人们对“欲望与猎奇”的体验。虽然剧本杀创作的题材丰富，但是目前凶杀案推理是剧本杀游戏常见的内容之一。各个平台的数据显示类似主题是目前最受市场欢迎的一类游戏。

在这种市场导向的创作思路下，创作者常常无法兼顾剧本杀游戏的价值观引导作用。目前市场对新剧本的需求较大，在创作时间和精力有限的条件下，为玩家创造新鲜刺激的游戏体验感是创作者首要思考的问题，在写作风格方面也更加偏重通过叙述性诡计模糊和误导，增加玩家推理的难度和趣味。提高剧本立意和发挥价值观引领作用则成为一个更高层面的要求，通常将严肃选题与游戏趣味相结合会增加创作的难度。在快节奏的市场压力下，创作者多数时候难以顾及价值观的追求，甚至会有试图打擦边球的“不良本”出现。

第二，行业进入门槛低与剧本质量要求高之间的矛盾问题。

目前网络上流行的剧本杀游戏的测评标准主要是故事、推理、娱乐、难度等几个方面，表面看起来似乎没有什么专业技术门槛。因此，有从业者误以为剧本杀游戏创作仅是一种游戏设计并不需要知识积累和写作才华。实则不然，一个成功的剧本要为玩家带来良好的阅读体验，抓住玩家的注意力，用充实的内容满足动辄三四个小时的时间要求，是有相当的写作难度的。如果剧本无法把玩家带入沉浸式体验，将难以形成积极互动的气氛，而几个小时的游戏时长则把这种无聊与尴尬凸显到极致，会直接导致玩家放弃剧本杀游戏。因此，剧本杀创作不仅要完善传达故事逻辑、人物情感发展，还需要配合游戏的玩法以及分角色创作，对作者的知识、逻辑和文笔提出了较高的要求。

然而，目前的情况是，任何人都可以写作、投稿，尤其是网络平台更是不设门槛，只要作品适合市场需求就可以发行。剧本杀创作的复合性要求，需要创作者有

① 宣扬暴力、灵异，变味的“剧本杀”引担忧［EB/OL］.（2021-09-22）［2022-02-02］. https：//m. gmw. cn/baijia/2021-09/22/1302593585. html.

一个学习和适应的过程。对于已有的作者群体来说，即使是写作经验丰富的剧本、小说作家，在进入剧本杀创作的时候也需要重新学习和适应游戏创作的原则。行业和学校尚未开展针对剧本杀创作的专门的、系统的教学或者培训。剧本杀创作者需要自学、摸索剧本杀的写作规则，不断试验，进而创作出优质的剧本。这需要一个过程，并非那些“剧本杀写作速成班”所讲的“有手就能赚钱”。许多人冲着商业机会涌入这个行业，并不具备相关的知识素养，并且大量都是兼职人员。可以说，剧本杀目前还处于一种大众创作阶段，这样的创作现状难以满足更高水平和更大规模的剧本杀创作需求。

第三，规模效应和独特创意的冲突问题。

创作、发行剧本杀精品必然需要较高的人才、时间、资金成本投入。与其他规模化的创意产品不同，剧本杀产品的创意是无法重复使用的。消费者可以多次买票观看同一个演出，也可以重复消费一款手机游戏，剧本杀游戏却是“次抛”的，其中的悬疑剧情一旦了解了也就没有推理的乐趣了，因此，同一批玩家基本不会重复消费同一个剧本。不论是城市限量发售的剧本杀游戏，还是量产的盒装剧本杀游戏，总体消费量都是相对有限的。这种低投入产出比的市场格局决定了创作者难以采取“重金打造”优秀剧本杀游戏的路径。

随着玩家的大量加入，市场需要更多新的剧本，相对于剧本的质量，数量更加紧急。大部分创作机构为了赶上市场的节奏，无法“慢工出细活”，多采取短平快的方式，以量制胜。由此，剧本杀逐渐成为低成本、大量消耗的快速消费产品。这种程序化生产的快餐式作品，再加上商业资本引入的过度营销，往往使玩家们消费心理落差更大，直接“劝退”了新的剧本杀玩家。泛滥的平庸剧本很难获得未来市场的认可，剧本杀行业需要寻找新的商业模式。

四、促进剧本杀行业发展的建议

通过分析剧本杀行业目前的问题和问题背后的深层次原因可以发现，剧本杀行业目前在市场力量的主导下野蛮生长，因此，为了充分发挥剧本杀的社会效益，促使剧本杀行业健康发展，本文从管理和引导方面提出以下几个建议。

其一，明确对口管理部门，建立行业监督机制。

2021年3月，中国文化娱乐行业协会在天津成立了沉浸式剧本娱乐专业委员会。2021年7月，中国文化管理协会剧本推理工作委员会启动工作。2021年9月，央视网联合多家相关媒体和剧本杀平台发起了《剧本杀行业倡议书》……然而，这些动作还不足以引导瞬息万变的剧本杀行业的发展。剧本杀游戏行业当中包含了剧本发行、店铺运营、网络平台运营、会展等多个方面，属于一种综合性文化产品。目前剧本杀作品发行与普通商品销售过程并无两样，没有行业标准，也没有内容把关环节。剧本杀经营主体比较多样化，既有文化传媒类公司也有科技类公司。作为一种与游戏厅类似的娱乐场所，线下剧本杀店铺的经营还涉及文化部门、工商部门的管理。总体来讲，剧本杀行业的管理涉及出版、文化、工商等多个管理部门。

本文建议，由中宣部牵头联合文旅部、国家市场监督管理总局等密切相关的部门进行深入的行业调研，明确管理机制，出台引导政策、规范框架政策；针对价值观隐患、店铺经营安全隐患、版权问题等尽快出台相关把关制度。这是剧本杀行业继续发展的底线工作。同时，也要充分考虑到剧本杀游戏与其他文化作品和商品的不同特点，通过鼓励建立行业协会联盟的形式，由行业内部约定行业规范，提高行业对剧本杀版权的保护意识，加强行业宣传，提升剧本杀的社会口碑。双管齐下，形成软硬结合的管理模式。在具体监管方式上，可以广泛利用互联网平台，建立消费者点评打分与主管单位内容审查双向结合的制度。

其二，鼓励剧本杀命题创作，发挥价值观引领作用。

如果任由市场需求、资本力量来主导剧本杀行业的发展，要么快餐式剧本的喧嚣还会持续相当长的一段时间，要么市场会迅速向头部平台聚集，这会浪费相当多的市场资源。为了充分发挥剧本杀的价值观影响力，促进剧本杀行业有序发展，管理部门和行业协会可以引导剧本杀创作机构更多地开展主题创作，引导各文化机构在合适的文化活动中使用这种游戏形式，促进剧本杀游戏与更多行业和社会资源相结合，形成可持续发展的路径。

例如，将有利于弘扬社会主义核心价值观的题材应用到剧本杀创作当中，可以在很多文化、社会工作中发挥作用。以党史景点、革命故事、党建基地为基础，进行红色剧本杀创作，在传播先进事迹的同时让参观者更有参与感。以历史文化景点、书店等为场景进行相关题材的剧本定制，在内容方面有意识地加入更多的人文知识进行创作，还可以将社会问题纳入剧本杀游戏创作。在剧本创作中加入反对金融诈骗、提高青少年个人安全意识等公益信息。这些方式都可以拓展剧本杀游戏的应用场景，改变“次抛”消费的商业模式，成为剧本杀游戏持续发展的新方向。

其三，加强人才培养，建立良好的行业形象。

面对剧本杀行业对创作人才、经营人才、管理人才等新职位的大量需求，管理部门和行业协会可以鼓励多种形式的教育培训，提高剧本杀从业者的专业水准。剧本杀的受众群体以青少年为主，因此，与相关的院校合作可以增加学生实践机会，增加发掘潜力剧本作者的途径，吸引更多具有专业背景的写手加入剧本杀创作团队，或者成为专业知识领域咨询团队的成员。

与此同时，为了吸引更多人才加入，新行业需要维护良好的行业形象。剧本杀对社会公众来说是比较陌生的游戏类产品，当前行业中出现的各种乱象加上相关媒体报道的发酵，剧本杀行业的社会形象急转直下。这样的行业形象会令从业者找不到定位和行业自豪感，也无法吸引更多人才加入。因此，笔者建议相关管理部门和行业协会通过引导开展系统的研究和成果传播促进剧本杀行业的发展。一方面，加强研究，找到剧本杀游戏的理论源流和创新意义；另一方面，对剧本杀行业的精品和正面影响进行认可并且加强社会传播，提高剧本杀从业者的归属感和行业荣誉感。

剧本杀市场日益增长，但剧本创作经典可谓少之又少。作为一个已经在影响青少年的游戏，为了避免产生更严重的负面案例和社会影响，相关管理部门应该尽快重视起来，采取措施，在行业发展初期发挥制度的建设作用，加强监督、管理，引导、促进剧本杀行业发展。

（石晨旭，青岛科技大学传媒学院副教授，中央美术学院博士后，北京大学博士；沈宇，青岛科技大学传媒学院出版学硕士研究生）

加密艺术的定义及艺术性探究

肖梦涯

摘　要：加密艺术在2021年成为备受关注、追捧的对象，从资本圈到艺术界都在积极参与其中。笔者持续关注元宇宙和加密艺术的发展动态以及学术界关于加密艺术的探讨。笔者在《美术观察》杂志2021年第11期读到一篇名为《加密艺术：数字艺术向元宇宙迁移的“摆渡人”》[①] 的文章，对其中部分观点有一些个人理解。本文尝试分析原作者杨嘎的观点，结合自己对加密艺术的理解，补充和探讨原文论点的解读或阐释的可能性。

有关加密艺术的论文，大多以拍卖行惊人的拍卖纪录和知名艺术家的加密艺术项目作为开头，由此吸引读者对加密艺术的兴趣，随即展开加密艺术的基本知识以及其元宇宙属性介绍。此类公开信息已经在不同渠道大量传播或基本达成共识，且对加密艺术的艺术问题讨论是本文的主要意图，因此本文在此不再对基本概念进行赘述。杨嘎用前两页的篇幅针对拍卖纪录和各国知名艺术家的加密艺术项目，以及加密艺术的特质做了详尽的介绍，对此笔者做一些补充。

一、加密艺术的重要特质

杨嘎总结加密艺术有四个主要特点，分别为：去中心化、无须许可、宽泛的艺术形式、开放和有效的价值衡量。笔者认为，作者遗漏了一项十分重要的特质，即

① 杨嘎．加密艺术：数字艺术向元宇宙迁移的“摆渡人”[J]．美术观察，2021（11）：81-88.

智能合约及其提供的广泛互动性。艺术作品或文化文本在通过数字化转型后，要利用区块链技术创建智能合约，拥有智能合约的数字艺术才能成为加密艺术。智能合约除了对数字艺术进行版权的确立和对首次交易外的追续权的确立，还有一项非常重要的技术支持，即用户互动的可能性。笔者认为，智能合约是加密艺术最重要的特点和应用技术，其中，在智能合约下的互动方式为加密艺术带来的创新性创作和收藏体验需要着重展开说明。

以加密主题系列作品《无聊猴游艇俱乐部》（*Bored Ape Yacht Club*）为例，每一位该系列加密作品持有者，每15分钟都可以在一个公域画布上更改其中的一个像素点，共同创作一幅全民参与的加密艺术品。此时，每一位加密作品的持有者都成为俱乐部的会员，每一件加密作品也成为进入俱乐部的门票。由于无聊猴视觉形象代表不同的拟人化性格和爱好，俱乐部成员自觉成立了独有的社区，甚至辐射到成员线下的社交中。成员利用无聊猴制作玩偶和衣服等衍生品，或是举办独自的社区活动。再如加密作品项目《合并》，创作者帕克更是将智能合约的游戏性提高到新维度。通过对每件加密艺术作品进行编程和绑定合约，收藏家的数字钱包中所有同款加密作品可以合并，组成一个更大质量的、全新的加密作品。该款加密作品的初始形态为一个灰白色的小球，随着合并，组合成另一只更大的球。除了体积变大外，加密作品的价格也随之累加。根据购买的大小和累积的数量，作品会发生变化，而每一次变化都在智能合约的加持下成为独一无二的新作，而没有人知道目前整体作品的具体形态。这是在确定性中体会着艺术的不确定性，在有形中尝试突破无形，而产生这些相对无限的可能性归功于加密艺术作品的每一位藏家。这颠覆了传统作品创作和收藏的概念，让创作和收藏在同一时间完成。非加密艺术因为没有区块链和智能合约等技术支持，其互动创意方式不可企及。笔者联想到草间弥生在2002年开始，于不同展览地点的互动艺术作品《消融屋》。草间弥生提前准备好彩色圆形贴纸和一间净白色的室内家居房间，观众可以在进门前选取不同大小和颜色的贴纸，在房间内自由张贴。观众在艺术家预设的规则中，观看作品和参与互动并共同完成作品，这些动作在同一时间发生，但在展览结束，收藏家或者收藏机构所获得的还是一个静态的、确定的艺术品。杨嘎虽然没有总结出以上加密作品的特点和相较于非加密艺术的巨大变化，但在前文中提及“加密艺术是真正生长在互联网上的艺术”，是对加密艺术准确的判断，只是遗憾作者并未给出具体的解释。

二、加密艺术与数字艺术的区别

首先，针对创作方式，杨嘎在文中提出："加密艺术一个巨大不同在于，创作者不仅可以通过数码工具扫描、拍照等方式，将作品借由区块链技术铸造成加密艺术品，还可以基于区块链技术，通过算法技术直接在区块链上生成艺术作品。"笔者认为，加密艺术和数字艺术是一种包含关系，即所有的加密艺术作品都是数字艺术作品，而没有在区块链中注册和获得智能合约的数字艺术作品都不是加密艺术作品。两者在作品的创作方式上没有不同，尤其视觉形象的建构依然依赖于现有的数字建构方式，如数码照相机、数码摄像机、数码扫描仪和各类数字图片和建模软件如Adobe Photoshop、Adobe Dimension、Maya、Magicavoxel等。

其次，针对欣赏和展览方式，杨嘎提出："数字艺术品仍然是基于物理存储介质而展现给观众，加密艺术除了依托于传统的视觉呈现方式，如众多加密艺术品同样以图片、3D电子模型、视频的方式展示给公众，还可以在目前元宇宙的初步形态中在虚拟空间内进行展示。"此处笔者认为，杨嘎忽略了两个实际情况。无论是网络游戏还是微信朋友圈，其实都具有虚拟空间的属性，图片、视频和数字模型是其中常见和基本的内容形式，不是加密艺术新开创的欣赏和展览方式。目前，元宇宙的初步形态，还高度依赖于物理介质呈现，无论是手机和电脑的显示屏，还是虚拟现实眼镜、增强现实投影仪，视觉影像的展示依然无法脱离物理介质的呈现。

再次，在收藏方式中，杨嘎指出："加密艺术可以将传统艺术品数字化并映射到链条上，通过区块链不可篡改的技术特征去解决版权问题和可追溯问题。"加密艺术可以对上链的数字作品做确权，但依然无法对"链下"物质性的传统艺术作品做版权的确立和追溯。如果上链前的艺术作品难辨真伪，那么就算上链后通过区块链对该作品确权，依旧只能依赖专业鉴定人或机构对作品进行鉴别。另外，杨嘎还提出："收藏加密艺术甚至不需要电脑，只需要记住区块链钱包的账号和密码，这是传统收藏方式无法企及的。"艺术品金融化在西方金融界有很成熟的业务形态和悠久的发展历史。瑞士联合银行和摩根大通等机构的私人银行，都设有艺术品金融化的服务业务，从鉴定、估价到保存，以及设立基金或有偿租借等业务，帮助藏家将流动性较低的艺术品实现相对稳定的金融收益。藏家也不需要自己保存珍贵的艺术作品，以及用电脑“保存”作品或信息，只要持有藏品保单即可。

杨嘎详细介绍了交易方式的创新，但并未提及加密艺术的交易成本问题。目前创建一件非同质化代币（NFT）所使用的最常规的区块链是以太坊（Ethereum），在其上每创建和交易一件 NFT 的成本约 70 美元（随以太币的市场价格上下浮动），这笔交易费用被称为燃料费（Gas Fee），某些 NFT 交易平台或者交易者会把这笔费用转嫁给购买者。据《福布斯》报道，目前在以太坊因为运营消耗算力，单笔交易消耗的电量相当于一栋家庭别墅在一个工作周内的耗电量。这样的交易成本和代价，是目前 NFT 去中心化和亲民的一个阻碍，并不是所有的艺术创作者都能为创建和交易每一件加密艺术作品分别支付 75 美元。另外，如此高额的电力消耗更不符合全球节能环保的发展宗旨。这些是未来 NFT 或者加密艺术需要改善的技术难点，但也是在今天针对加密艺术作品交易的讨论中不能忽略的问题。

杨嘎在大量篇幅中阐述了对加密艺术未来发展的判断，除了对加密艺术相较传统艺术在创作材料和技术方面的对比外，基本是从“上链加密”的技术层面展开，叙述其对市场和在元宇宙中的发展可能性。笔者认为，无论在交易环节还是对加密艺术的未来判断，不能略过对加密艺术的艺术性的界定和价值判断。这决定了交易的是艺术作品还是投资理财产品——我们是用艺术的判断标准去衡量作品的价值，还是用风险评估和投入产出比的方式计算数字资产的收益。

我们需要明确加密艺术和 NFT 的关系。无论在数字空间还是当下的物质世界，我们对艺术的判断基本都遵从以下几个原则：意图、情感、创造过程和语言。[①] 在杨嘎的文章中，加密艺术和 NFT 几乎是等同的概念，两者任意替换使用。笔者认为，这样混为一谈的使用并不严谨。所有的加密艺术作品一定都是 NFT，但并不是所有的 NFT 都是加密艺术。比如元宇宙平台 Cryptovoxels 中的虚拟数字地皮和地皮上的建筑物，都是有“上链加密”的动作，都是 NFT，但都不能算是艺术品，而更类似房地产业务。又如在罗布乐思（Roblox）元宇宙游戏中，玩家创建的各类 NFT，只能算作玩家的游戏资产，而非艺术作品。这些 NFT 在建立时，都没有艺术意图，而是有目的性的功利制作行为和有功能性的制作成果。NFT 的“上链加密”技术，只是为作品的创作、交易和收藏提供新的可能性，仅代表一种媒介，并

① 彭锋. 从设计到设计设计：关于人工智能时代设计的哲学思考 [J]. 艺术设计研究，2021 (1)：46-50.

不是作品的主体或主题，更不能赋予作品艺术价值。

三、唯一性和同质化

当我们界定了加密艺术的艺术性，我们更需要探讨的是“上链加密”和智能合约这些新技术或新媒介，是否为艺术创作赋予新的能量？尤其是在光电信息传播的数字空间中，非同质化的加密艺术是否突破了本雅明和法兰克福学派在20世纪上半叶就提出的机械复制时代和文化工业中文化艺术的同质化局限？笔者分以下两个部分探讨。

一共有两类NFT，一类是由艺术家本人制作的，可以理解为古德曼所描述的一阶艺术形式，如进入拍卖行拍卖的单幅作品；另一类是如前文提到的《无聊猴俱乐部》NFT项目，他们采用统一的模板和视觉元素，通过算法产生成百上千种不同的图形变化组合。针对前者，笔者认为符合艺术作品的唯一性原则，可以进入艺术界做价值判断。后者，比如无聊猴的造型总共多达1万种，虽然每一种都有唯一的加密产生智能合约，都是确权的非同质化的数字藏品，但这样的计算机复制艺术，甚至因为每一件都缺乏艺术意图、情感和创作过程，都不能称其为艺术，而只能算作数字藏品或数字资产。这样的类似流行文化的数字藏品，并不能让藏家收获艺术审美上的愉悦，更不用说体会其意境而感悟形而上的人生。

本雅明在书中解释光韵的概念：“从时空角度所作的描述就是，在一定距离之外但感觉上如此贴近之物的独一无二的显现。”① 作品要在时间或空间中展开，比如绘画和雕塑作品通常在空间中展开，超越时间的概念；而舞蹈和音乐等表演艺术在时间中展开，没有固定的空间边界。加密艺术，尤其是非连续影像类的视觉艺术，因为始终存在和展现于数字空间中，既没有物质性在空间中展开，也没有线性的时间线约束，即使是在元宇宙中展开，也是既超越时间又超越空间的存在。对此笔者尚未分析出确切的判断，但针对本雅明所说的距离感，加密艺术因过度强调其数字资产属性，因而削弱了作品的审美价值而助长了其功利的占有意图。光韵在这一点上有些许衰竭。

---

① 本雅明．机械复制时代的艺术作品［M］．王才勇，译．北京：中国城市出版社，2002：12.

针对“独一无二”，也就是本雅明提出的艺术的“原真性”[①]，加密艺术好似通过区块链技术对每一件作品的确权，完美地保护了每一件作品的原真性，但根据上文描述，若在诸如《无聊猴游艇俱乐部》这样的NFT项目中，虽然每一件NFT都具有独一无二的数据属性，但对于艺术审美来说并无意义，而只是对藏品作为一种资产属性的确权和交易提供便利。

最后，笔者认为无论《无聊猴游艇俱乐部》和《合并》两个NFT项目是否可以被界定为加密艺术，或是否具备回答本雅明对复制艺术的问题，它们对加密艺术甚至艺术界的艺术创作、观赏和收藏的确提供了很多启发。在每一次新技术和新媒介进入艺术界时，都会产生诸如此类的探讨。这样的批评和探讨活动，归根结底都是希望新技术的介入可以为艺术创作和艺术审美带来新的启发和感悟，在辩证地利用新技术为艺术带来新的可能性的同时，让文艺作品依旧可以回归人性，在作品中不仅仅是炫技而是能够充分体现人文精神，从而超越有限的占有，享受无限的世界。

（肖梦涯，北京大学艺术学院艺术学2021级博士研究生）

① 本雅明．机械复制时代的艺术作品［M］．王才勇，译．北京：中国城市出版社，2002：7.

创意孵化器

新型主流媒体建设研究

——以学习强国 App 为例

吴言悔

摘　要：互联网等技术的发展带来社会关系重塑和传播格局变迁，使主流媒体传播环境发生巨变。本文首先通过分析主流媒体转型的两种进路，说明打造具有“互联网+”基因的生态级平台的必要性；其次，选取主流媒体的实践典范学习强国 App，分析其在满足用户需求、激活用户关系、增强用户黏性三个维度的独特优势；再次，提出主流媒体应该把握技术的发展趋势，通过激活连接中的场景元素，发挥出强大的传播力、引导力、影响力、公信力。

关键词：主流媒体；平台；用户；体验；场景

数字智媒时代，互联网技术等重塑人类社会发展的连接方式，主流媒体困于自身视野和凝固的媒介组织形式，传播力出现式微现象。为重新争夺主流意识形态话语权，主流媒体纷纷搭上互联网的快车进行产业重构。作为生态级主流媒体平台，学习强国 App 以用户为核心，在满足用户需求、激活用户关系、增强用户黏性三个维度上具有独特优势，作为主流媒体具有借鉴意义。同时，主流媒体应该把握技术发展趋势，激活传播中的场景元素，抢占赛道。

一、突围：主流媒体打造生态级平台

传统媒体时代，主流媒体因其对传播渠道的绝对垄断而居于权力中心地位。受众通过报纸、广播、电视等媒介连接职业新闻工作者生产的信息，“传者本位”的单向线性传播关系使得受众与主流媒体紧密联结。数字时代以降，在互联网、移动互联网赋能下，多种新力量进场，与传统媒体进行角力，打破了主流媒体垄断的传媒生态。同时，技术赋权使得人人拥有麦克风，受众转变为兼具信息生产和消费双重属性的个体化节点，节点式传播格局进一步消解用户与主流媒体的连接性，从而削弱了主流媒体在意识形态领域的话语权。然而，主流媒体肩负着意识形态宣传、舆论引导等重大使命，面对传统渠道失灵的困境，许多主流媒体积极响应习近平总书记在中央政治局第十二次集体学习时的重要讲话精神，顺应互联网的发展趋势，加速媒体融合发展与转型。

当前主流媒体基于互联网思维转型的进路有两种，第一种是延续主流媒体优势，拓宽传播渠道建设；第二种是变革主流媒体运行逻辑，打造生态级平台。实践证明，运用第一种思路进行转型的主流媒体传播效果不佳。无论是办网站、做客户端、App 并将纸质生产内容“全媒体化”包装后进行投放，还是与商业平台联姻，在已有流量的商业平台上，注册账号发布内容，都是在既有的运作基础上，基于“+互联网思维”，对不同的媒介形式和媒介功效进行简单的延伸与叠加，本质仍然是一个为平台提供信息与内容的渠道，很难具备吸引、连接、留存用户的能力。

学习强国 App 就是基于第二种思路打造的具有“互联网+”基因的新型主流媒体。首先，学习强国 App 符合兼具舆论引导力与市场竞争力的新型主流媒体要求，能够有效整合各类信息资源，融合生产机制中的各要素环节，从而通过网络效应，放大整体效能，形成流量入口获取用户。其次，学习强国 App 是由以深入学习、宣传习近平新时代中国特色社会主义思想为主要内容打造的面向全体党员及群众的移动学习平台。如集装箱改变全球商品移动的物质“带宽”一样，学习强国平台不仅可以延续主流媒体的内容优势，还可以通过广泛连接诸如人民网、新华网等主流媒体，集纳海量优质内容，以丰富的学习资源优势聚合用户。最后，学习强国 App 通过功能的迭代满足用户的多元需求。例如，设置学习积分，利用线上免费学习所得的积分兑换书籍、视频网站会员、景区门票等，价值链条从线上学习向线下服务延伸，用户基于价格敏感和价值敏感的双重标准，完成精神价值转向物质消费的闭环，最终形成平台生态，增强用户黏性。

学习强国 App 作为“互联网+”逻辑演化的生态级平台，具有较强的可持续性发展能力和自我造血能力，成为主流媒体转型的实践典范。

二、优化：以用户为核心进行多维布局

在互联网时代，用户在选择什么样的媒体和怎样使用媒体方面有极大的自主权，同时互联网的开放与连接改变了信息资源的稀缺程度，海量的信息和多元的渠道使得用户的时间和注意力成为稀缺资源，因此，如何吸引用户、留存用户是主流媒体转型过程中的重要面向。学习强国 App 以用户为核心，通过平台自身迭代与升级展现出强大的传播力，对新时期主流媒体转型具有借鉴意义。

学习强国 App 在搭建流量入口平台的基础上，以用户为核心，重视三个维度的布局：首先，发挥主流媒体内容生产与聚合的专业优势，满足用户获取信息需求；其次，重视社交化传播，通过强弱关系的同时在场，激活用户关系，拓展平台对用户的覆盖范围；再次，优化教育、娱乐体验，为平台“有用”特征叠加“有趣”属性，增强用户黏性。

（一）内容本位：发挥专业优势和聚合优势，满足用户需求

主流媒体作为意识形态传播的主阵地，承担着价值风向标使命，因此，应始终将内容建设作为核心，一方面，通过内容聚合，为用户搭建信息资源的“无限货架”；另一方面，对内容进行纵向深耕，延续主流媒体专业优势。

其一，学习强国平台通过横向布局，连接多类传播主体和资源要素，从而形成聚合优势。在原创内容生产的内驱能力基础上，学习强国平台外部连接了多家中央及各地卫视广播电台，人民网、新华网等可供转载新闻的网站，中央及各省区市党报党刊，聚合优质资源，打造信息的“无限货架”。同时，学习强国平台开通“强国号”，邀请如《人民日报》、央视新闻等主要央媒，《文汇报》等地方媒体，中国文艺网等行业媒体以及北京大学等高校、科技工作者之家等社会机构直接入驻，使平台间实现高效的多边价值交换成为可能。

其二，学习强国平台通过议程设置，对内容进行纵向深耕，内容关联度的深化可以形成传播合力，发挥正确引导舆论的作用。麦库姆斯和肖指出媒介通过议程设

置，“有意识地”进行素材选择并大量报道来影响受众对事件的重要性排序。学习强国App设置“强国热搜”和“专题学习”两个栏目全景式多角度连接议题，强化舆论引导。例如，在“学习贯彻党的十九届五中全会精神”专题中按照发布主体分为“权威发布”“中央宣讲团”“各地宣讲”三个板块，通过对中央政策文件、讲话的解读与各地组织专题学习、宣讲情况的总结，用户可以全景式多角度了解议题，有助于主流意识形态的正确传播和公众理性思考。

（二）关系赋权：强弱关系同时在场，激活用户关系

移动化、便捷化、互动化的互联网环境使社交与传播的共生现象尤为明显，“社交化”使人际关系网络成为大众传播的重要基础设施，从“内容平台”到“关系平台”的转向，使用户可以在平台中多脉络编织自己的人际网络，从而在互动中获得群体归属感。

第一，法国学者皮埃尔·布尔迪厄将整个社会看作通过语言进行的象征性交换的市场。根据场域的界说，学习强国App将信息资源和用户置于同一个拟态时空中，成为用户线上进行理论学习的主要场所，并且在用户场域中，产生核心用户即党员、边缘用户即群众的客观关系。因此，平台通过用户定位、关系的不同矢量，通过群组设置功能，构建用户细分场域。学习强国App用户注册页面有“学习组织认定”条件，党员作为学习强国平台的核心用户，注册时须标明所属党组织，后期可以在“强国通”栏目的组织群里进行工作沟通，同样，独立的个体用户也可以作为发起人，建立群组对议题进行交流探讨。① 无论是党员身份的核心用户还是个体身份的边缘用户，都可以通过群组联结形成的学习场域进行理论学习和自由沟通。

同时，学习强国App优化办公功能，使得各基层党支部工作数字化、在线化，留存核心用户。各基层党支部通过互联网的入口，延伸至线上，有效地扩展了基层党建工作的范围，实现“线上”与“线下”的连接。比如“强国视频会议”“强国音频会议”通过优化，提高参会人数上限，支持群聊、实时展示参会人数、离会等功能，优化用户体验，使党员成为“群”的圈式结构，提高个人之间的联系效率，从而形成清晰的身份意识，有利于对组织产生归属感。

① 强月新，刘亚．从学习强国看媒体融合时代政治传播的新路径［J］．现代传播（中国传媒大学学报），2019（6）：29－33.

第二，在搭建用户社交场域的基础上，通过个体间强弱关系的同时“在场”，使得熟悉感与陌生感叠加，激活用户的分布式关系网络。美国社会学家格兰诺维特在对劳动力市场的分析之中，用关系的互动频率、感情强度、亲密程度和互惠交换四个维度来对关系的强弱进行衡量，提出社会网络中的个体存在着强、弱两种关系。学习强国 App 作为基层党组织理论学习的抓手，各基层党支部对党员的学习积分有不同要求，因此，在线上学习中，同一党支部即同质性群体的党员之间具有频繁的、直接的关系，即强关系。弱关系则为不同群体间的纽带，其特点表现为个人的社会网络异质性强，人与人的关系并不紧密但用户可以在学习强国 App 发布的文章、长短视频以及“评论场域”中自由地发表观点、交流讨论，成为哈贝马斯提出的“公共领域”，以内容为纽带与陌生人进行充分互动，从而形成弱关系。学习强国 App 以内容为轴，连接强弱关系上的个体，同时注重信息分享通道的打通，利用自来水效应形成线上与线下的全辐射。例如，我们被微博、微信、钉钉等平台用转载的学习强国 App 内容所吸引，此时我们就成为学习强国平台的潜在用户，在分享即获取的时代，内容未必是重要的，人成为新的传播渠道、入口，用户关系的激活使我们被卷入自己的信任链条，这也放大了主流媒体的传播影响力。

（三）优化教育与娱乐体验，增强用户黏性

派恩、吉尔摩等人认为，在这个时代，立足消费者的“体验”是生产与消费的核心产品，主流媒体为获取用户的注意力，应该将体验嵌入平台的功能之中，使平台与用户建立深度的情感联结，因此，产品应该诉诸用户需求和感官，具备实用性和娱乐性双重属性。学习强国 App 通过自身不断地迭代与更新，优化用户的教育性体验和娱乐性体验从而增强用户黏性。

首先，教育性体验是主流媒体平台连接用户的核心能力。爱德华·托尔曼认为与砸墙的锤子、吊起食品的绳子相同，媒介具有工具属性。学习强国作为理论学习平台，主题鲜明，开设“要闻”“新思想”等栏目对中央政策文件、会议进行全面解读，有助于用户及时地把握当前国内经济、政治、文化环境的新变化，还能更好地理解党的时代精神以及个人的时代责任。同时，新媒体时期的信息消费，越来越多发生在各种零星的时间段，也就是媒体使用时间变得零碎化。在这样碎片化的时间里，人们更倾向于消费短平快的信息。学习强国 App 顺应信息消费趋势，融合多种

媒介形式，既提供适合碎片化学习的“短视频”“图解十九大”“每日金句”等栏目，又提供“专题报道”“系列报道”“长视频”等适合系统化学习的内容，碎片化学习模式结合系统化学习模式，有助于培养用户形成学习习惯。

其次，娱乐性体验是用户与主流媒体平台连接的外延动力。威廉·史蒂芬森提出游戏理论，认为媒介具有消遣性。娱乐的体验可以在感官被动吸引式体验活动中形成。学习强国 App 在内容选择方面一应俱全，除了时政要闻，还有“每日科普”“每日人文地图”等专题，满足用户在中央政策、人文社会知识等方面的多元需求，这些内容既突出了主流意识形态的权威性，也具有强烈的趣味性和可读性。学习强国 App 在内容形式上包含文字、长视频、短视频、图片等多种形式，通过全媒体诉诸用户的多感官，帮助用户获得沉浸式体验。如“百灵”短视频频道，根据内容特征和所包含的元素细分为“推荐”“党史”“熊猫”“美食”等 11 个栏目，符合新媒体时代信息消费的碎片化特征。

再次，学习强国 App 对积分规则的设置与优化就是将主流意识形态的传播创设为一个“高级的竞赛游戏”。区别于“纯粹游戏”，“高级的竞赛游戏”注重组织规则。学习强国采用积分制，用户登录、阅读文章、观看视频、收藏、订阅、分享、评论、答题等行为都能得到相应的积分，其中争上游答题、双人对战都是以答题的方式检验自我学习成果，积分的获取可以为我们带来情绪、情感、信息等方面的满足。值得注意的是，学习强国 App 对积分数字的呈现多次进行优化，其原因可以追溯到麦克卢汉在《理解媒介：论人的延伸》中对于数字论述进行阐释：“数字是我们最亲密、相互关系最密切的互动（即触觉）的延伸和分离。”① 因此，我们喜欢积分（数字）增值的感觉，娱乐性体验强烈地刺激了我们的感官，让用户在娱乐中学习。

三、进化：场景成为主流媒体新窗口

新型主流媒体应该集纳社会资源优势、数据优势、政策制度优势，并将它们转化成价值引领、主流思想传播的整体优势。这要求主流媒体把握“互联网＋”带来的新态势，在产业价值链环节解构和价值链“跨链”重组中创造出集新产品、新服

---

① 麦克卢汉．理解媒介：论人的延伸［M］．何道宽，译．南京：译林出版社，2019：135-148.

务、新技术于一体的新型主流媒体。当前，随着5G、虚拟现实/增强现实、物联网、大数据、云计算、人工智能的发展和应用，万物互联、万物皆媒，场景将成为商业实践的超级风口，因此，主流媒体应该把握技术发展趋势，布局场景连接，做技术风口的先行者。

场景，本来是一个影视用语，指在特定时间、空间内发生的行动，或者因为人物关系构成的具体画面，是通过人物行动来表现剧情的一个个特定过程。从电影角度讲，正是不同的场景组成了一个完整的故事，场景不同，意义大不一样。[①] 在传播语境中，场景是对于用户使用传播时的一种基于时空环境的规定性。这种规定既对于人们接触、选择和使用内容产品给予一定的“屏蔽”和限定，也为某种与“场景”需求相吻合的信息提供了长驱直入的可能性。[②] 因此，主流媒体应激活传播中的场景元素，基于场景塑造新的规则。

其一，主流媒体可以主动创造场景。主流媒体依托虚拟现实/增强现实、人工智能等数字技术，为用户打造一个“真实”多维的拟态环境，改变“人的延伸”方式，使用户可以在现实空间与虚拟空间互换的空间环境中产生感官交互活动[③]，在教育性体验和娱乐性体验基础上，将沉浸式体验嵌入到用户对平台的使用中，打造沉浸式学习场景。这不仅可以提升用户的留存率、转化率，还使用户主动、积极、终身学习成为可能。例如，学习强国App可以赋予每位注册用户一个虚拟形象，将通过阅读、答题获取积分的形式转变为虚拟形象的“养成”游戏，给予用户即时报偿的满足感，通过沉浸式体验的辅助手段更好地让用户沉浸于主流媒体提供的优质内容中，获得学习知识的满足感。此外，学习强国App可以优化答题环节，将“每日答题”“每周答题”“专项答题”“挑战答题”“四人赛”“双人对战”优化为虚拟现实游戏，将抽象的知识可视化，通过互动调动用户多感官参与，激发用户的学习兴趣，进而加深用户对学习内容的深刻理解。

其二，主流媒体可以连接场景，应思考如何将提供的信息内容与用户的使用场景连接，形成1＋1＞2的跨界连接优势。例如，易到用车在世界读书日特别上线“单读”车型，联合单向空间（单向街书店），给所有爱书的人悉心奉上甄选书籍，

---

① 吴声．场景革命：重构人与商业连接［M］．北京：机械工业出版社，2015：28.

② 喻国明．用“互联网＋”新常态构造传播新景观：兼论内容产品从“两要素模式”向“四要素模式”的转型升级［J］．新闻与写作，2015（6）：39-42.

③ 徐铷忆，陈卫东，郑思思，等．境身合一：沉浸式体验的内涵建构、实现机制与教育应用：兼论AI＋沉浸式学习的新场域［J］．远程教育杂志，2021（1）：28-40.

让用户在乘车的路上，与书相伴。[①] 这给我们的启示是，当前用户通勤时间对于各大平台而言是尚未被开发的新蓝海，学习强国 App 可以与汽车广播电台合作，让"电台"栏目中的"强国之声""听新闻报摘"等内容出现在用户通勤过程中，从而为平台吸引潜在用户，利用好碎片时间传递主流声音。

正如尼尔·波兹曼所言："每种技术都有自己的议程，都是等待被揭示的一种隐喻。"积极布局场景连接，是未来主流媒体转型、进化的重要面向。

互联网技术重塑权力格局与社会关系，主流媒体亟须将"互联网＋"作为底层逻辑进行转型，以用户为核心重塑传播格局。学习强国 App 的生态级主流媒体平台构建，重视三个维度的布局，为其他主流媒体转型提供借鉴意义。首先，坚持内容本位，发挥内容生产与聚合的专业优势，满足用户获取信息需求；其次，重视社交化传播，通过强弱关系同时在场，激活用户关系，拓展平台对用户的覆盖范围；再次，优化教育、娱乐体验，为平台"有用"特征叠加"有趣"属性，增强用户黏性。未来，场景将成为商业实践的超级风口，主流媒体应激活传播中的场景元素，将用户置于虚拟与现实交叠的流动空间中，发挥出传播的最大效力，夯实主流意识形态传播的主阵地。

（吴言悔，首都师范大学文学院文化产业专业 2020 级硕士研究生）

① 吴声．场景革命：重构人与商业连接［M］．北京：机械工业出版社，2015：88.

网络综艺节目 IP 开发的意义及路径研究

——以《明星大侦探》为例

逄雅惠

摘　要： 无论是影视剧还是综艺节目，IP 皆是其发展中的重要一环。然而，许多网络综艺节目仅是简单地利用 IP 的名称，没有很好地对其进行开发利用。本文通过分析网络综艺节目 IP 开发的现状，探究网络综艺 IP 开发的意义及途径，以 IP 开发较为成功的网络综艺《明星大侦探》为例对网络综艺的 IP 开发进行论证分析。

关键词：《明星大侦探》；IP 开发；情感共鸣

如今，IP 开发已成为影视娱乐行业中必不可少的一环。无论是影视剧还是综艺节目都不可避免地购买 IP。尤其对综艺节目而言，IP 综艺能够自带流量和粉丝，市场竞争力更强，但部分综艺节目只是简单挪用 IP，未能深度激活 IP 价值，难以发挥 IP 优势，尤其是购买自海外的综艺 IP 易出现与中国娱乐市场不相融和价值引导错位等问题。[①] 因此，针对此问题，引进平台更需要对 IP 进行深度开发，挖掘 IP 的核心价值进而完成品牌的打造，从而实现对其进行全产业链运营。

一、网络综艺节目 IP 开发现状

《2021 中国网络视听发展研究报告》显示，2020 年网络综艺共播出 212 档，上新数量提升，制作水平持续提高。播映指数排在前 20 位的包含 17 档真人秀节目和

① 杨心怡，鲁小艳．《明星大侦探》本土化 IP 路径研究［J］．视听，2021（4）：39-40.

3 档脱口秀节目，其中 14 档节目属于综 N 代。由此可知，真人秀节目、综 N 代节目最受网民喜爱。

2020 年单期平均时长超过 2 个小时的节目有 26 档，相比 2019 年的 16 档增长了 62%。业界研判，网络综艺正在向长时长发展，而这一发展趋势正是主要为满足用户对内容的多元需求。[①]

（一）综 N 代发展，缺少创新

现如今的综艺节目多以打造综 N 代为发展目标，第一季的内容主要为适应市场服务，节目运营方会通过分析第一季的节目反响进行下一季的内容调整。若第一季节目备受观众欢迎，则第二季的内容突破不会很多。参与投资的广告商会因为第一季节目的较好反响而增多，节目的商业化会更加明显，如《演员请就位》第二季。若第一季节目在市场中表现平平，而节目组又不愿重新培养一个 IP 节目，则会在明星嘉宾的邀请、节目剧情等方面进行创新，如《这！就是街舞》第二季邀请了易烊千玺作为队长为节目的流量进行加持。

除了以综 N 代为发展目标的传统综艺，也不乏为适应社会发展出现的综艺节目。如 2020 年年初，受疫情影响“云录制”节目备受各平台制作方的欢迎，如爱奇艺推出《宅家点歌台》《宅家运动会》《宅家猜猜猜》，老牌网综节目推出的疫情特别版，诸如《见字如面》抗疫特别版、《拜托了，我饿》（《拜托了，冰箱》特别版），都主要以同框连线、vlog 第一视角等方式[②]进行展现。

这些综艺是各平台受限于社会大环境生产的文化产品，传统综艺节目则是各运营平台主要的制作方向。因而，通过综 N 代打造 IP 综艺则是现如今平台主要选择的方式。然而，IP 综艺 N 代发展的模式会限制制作方的创造性生产以及对原创性 IP 综艺的开发，造成海外引进 IP 综艺在国内占据主导的现状。

（二）节目内容相互独立，缺少关联性

《2021 中国网络视听发展研究报告》中的“2020 年上线网络综艺节目播映指数

---

① 2021 年《中国网络视听发展研究报告》都在关注什么？[EB/OL].（2021-06-03）[2022-03-25]. https://mp.weixin.qq.com/s/nIXe4UcfJ9-B9D0HvxghlA.

② 2020 年第一季度网络综艺报告 [EB/OL].（2020-04-20）[2021-12-26]. https://www.sohu.com/a/389668729_697084.

TOP20”显示，入选的节目包含3档脱口秀节目和17档真人秀节目。比赛型综艺节目的节目关联性主要体现在比赛机制方面，其中的具体节目内容则独立性较强。尤其是综N代型比赛综艺其代际间的内容关联性更低，唯有前后参赛选手的“合体联动”将节目进行关联。脱口秀节目的内容独立性则更强，单期节目的内容主题便会有很大不同，代际的关联性则主要依靠高人气表演者进行维系，甚少节目内容方面的前后呼应。婚恋型综艺的代际关联性相较前两者则更低。

由此可见，IP节目在节目内容的关联性方面发展较差，观众对节目的忠诚度会更限于当季节目，对N代发展的节目本身的品牌兴趣度不足，观众黏性并没有随着综艺的N代发展逐渐加深。

（三）限于节目制播，缺少衍生产品

大多节目受限于节目本身的内容制作与播出，仍将注意力放在节目自身的N代发展，而忽视了利用节目本身IP的热度进行衍生产品的打造。制作方仅将综艺IP的开发限于节目内容的制作播出以及明星的参与方面，忽略了IP本身能够进行全产业链开发的优势。

也有平台逐渐重视综艺IP的衍生联动，并进行试水，如《青春有你2》衍生节目《青春加点戏》，《青春有你2》会员版，以及衍生漫画《青春有你2之flower girl》。① 利用热门IP剧集进行综艺的反向衍生也正在出现，如推出剧集《鬓边不是海棠红》衍生综艺《瑜你台上见》。② 这些试水的衍生项目并没有在市场中产生较好反响，但却为平台提供了一种新的IP开发思路。

二、网络综艺节目IP开发的意义与实现途径

综艺节目开发IP能够增强观众的情感共鸣，从而增强观众黏性，节目制作方才能够更好地推进N代综艺的发展，维持节目热度。节目IP的开发可以从三个方面实现：明确节目定位以避免同质内容、突出嘉宾特色以创造品牌效应、挖掘IP价值

①② 2020年第一季度网络综艺报告［EB/OL］.（2020-04-20）［2021-12-26］. https：//www.sohu.com/a/389668729_697084.

以打造衍生产品。

（一）意义

IP 是知识产权（Intellectual Property）的简称，它为综艺节目提供创意内容，释放综艺节目制作的活力，是综艺节目制作、竞争的核心。正如腾讯集团副总裁程武所说："IP 最基础的定义是知识产权，目前市场上很多人把有知名度的东西都叫 IP，但其实我对 IP 的理解有一点不同，更精确地说，IP 的实质就是经过市场验证的用户的情感承载，或者是说在创意产业里面，经过市场验证的用户需求。'用户情感共鸣'是这个概念里的核心元素，它不仅仅是一种符号，而是知识产权和创意产业里面代表的情感。"[①] 当用户能够对 IP 产生认同，才会生成对综艺 IP 的黏性，其对 N 代综艺的忠诚度则会存在，从而节目才能够自发形成品牌，其热度才能够一季季、一年年维持。这也是综艺节目需要注重 IP 开发的意义所在。

（二）实现途径

加深对 IP 的开发以增强观众黏性，从而维持节目热度，是大多综艺节目制播方应重视和努力实现的。

1. 明确节目定位，避免同质内容

节目应明确自身 IP 定位，从节目类型、节目内容、节目目标受众及节目核心思想等方面进行个性化设计。随着社会发展，人民生活水平越来越高，追求美好生活的人民逐年增加。当代人的时间日渐碎片化，综艺已成为消遣时光、丰富日常精神生活的重要途径之一。然而，随着综艺节目的日渐丰富，市场逐渐接近饱和，如何和"竞品"节目争夺市场，发扬自身长处以减少同质化是各综艺节目开发 IP 时需要着重考虑的。如《创造营》和《青春有你》两档选秀节目受背后平台的资本支持在市场竞争中不相上下，但节目的定位、赛制和内容都高度一致。尽管有不同的参赛选手及导师引导话题度，但其自身的节目内容和热度却在逐年下降。若其中任一节目能够突破已有的赛制限制进行创新，其新意定会成为节目 IP 中的亮点，从而成为节目的特色代名词，增强观众黏性，从而在市场竞争中占据优势。

---

① 程武，李清. IP 热潮的背后与泛娱乐思维下的未来电影［J］. 当代电影，2015（9）：17-22.

2. 突出嘉宾特色，创造品牌效应

嘉宾是综艺节目的重要元素。邀请到适合节目内容的嘉宾会丰富节目 IP 的内容，助力 IP 开发。腾讯副总裁程武说道：“IP 经过验证之后，有了粉丝的情感在里面，往往更容易得到用户的认可。”① 因此，利用粉丝的力量及嘉宾所带话题流量形成节目口碑，对于节目制播方而言是一个很好的开发节目 IP 的方式。

合适的节目嘉宾能够成为常驻嘉宾，会为节目 IP 增添品牌效应，节目和明星双方都能实现共赢。嘉宾在综艺节目上的卓越表现能够突出其在原领域中没有展现的优点，成为其对外发展的名片。同理，明星在综艺节目中的较佳口碑能够为节目引流，其与节目更好地捆绑从而促进节目的品牌形成，进而扩大节目品牌在产业链各环节的影响。

3. 挖掘 IP 价值，打造衍生产品

每一个节目都有其自身定位，每一个 IP 都有其自身价值。综艺节目对 IP 价值的挖掘更应注重节目内容的设置以增强观众对其的情感共鸣，让观众对 IP 节目产生依赖感。节目对 IP 进行衍生开发会更好地收获观众流量，并为原 IP 节目进行反向引流，丰富整个 IP 产业链的开发。衍生产品包括周边产品、节目嘉宾演唱会、粉丝见面会、节目经典影像及语录合集等。

三、《明星大侦探》IP 开发案例分析

《明星大侦探》作为一个海外引进 IP 综艺，其在国内已经播出六季，豆瓣评分基本都在 9 分以上。作为一个综 N 代节目，《明星大侦探》已成为行业中十分经典的网络综艺，其剧本杀的游戏模式已经带动了线下桌游的创新发展。现在各网络平台也逐渐推出相似内容及游戏模式的“竞品”节目，如爱奇艺推出的《萌探探探案》。《明星大侦探》长期形成的口碑效应，让观众对其期待值较高。

笔者通过分析《明星大侦探》这一 IP 开发的成功案例，论证网络综艺节目 IP 开发的重要性和实现途径。

---

① 程武，李清 . IP 热潮的背后与泛娱乐思维下的未来电影［J］. 当代电影，2015（9）：17-22.

（一）内容跨季关联，重视观众黏性

《明星大侦探》是一个明星角色参与的推理游戏节目，其每一期案件各有不同，但许多剧情存在跨季系列故事。每当往季人物出现在新的案件中时，总会看见观众发的弹幕“众所周知，明侦是部连续剧”。前后的人物角色有关联性，会吸引观众的持续关注，提升观众的期待值。在剧情设置上，《明星大侦探》的主题立意紧扣时事热点，结合明星的表演能够更加直观地与观众建立感情联系。

《明星大侦探》剧情内容中的一大特色是所有的“死者”皆姓“甄”。第六季时，节目制作方设置的“甄小小复仇计划”更是引起了观众在弹幕等交流平台上的激烈讨论，反响甚好。

通过各个方面的内容创新及跨季的角色内容关联，《明星大侦探》能够引起观众的深度情感共鸣，耐心维护观众的黏性，保持每一季节目的热度。

（二）打造嘉宾品牌，创新内生 IP

《明星大侦探》的固定嘉宾为何炅、撒贝宁。飞行嘉宾有魏晨、白敬亭、王鸥等明星，每一位明星在节目中都找到了有自身特点的玩法。明星之间根据角色互动也会产生许多配对（cp），如魏晨和王鸥扮演的魏高管和鸥空姐组成的“成全”cp 等。这些明星及其扮演的角色在观众中形成了一种独特的亚文化群体。观众会在微博超话、豆瓣小组中讨论自己期待的嘉宾组合。经典的老玩家组合“何鬼撒鸥白”已经成为“明侦粉圈”期待值最高的嘉宾组合。嘉宾已成为《明星大侦探》的一个品牌特色。

《明星大侦探》还开创了综艺节目内生 IP 的先河。如第六季形成的“明侦宇宙”是将往季不同剧集的剧情角色集中在一起，内生而成的新 IP。不同“时空”的角色在同一剧集中的相遇创造了“梦幻联动”的情景，最大限度地引起了观众的共情。

（三）形成品牌效应，多方发展衍生

《明星大侦探》作为一个 IP 节目，其影响力及观众黏性已经较高。节目利用剧情角色中的“男团”NZND 及综艺中的音乐创新了演唱会的衍生形式。NZND 演唱会不仅是一个衍生产品，还是一个有影响力的品牌项目，能够作为特色节目售卖线

上门票，为节目创收。除了演唱会，《明星大侦探》还开发了衍生节目《名侦探学院》，利用素人的光彩使节目更加接地气，与观众产生更深入的互动交流。除了影视方面的衍生，《明星大侦探》还推出了“百变大侦探”剧本杀 App，在节目播放之外增强观众黏性。

除了线上内容与产品的衍生，《明星大侦探》还打造了线下的沉浸式互动体验场景“M-city”。《明星大侦探》通过线上和线下相结合的衍生产品不断维系节目未更新时的热度，保护观众对节目的忠诚度。

《明星大侦探》将节目 IP 及衍生 IP 相结合，整体形成了“明星大侦探”这一品牌，其相关联的节目和衍生产品更新都会产生话题讨论，形成品牌影响力。

《明星大侦探》为其他网络综艺节目证明了节目 IP 开发的意义，同时，《明星大侦探》也证明了综艺 N 代发展的核心是对 IP 的开发，即引起观众的情感共鸣，增强观众对节目的黏性。其为网络综艺节目开创了可以借鉴的 IP 开发模式和实现途径，值得各网络综艺节目制播方参考。

（逄雅惠，首都师范大学文学院文化产业专业 2020 级硕士研究生）

新主流电视剧对集体记忆的建构与表达

——以《山海情》为例

娄萃颖

摘　要： 在新主流电影崛起之后，新主流的概念也开始投射至电视剧创作之中。《山海情》《觉醒年代》的热播体现出新主流电视剧的创作也产生新的变化。本文通过分析《山海情》这一案例，探讨新主流电视剧中集体记忆建构的路径，借助集体记忆的理论分析新主流电视剧引起人们广泛关注的原因，并对新主流电视剧创作做出一些观察和思考。

关键词： 新主流电视剧；集体记忆；意识形态

一、新主流电视剧与集体记忆阐释

“主流电视剧”中的“主流”通常有两种不同的含义，从广义上来看，它代表了社会多数人利益和需求的主流，从狭义上来看它则表达了执政集团利益和需求的主流，主要以“主旋律”作品为代表。[①]“主旋律”是一个特定概念，1987 年广播电影电视部电影局就提出“弘扬主旋律，提倡多样化”的口号，它是指以弘扬社会主义时代旋律为主旨，宣传国家主流意识形态与主流价值观的影视作品。本文所探讨的主流电视剧则是指狭义上的“主流电视剧”作品。

主旋律电视剧在一定程度上承担着传播国家主流意识形态的宣传功能和教育功

① 尹鸿，梁君健．新主流电影论：主流价值与主流市场的合流［J］．现代传播（中国传媒大学学报），2018（7）：82-87.

能，一些主旋律电视剧叙事策略僵化，表现手法苍白，政治说教意味浓厚，使其游离在大众视线之外。新主流电视剧的出现是传统主旋律作品在新的历史条件下发展的新的变体。新主流电视剧的“新”含义是“创新”，新主流电视剧突破了以往重题材、轻表达的特点，作品创作更加突出人文性，因而能够受到主流观众与主流市场的认可。

集体记忆的概念，最初由法国社会学家莫里斯·哈布瓦赫在《记忆的社会性结构》一文中首次提出，并将其定义为：“一个特定社会群体之成员共享往事的过程和结果，保证集体记忆传承的条件是社会交往及群体意识需要提取该记忆的延续性。”① 作为一种影像文本的电视剧，包含大量的人类社会实践，同时作为大众的主要娱乐形式之一，成为建构人类集体记忆的重要载体。2020年是脱贫攻坚决战决胜之年，《山海情》作为一部反映脱贫攻坚成果的电视剧，一经播出，引起大众的广泛关注与讨论，通过20世纪90年代西海固人民为脱贫奋斗的社会实践，建构起全国人民关于脱贫的集体记忆。

二、集体记忆的三种建构路径

集体记忆是由无数个体成员的记忆集结而成的，这些个体记忆要想建构成集体记忆，不得不依赖于特定的社会框架。新主流电视剧中集体记忆的建构，主要是通过场景、精神与符号三个方面来完成。本文以《山海情》为例，分析集体记忆的建构路径。

（一）历史场景的时空两维序列

集体记忆是个人身份认同的基础，群体成员通过置身于场景中时空两个维度在记忆中交织形成连续和不可分割的集体记忆。

1. 空间地域的图景描绘

关于集体记忆，很多学者进行了多角度的研究，其中皮埃尔·诺拉的研究方向是地方与空间在集体回忆中所扮演的角色。他说：“一个‘记忆的场所’是任何重要

① 哈布瓦赫．论集体记忆［M］．毕然，郭金华，译．上海：上海人民出版社，2002：335.

的东西，不论它是物质或非物质的，由于人们的意愿或者时代的洗礼而变成一个群体的记忆遗产中的标志性元素。”① 宁夏地区地处中国内陆，经济发展滞后，国家实施脱贫攻坚战略，由经济发达的福建对口帮扶宁夏的脱贫工作。《山海情》在镜头运用上，使用近景远景和全景镜头组合，对宁夏的地域风貌进行图景式描绘，界定了集体记忆形成的场域范围，生活在一个场域的人会拥有某种联系在一起的记忆。宁夏西海固地区实行“吊庄”的政策，搬迁至平原地势的玉泉营，建设新的家乡闽宁村，因此，宁夏闽宁村成为存储历史事件、产生集体记忆的场所。

当一个群体迁移至一个新的环境之中，人们对新环境会产生一种不适感。在闽宁村这个新环境中，人民与环境产生联系往往需要事件的引发，而闽宁村的建设和人民的脱贫问题就承担了这样的角色。《山海情》通过描绘闽宁村将荒凉的戈壁滩改造成为适宜居住的美丽家园这 30 年空间地域的变化特征，展示了我国脱贫工作的成果。集体记忆以脱贫这一事件为内容得以建构起来。

2. 时间节点的纵向衔接

哈布瓦赫指出：“集体记忆不是一个既定的概念，而是一个社会建构的概念。”② 集体记忆是由社会个体成员在社会中共享个体记忆并根据当下的逻辑经过长时间的发展才建构起来的记忆。记忆是不能脱离群体的，一旦脱离社会群体，记忆便不能保存下来，因此，集体记忆是一个社会建构的概念。

集体记忆虽然能够在一定程度上反映历史，却不是真正的历史，但它也要遵循历史发展的轨迹不断地传承下去。对于同一集体记忆，不同时间阶段的社会成员有自己的逻辑认知，集体记忆也在不断发生变化，因此，集体记忆的建构也是同样按照时间节点进行纵向衔接，使社会成员从其中汲取经验和情感。《山海情》的叙事时间线共分为 6 个部分，从 20 世纪 90 年代到 21 世纪 20 年代，横跨 30 年之久，记录了西海固地区人民脱贫致富的过程。《山海情》的时间线距离现在跨度较小，基本能够与观众自身成长的时间线产生交集，拉近与观众之间的距离，表征了一段关于脱贫的集体记忆，同时给观众留下足够的想象空间，实现观众的共情。

（二）时代精神与民族精神的同构

民族精神与时代精神一体两面，二者相互作用，以精神内核为支撑，通过个体

① 诺拉．记忆之场：法国国民意识的文化社会史［M］. 南京：南京大学出版社，2015：76.

② 哈布瓦赫．论集体记忆［M］. 毕然，郭金华，译．上海：上海人民出版社，2002：39.

的身份认同形成群体认同感，共同构建起集体记忆，并促使集体记忆转化为一种集体力量，共同为中华民族伟大复兴而不断奋斗。

1. 自强不息的民族精神

民族精神对于群体成员有一种归属感和感召力，为他们提供一种价值评判标准，为群体的存在提供合理性解释，增强群体的认同感。自强不息，厚德载物，呈现出中华民族精神。在太平盛世时期，中国人更侧重厚德载物；在积贫积弱时期，中国人更侧重自强不息。① 中华民族历经战乱而不衰，是以爱国为核心的自强不息的民族精神为指引，努力奋斗，不断拼搏的结果。

集体记忆在不断被群体成员用现有逻辑所重构的过程中，民族精神作为群体成员共有思想认同，成为集体记忆的内核，避免集体记忆在外来力量的冲击下所消解。集体记忆因为承载着民族精神，成为我们民族的精神支撑和文化纽带。西海固地区贫穷的环境并没有让当地人民自强自立的精神特质磨灭，在马得福、陈金山、林月娟等基层干部的带领下，当地人民克服平原地区风沙漫天、缺水少田的恶劣自然条件，积极开垦荒土，建设新的家园。在自强不息的民族精神激励下，西海固人民努力改造自然环境，实现了脱贫致富。西海固人民关于脱贫这一集体记忆借助《山海情》的影像文本激发了全国人民的民族精神，引发了全国人民对扶贫的集体记忆。

2. 改革创新的时代精神

时代的发展深刻影响人类社会实践。时代精神凝聚了一个时代的精神品质和文化，是一种超脱个人的共同集体意识。对集体记忆的建构同时也是对时代精神的建构。

中国自 20 世纪 80 年代实行改革开放后，以改革开放为核心的时代精神成为中华民族伟大复兴的强大精神动力。不同的历史时期，时代精神所体现的审美和情感追求可能会外化为不同内容，但改革创新这一核心思想却贯穿其中。国家针对西海固地区的地势，制定实施了“吊庄”的搬迁政策，改善了当地人民的生活条件。关于闽宁村的扶贫产业发展，政府人员在充分考察调研之后，因地制宜，发展了适合当地种植条件的蘑菇产业。在“珍珠鸡”扶贫策略失败后，扶贫干部也突破了原有扶贫思想的桎梏，确定了“扶贫先扶志”的新发展策略，重点放在下一代孩子思想

① 彭永捷．传承优秀传统文化　弘扬中华民族精神［N］．中国文物报，2021-06-01（4）．

上的改变。西海固地区脱贫工作的成功就在于将改革创新的时代精神落到实处，并以此为核心将群体关于脱贫的个人记忆建构为集体记忆。

（三）群体记忆的特定符号提取

符号是符号学的概念之一，它有两方面的内涵，一方面是意义的载体，是精神外化的呈现，另一方面是它具有能被感知的客观形式。哈布瓦赫认为，符号揭示出我们的感受其实是他人在我们之前已经体验过的感受。[①] 这种感受的形成是借助符号贮存意义的功能以记忆形式保存下来的。符号的理据性使群体成员在思想和行为方面表现出一些群体的共性，而集体记忆要实现对过去的建构正是依靠对群体记忆特定符号的提取。

1. 具象符号

具象符号可以理解为作者将艺术创作与生活做紧密结合，并在生活环境做客观分析研究，最终将客观事物具体化，让其以艺术形式出现在人的面前。[②] 具象符号是从具象的自然形态提取和创造出来的，对于选取物象的表现方式讲求真实性和相似性，在此基础上形成一种基于心理感知的共同性。根据自己的日常实践，人们很容易地联想到所具有的经验和记忆，并识别出这些具象符号所要表达的意义。具象符号的物质媒介功能成为集体记忆建构、贮存的重要手段，离开这一功能，集体记忆的丰富感受就不能够得到表达。

新主流电视剧所反映的主流意识形态以及价值观作为抽象的思想观念往往需要借助于具象符号表达出来。黄土砌成的房子、风沙飞扬的学校操场、人们的主食洋芋，都展现出那个时代的贫苦记忆。随着脱贫工作的深入展开，通过马德福、陈金山等基层扶贫干部的具象化，展现脱贫政绩，破烂不堪的土房子变成了宽敞明亮的水泥楼房，两轮的自行车变成了摩托车。这些具体的物质存在，在集体记忆建构过程中，逐渐抽离其本身的物质意义，成为一种具象符号，记录时代的变迁，见证社会的进步。

2. 意象符号

电视剧作为一种影像文本的艺术形式，以声画造型为传播方式，运用艺术审美

① 哈布瓦赫．论集体记忆［M］. 毕然，郭金华，译．上海：上海人民出版社，2002：335.

② 邓珊珊．中国传统具象符号在数字媒体艺术中的应用研究［J］．传播力研究，2019，3（22）：32，55.

思维把握和表现客观世界。皮尔斯将符号分为再现体、对象与解释项，如将艺术所生成的意象视为符号，即意象符号。① 意象的外在表现形式既可以是具体的象，也可以是表意的抽象要素，单独的具体的象不能够称之为意象，只有进入作品，与作品进行结合，体现出作品内在的文化和情感意义，才能够称之为意象。意象符号是人们在特定文化生活中的情感和思想所创造出来的，个体记忆不具有稳定性，而意象作为群体思想的凝固性表达，能够从个体记忆中脱离出来，成为被建构的集体记忆的一部分。

新主流电视剧多为宣传国家主流意识形态的文化作品，面向的受众是普通大众，所使用的意象符号应该抛弃抽象晦涩，要求较高审美素养的纯艺术意象，多使用一些能够代表国家意志、民族认同、社会主义核心价值观的大众文化意象。在《山海情》中，“山”“海”意象是扶贫集体记忆中最为典型的。“山”“海”不仅指代了宁夏和福建两个地方的地貌特征，更是借助东西协作的脱贫展现了吃苦耐劳的宁夏人民和无私包容的福建人民正如山海般在人与自然环境关系中的能动性。《山海情》这部剧原名叫作《闽宁镇》，后来改名为《山海情》，更是将这两个意象所代表的两地人民的深厚情谊凸显得淋漓尽致。

三、新主流电视剧创作的反思

（一）坚持正确的文艺创作理念，增强作品的艺术性

近年来，一些文艺创作者对主流电视剧的价值观出现误读，出现了诸如英雄偶像化等不符合历史事实的艺术表达，导致主流电视剧未能起到宣传政治意识形态的使命，艺术传播效果不理想，这是对中国社会主义核心价值观的误读、对文艺作品创作理念产生的偏差，也是对影视文艺作品创作规律的违背。影像技术能够使集体记忆通过技术手段不断地再现，实现集体记忆在当下的又一次重构。主流电视剧意识形态表达的错误，同时也会导致集体记忆在当下重构时出现偏差。

因此，新主流电视剧的创作要求创作者坚持正确的文艺创作理念，加强自身理

① 于广华．意象符号论：当代艺术中国范式的一个符号学阐释［J］．符号与传媒，2021（1）：140-153.

论学习，深入贯彻理解马克思文艺理论，坚持正确的政治立场，树立正确的认识观、价值观，在进行文艺创作时要遵循文艺作品的创作规律，增强作品的艺术感染力，向大众传递符合中国特色社会主义的意识形态表达。个体通过集体记忆拥有了相同的价值观和认同感，创造出群体凝聚感。凝聚感促进了人民团结、推进人民共同为社会主义伟大实践而奋斗。这对新主流电视剧所倡导的国家意识形态和社会主义核心价值观形成积极的推动力。

（二）加强受众研究与营销，让作品叫好又叫座

新主流电视剧的受众群体是大众。新主流电视剧是一种全年龄覆盖的文艺创作类型。然而，不同的电视剧主题不一样，受众群体自然也不尽相同，呈现出一种分层化倾向。在新媒体环境下，受众接收信息的媒介、渠道、偏好不同，如果在新主流电视剧传播上没有对受众群体进行细分，没有制定有针对性的营销策略，就会导致信息传播效率低下，受众无法获取到他们感兴趣的信息。对于集体记忆而言，不同的群体所形成的集体记忆也不相同，互联网消弭了时空界限，增加了群体成员与其他群体之间的交流，集体记忆走出了群体的封闭性，与其他群体的集体记忆不断发生碰撞、摩擦，导致对本群体的群体记忆产生怀疑与挑战。

新主流电视剧的崛起，充分表明了其存在一定的市场需求空间。新主流电视剧要想获得更好的传播效果，必须要对受众群体进行深入研究和划分。把握不同受众群体的特点，依托现代信息技术手段对受众的辅助研究，对不同的受众群体进行精准营销，提高信息的传播效率，使作品真正走近大众，达到叫好又叫座的传播效果。

（娄萃颖，首都师范大学文学院文化产业专业2020级硕士研究生）

洛神形象的历史演变及其当代文化价值

刘俊俊

摘　要： 绵延千年之久的洛神形象，在先秦至明清的文学中不断演进，后又在戏曲、绘画、影视等文化传播媒介中逐渐丰富，不断被赋予新的文化内涵。作为经典的文学艺术形象，洛神承载着中华民族独特的审美心理，展示了传统文化符号如何在时代洪流中进行自我更新，也为传统文化在新时代如何抵达更广泛的受众作出了解答。

关键词： 洛神形象；文学；演变；媒介

洛神，又名宓妃，是神话、历史、文学三者融合之后的艺术经典形象。诞生于先秦神话，最早见于屈原的楚辞，至建安之杰曹植作《洛神赋》，洛神浪漫美丽的形象才真正确立，后又在大家的绘画和书法中日趋饱满，甚至与真实的历史人物融合，在唐诗宋词以及明清的小说戏曲中更是成为真善美的化身。经过历朝历代文人墨客的描摹，洛神的形象日益深入人心。现当代以来，洛神已经具有丰富的故事脉络，或为神话传说，或为文学作品，或为历史人物，她的性格在艺术作品中呈现出多样性，为后世改编者提供了极大的想象空间。其形象中的这份留白，可供人们填补符合当代价值观念、反映不同时代社会状况的特性。本文从历史的角度纵向挖掘其形象变迁背后的内在原因和动力机制，从共时的视角横向探索当代社会洛神如何再度“变身”，借由新媒介重新回归大众视野，获得其在社会大众尤其年轻人中的持久影响力。

一、洛神形象整体发展演变流程

（一）中国古代文学中的洛神形象演变

自先秦至明清，洛神形象在中国文学作品中经历了一个漫长的演变过程。洛神首见于楚辞，此时称为宓妃，以黄河神河伯之妻的身份初次现身，被穷国君后羿强占，其形象是一位作为爱情和性化身的美丽配偶神。在《离骚》中，洛神是屈原的诚心追求的目标，“吾令丰隆乘云兮，求宓妃之所在”。然而，洛神回应傲慢：“保厥美以骄傲兮，日康娱以淫游。”可见在屈原的心中，洛神是一位美貌十足但德善有缺的女神形象。两汉时期文学作品中虽也有宓妃形象，但通常只是将其作为美色的代称。直到东汉末年，蔡邕在《述行赋》中写道：“想宓妃之灵光兮，神幽隐以潜翳。”洛神形象才开始朝曹植《洛神赋》中所描写的女神形象发展。[①]

《洛神赋》语言优美，感情深挚，寄托深远，成功地塑造了洛神美丽深情、高洁邈远的形象，描绘了一场凄美脱俗的人神之恋。自《洛神赋》之后，洛神才真正拥有了自己的生命，其形象开始立体化，渐趋饱满。六朝至唐初，洛神形象再次发生重大转折，即洛水女神宓妃与曹丕皇后甄宓的形象合二为一。与历史真实人物的结合使得洛神的神性光辉减弱而人性色彩增强，她渴望爱情并勇敢地追求爱情。到晚唐，洛神的形象进一步得到丰满。“君王不得为天子，半为当时赋洛神”，在李商隐等诗人的笔下，宓妃是洛神与甄后的形象融合，他们一边赞叹洛神的美丽，一边惋惜甄后与曹植的爱情。洛神的形象在诗中不断得到美化，同时又增添了多情浪漫的人性。

明清时期关于洛神的文学创作达到高峰，尤其是小说和戏曲文学。汪道昆创作的《洛水悲》重新梳理了《洛神赋》的故事情节，使得洛神与曹植的爱情更具悲情色彩；黄燮清的《凌波影》则记叙了洛神与曹植再续前缘的故事，并最终发展为豫剧传统曲目，京剧大师梅兰芳主演的《洛神》即改编于此。这两部戏曲作品的创作

① 吴冠文．论宓妃形象在中国古代文学史上的演变：兼论由此反映的中国文学发展的趋势［J］．复旦学报（社会科学版），2011（1）：32-42.

依据都是曹植的《洛神赋》，内容与原作并无多大变化。直到蒲松龄的《聊斋志异》的《甄后》一篇，洛神得以脱离曹植作为独立的形象存在，其不受约束、洒脱大方的个性更具有现代女性色彩，她忠于自我、尊重自我，不再依赖和从属于其中的男性角色。

（二）现当代传播媒介中的洛神形象呈现

现代的洛神形象多见于戏曲艺术，粤剧、潮剧、京剧都有《洛神》。京剧大师梅兰芳和名小生演员姜妙香于1923年在北京开演的新编古装戏《洛神》，讲述了魏文帝曹丕的妃子甄氏受谗遭到冷遇，与怀才不遇的曹子建两情相悦却不能相守，最终甄氏化为洛水之神与曹子建在梦中相会的故事。梅兰芳扮演的洛神脉脉含情，欲说还休，将宓妃的千秋绝色以及秀婉脱俗的形象刻画得入木三分。

现代诸多文本中的洛神形象大多没有跳出《洛神赋》的窠臼，而在当代社会文化、结构等与古代全然相异的环境下，洛神形象也必然面临着全新的改造。2002年，在香港无线电视（TVB）播出的古装电视剧《洛神》中，女主角甄宓不仅清丽绝伦，而且德才兼善，无论身处何种境地，皆能够转危为安，堪称封建社会眼光下的女性典范。其身份在剧中被暗示为洛神的转世，她与曹家兄弟的爱恨纠葛也更加复杂。甄氏作为洛神的人间化身，使得洛神的形象更加具体可感、丰满立体，强化了其形的脱俗，其质的知书达理，也使观众对她的认知更为深刻。

2008年由郑州歌舞剧院倾力打造的大型舞剧《水月洛神》以曹植《洛神赋》《七步诗》和中原洛神传说为依托，巧妙融汇“诗书礼乐”等形式，极其细腻地呈现了曹丕、曹植兄弟二人的权力斗争以及曹植、甄宓之间跨越千年的凄美爱恋。整个舞剧不仅具有古典美的意蕴，还充满了现代色彩，其中承载的现代性思想理念和精神内涵尤为突出。舞剧中的甄宓展现了具有现代女性特质的一面，她勇于表达自己的感情，不因世俗流言而折腰，“亦柔亦刚”这个词是对她的性格最好的概括。

除了将洛神形象“人性化”“现代化”外，2018年的央视综艺《国家宝藏》让洛神形象以另一种方式重回大众视野。节目通过舞台剧表演形式将时间回溯到东晋顾恺之绘《洛神赋图》的场景，让画家和笔下主人公曹植展开了一场跨时空的对话。一曲《仙才叹》叹出一段横跨千年依然凄婉哀绝的人神之恋，洛神在画家笔下终得以画龙点睛，仿佛活了过来，与曹植痴痴相望，泪水涟涟。在节目中现身的国宝守护者、青年插画家叶露盈，将《洛神赋》以现代插画的形式再度演绎。相比于古本中洛神含蓄内敛的形象，绘本中的洛神被塑造成一个至纯至真、活泼灵动的少女，更符合现代人的审美，富有艺术感染力。

叶露盈的插画将《洛神赋图》中的洛神形象以现代绘画风格进行改造，而河南卫视于 2021 年《端午奇妙游》节目中推出的开场水下舞蹈《洛神水赋》（原名《祈》），则用充满古典意味和现代性的舞姿精彩再现了“翩若惊鸿，婉若游龙”的洛神形象。整支舞蹈不到两分钟，但舞蹈演员何灏浩却历经了 3 次拍摄，在水下泡了 26 个小时，终于化身为“水下洛神”。她身着融合了敦煌飞天元素的飘逸衣衫，在宛若仙境的水下光影中，以“竦轻躯以鹤立，若将飞而未翔”的曼妙身姿惊艳了无数观众，让这位千百年来蒙着神秘面纱的女神在当代重焕生机。

二、洛神形象发展演变的内在机制

在中国古代文学作品中，神女是较为特殊的存在，无论是巫山神女、高唐神女、汉水女神还是湘夫人，都被文人雅士不断吟咏歌颂。在这众多的神女形象中，洛水之神宓妃有其独特的光彩。我们很难再找到这样一个传统题材和神女形象，历经上千年仍散发着如此活力，吸引历代艺术家为其投入创作。那么，洛神形象在艺术作品中被反复演绎、不断发展演变的内在机制是什么？笔者将从洛神形象本身的独特之处以及形象变迁的动力两方面进行阐述。

（一）洛神形象的独特之处

洛神形象在由神话、历史、文学三者融合之后，给予历代文人精神财富以及创作源泉，在中国水神中最具美感，其美表现在形象之美、悲情之美以及与水结合之后的高洁邈远之美。

其一，形象之美。有关洛神形象的作品首推曹植的《洛神赋》。曹植通过如花妙笔，刻画出了绝美的洛神形象：其形“翩若惊鸿，婉若游龙”；其貌“荣曜秋菊，华茂春松”；其服“奇服旷世，骨像应图”；其神“远而望之，皎若太阳升朝霞；迫而察之，灼若芙蕖出渌波”。这一描写几乎奠定了洛神的形貌特征，其后无论是文学描写还是绘画描绘，几乎都不出曹植的文字表现范围。洛神经历上千年的演变后已经成为“美”的象征和代名词，其美丽主要包括外在和内在两方面。洛神外在美主要表现在女神的形态、外貌、服饰以及神情等方面。洛神内在美的形成则是层层递进的，是随着历代文人的创作不断丰富和发展的结果：曹植的传世名篇《洛神赋》给予洛神美丽深情、超尘绝俗的品质；唐代流行的“感甄说”增其温婉多情的人性；宋代则将洛神喻为“得道水仙”，强化其清丽脱俗的气质美；明清之际的洛神形象内涵更为丰富，或突出其开放自由的独立精神，或描写其坚韧果断的巾帼英雄风采等。文学艺术作品中的不断演绎，使得洛神的形象更加具象可感，但贯穿其中的特质离不开一个“美”字。

其二，悲情之美。洛神的悲情之美共有两方面含义，一方面，宓妃原是伏羲的女儿，因迷恋洛水两岸的美丽风景而下到凡间，却不幸因河伯作乱溺于洛水，遂成为洛水之女神。另一方面，自曹植《洛神赋》，洛神宓妃开始树立起一种高洁美丽的形象，并开始被文人们赞叹和尊重，但仍然摆脱不了悲剧命运。她与曹植倾心相爱却因人神殊途而不得不分离。其后的文学作品中，洛神宓妃也常常是一种悲情的形象，表达一种别离之悲，相思之情，有一种动人心弦的悲剧之美。

其三，水的蕴意加深了洛神宓妃的“美”。水是纯澈洁净的，作为中国文人心目中至美至善的女神形象，宓妃居于洛水，因水的衬托而更加纯洁灵动，不染纤尘。此外，水下世界与人间凡俗天然存在的距离感，使得居于水下的洛神更加高洁邈远、不可捉摸，与人间男性的爱情也更显得缠绵忧伤。因此，洛神的形象与水的内在意蕴深度融合，其水神的特质让洛神的美更加神秘邈远。也正因此，洛神才能在千百年来引起中国文人的不断感叹与吟咏。

洛神一方面作为洛水之神是神圣而高雅的，另一方面作为女神又具有女性特有的仁爱、温婉、包容。对于身处世俗特别是在宦海沉浮的封建文人来说，洛神就是他们所追求的理想之美，是一处不受污染的纯净圣地。因此，从曹植开始，历代文人对洛神的追求实际上就是对美的追求，对超越凡俗、挣脱束缚的追求。这种情况与中国文人士大夫的生存状况、神女自身的魅力、伟大作家的精神与创作有关。

（二）洛神形象的变迁动力

中国古代文学中洛神形象发展演变的动力主要在于时代精神和社会风气的转变。

突出表现是唐代以来个人意识的觉醒赋予洛神世俗化的身份，在明清时期洛神更是成为现代女性觉醒的先驱。洛神形象在演进过程中伴随着女性个性意识的觉醒，这种反抗世俗、不畏强权的精神也反映了时代思想的进步。近代以来的文艺作品中，洛神形象演变的动力主要在于创作者对文艺自主变革和自我更新的要求，京剧作品《洛神》即当时诠释洛神形象的最好作品。这部京剧在根植于传统、忠实复原传统文学艺术的同时，又做出了突破性改变，通过再造的形式将一部全新作品呈现出来，堪称新潮与旧典的巧妙结合。

随着电影业、电视业的兴起，人类文化进入了影像的、形象的或视觉的时代。经历了一千多年演变的洛神形象，在视觉文化时代迎来了崭新的面貌。洛神形象的发展演绎与当代文化传播媒介的丰富多样、传承传统文化的时代要求息息相关。

首先是当代文化传播媒介的多样性以及独特性。绘本版《洛神赋》结合传统手绘与数字时代的绘画工具，运用了数字绘画特有的肌理、光感特效，让画面更加富有层次，极具视觉效果。除此之外，洛神也在适应当代的影视媒介，成为有血有肉的人间女性。为了面向大众进行传播、方便情节展开，影视剧一般将洛神的女神身份转化为凡人女性进行创作。

其次是传承传统文化的时代要求。无论是《国家宝藏》等综艺节目的火爆，还是以河南卫视《唐宫夜宴》为代表的“国潮”节目的兴起，都在悄然改变着传统文化的传承方式，实现了传统文化的创造性转化、创新性发展。插画师叶露盈在古本《洛神赋图》的基础上以现代审美的视角重新创作的绘本《洛神赋》，尽管是借助数码技术绘制而成，但画作的内容、形制、人物造型、景物描绘、笔墨语言都在展现中国的绘画美学。一幅幅国画仿佛一帧帧静止的电影画面，展现出奇幻浪漫的风采，数字化时代的洛神形象得以深入人心。①

最后是时代核心议题的转变。随着政治环境的宽松、文化的开放，多样的风格被这个时代包容和接纳，洛神形象的演变也迎来了多姿多彩的时期。随着当代女性主义的崛起，男女平等的诉求日益强烈，洛神也在不断地吸收现代观念，完善其理想形象。② 以TVB版电视剧《洛神》为例，剧中蔡少芬饰演的甄宓以铿锵的一句“都说美人误国，何不说你们误了美人一生”，痛斥封建社会君主把女子作为覆国借

① 王鲁闽．历代“洛神图”中洛神形象演变研究［D］．曲阜：曲阜师范大学，2021.

② 蒋逸凡．现代影视艺术对于洛神形象的接受与改造［J］．北方文学，2020（23）：124-126.

口的传统观念。2006 年《天地传奇》中的宓妃则呈现了更具少女气息的一面，她天真活泼，敢于冒险，认为女生一样可以做男生的事情，突破了传统观念。

三、当代洛神形象的文化价值与意义

中华民族的文化底蕴深厚，如何让传统文化在当下抵达更广泛的受众，如何让历史文化符号“活起来”，是当下文化传播和文艺创作需要解答的时代命题，也是民族文化精神能够传承下去的现实问题，而洛神形象的现代化改造提交了一份令我们满意的答卷。河南卫视水下舞蹈节目《洛神水赋》火遍全网，舞者唯美飘逸的舞姿，将曹植笔下的洛神演绎得如梦如幻、超尘绝俗，古朴的文明“活”了起来，穿越历史，穿透荧幕。在引发网友热议的同时，《洛神水赋》还获得了外交部的关注，外交部发言人华春莹甚至将舞蹈视频通过社交媒体推荐给全世界，联合国教科文组织官方微博也转发了相关视频。这支承载中华传统美学的舞蹈成为宣传当代中国的名片。

洛神形象在当代的传播，一方面能够弘扬中华民族历经千年传承下来的优秀品质，另一方面也能引领社会文化风尚，推动更多传统文化符号在当代传播扎根。文艺创作者除了需要精心选择能够激发当代受众共鸣以及文化认同的经典符号外，还需要考虑如何顺应时代潮流，以合适的艺术形式和表现方式将其呈现出来。从比拼诗词的《中国诗词大会》到“和诗以歌”的《经典咏流传》，从演绎国宝前世今生传奇的《国家宝藏》到呈现水下洛神绝美风姿的《洛神水赋》，这些“出圈”的节目都以中华传统文化为底色，艺术融合科技，用独具特色的中华美学方式最大限度地实现了受众对中华文化神韵的共情。因此，弘扬传承中华优秀传统文化，打破不同圈层受众之间的“审美壁垒”进而构建文化认同，可以通过影视媒介的视听语言做文章。[①] 在依托历史文化资源、保留传统意蕴的基础上，巧妙融入新的时代精神和审美表达，这样才能使传统文化符号在当下仍然具有艺术的生命力和感染力。

（刘俊俊，首都师范大学文学院文化产业专业 2021 级硕士研究生）

① 张亚堃．“符号化”与“媒介化”：水下节目《祈》意义构建的路径研究［J］．文化与传播，2021（4）：47-50.

旅游纪念印章：“打卡热”背后的生产与消费

黄彦霓

摘　要：印章文化作为中华传统文化的重要表现形式，在符号意义上传达了一定的内容信息，承载着人们对美好意象的寄托。近代以来，印章文化逐渐转型，被广泛运用于现代工业设计中。在文化与旅游融合的大背景下，消费者借助旅游纪念印章，通过打卡、收集的形式参与文化旅游活动，这种“打卡热”成为新风尚。旅游纪念印章在不同文化场景中满足了消费者的文化需求，促进了文旅经济的发展。

关键词：旅游纪念印章；文化意义生产；文化旅游消费

一、旅游纪念印章的发展历程

印章文化作为中华传统文化艺术的一部分，从个人记名到权力象征，从缄封信件到装饰赏玩，在中国古代社会生活中用途广泛。关于印章的定义，孙慰祖提出：“印章是一种可供抑印出特定文字或图形标记，并且其身可供验示，以固定地充当凭信为主的器具。”① 这种说法较有代表性。印章又可分为文字印与图像印两大类，文字印中又有篆、隶、真、行、草等书体之分，其中以篆书印章的流行时间最长，传世的作品也最多。在不同时代艺术风格的流变之中，具有中国特色的印章文化逐渐形成。

① 孙慰祖．中国印章：历史与艺术［M］．北京：外文出版社，2010：4.

俄国艺术史论家普列汉诺夫认为，艺术直接来源于社会心理，而社会经济决定了社会心理。符号消费将消费的概念由物质领域拓展到精神领域，符号的消费者也在消费过程中完成了对自身生活方式、经济状况、社会关系等方面的身份认同。旅游印章在钤印复制过程中完成了印记的制造与意义的生产，打破了不同国家和民族之间语言的藩篱与文化的隔阂，用印章符号传递信息与交流情感。两次工业革命之后，印章意象被广泛应用于平面绘制、雕版印刷等各类工业设计之中。在旅游印章的现代设计实践中，作为符号媒介的印章，利用印面中的图文符号进行讯息传达。参与者收集印章是对于这种符号的消费，实质上是在探索人与外界环境的关系以及其背后的联结，旅游纪念印章作为符号的经济在其中起到了传播信息与收藏纪念的作用。①

旅游纪念印章“打卡游”以其富于趣味的形式将城市中不同的文化场景加以联结，对城市文化形象建构、旅游景区宣传、博物馆创意产品开发等方面具有促进作用。回顾旅游纪念印章的发展历程，最早的旅游风景邮戳出现在日本，是一枚 1921 年诞生的以富士山造型为主的戳记，这时期的旅游纪念印章作为邮戳戳记，仍是由官方统一制作并允许使用的，含有盖销邮票的作用。旅游纪念印章则可以由私人或集体策划制作，不具备盖销邮票的作用。以日本轨道交通干线纪念章为例，几乎日本的每条地铁线都有纪念印章，有的线路甚至每个站都有专属的纪念印章。受日本文化影响，中国台湾地区交通干线的旅游纪念戳也风靡全岛，几乎每条地铁线路、捷运站都有交通纪念章。欧洲的纪念章覆盖范围没有日本、中国台湾那样广，更注重简约的设计和字体的美感。中国大陆最早对风景邮戳的使用是 1967 年在湖南韶山邮电局启用的瞻仰毛主席旧居纪念戳。此后，各旅行目的地纷纷效仿，设计纪念印章宣传地方特色。

各个国家也积极在世界性赛事活动中设计和采用具有本国特色意象的图章宣传本国形象。2008 年北京奥运会会徽“中国印・舞动的北京”就是其中的典型案例，“舞动的北京”将肖形印、中国字和五环等元素有机地结合起来，充满活力、灵动美观，有效宣传了中国的传统印章文化。在 2022 年北京冬奥会和冬残奥会的体育图标中，汉风的篆刻印样式图章被运用到各项赛事运动的标识设计之中，满载中国文化底蕴。

---

① 张珂．印章的功能衍变与设计表现研究［D］．武汉：武汉大学，2017.

二、旅游纪念印章的表现形式

（一）行政机构主导型

行政机构主导型的旅行盖章通常以省、市等行政单位为主要发起者，多以宣传城市文化旅游形象、拉动旅游消费为目的，采取行政手段制定系列旅游消费惠民措施。2018年3月，国务院办公厅印发了《关于促进全域旅游发展的指导意见》，强调了全域旅游发展要从产品供给、旅游服务、公共服务、环境保护、系统营销、规划工作、创新体制机制、政策支持等方面进行着手。伴随全域旅游工作的不断推进，各地文旅部门也在促进文化和旅游消费升级方面出台相应措施。

以旅游护照为例，旅游护照往往在一定的区域范围之内使用，以一定的空间布局方式开展旅游活动，从而达到促进当地旅游消费与经济增长的目的。山东省青岛市交通运输集团2017年推出的“交运牵手”旅游护照依托青岛市旅游集散中心、速递营业部、修理公司服务前台、公共服务大厅等实体网点，“交运游”热线微信公众号等线上平台，多举措便利游客惠享山东半岛低价畅游并在护照上留下纪念印章。[①]

2019年12月，广东省文化和旅游厅正式推出“游粤印记·广东文旅护照”项目，选取了省博物馆、广州塔、珠江红船夜游等10个文化和旅游“网红”打卡点作为整体进行包装营销，赋予护照探险寻宝、游玩指导、优惠抵扣、奖励激励、社交互动、收藏纪念等功能。项目启动仅十余天，4000多本“广东文旅护照”发行一空。[②]

（二）旅游景区主导型

以各大景区为代表的盖章打卡吸引了一众消费者的目光。文化意义的生产者以印章为意象进行运作与生产，消费者通过盖章“打卡”的方式游览城市、景区、园

---

① 邢路，赵翔．出游“神器”到！旅游护照成为交通旅游深度融合典范［J］．运输经理世界，2017（8）：22-23.

② 广东省文化和旅游厅关于广东省十三届人大三次会议第1647号代表建议答复的函［EB/OL］．（2020-06-30）［2022-03-25］．http：//whly. gd. gov. cn/open _ newrdjy/content/post _ 3025890. html.

区内的相关景点，对城市形象与代表性景观进行了有效的宣传，通过旅游护照的方式吸引消费者到相关景点进行参观和游览，有利于营造良好的旅行体验，并为消费者创造纪念价值。

在相对封闭的旅游景区中，将有代表性的景点设置为打卡处，对参观者开放打卡，可以作为一种有效的宣传手段。盖章的过程既传递景区特色文化，使景区形象深入人心，又为参观者留下了一份纪念品，增强了参观游览过程中的趣味性。

2020 年，马首铜像结束百年流离，成为第一件回归圆明园的流失海外重要文物。圆明园遗址公园随之推出了“马首回家纪念戳”，观众可以通过线上、线下两种方式购买圆明园纪念护照，护照还原了圆明园盛时的西洋楼建筑景群等 36 处景点、十二生肖兽首等，集齐 52 个印章之后便可兑换小礼品。

以厦门市鼓浪屿景区为例，旅游者可以根据图章手册上的线路指引，到事先规划好的各个盖章点盖章，并且在路线寻找的体验活动中获得具有自主参与性和劳动价值的旅游纪念品。盖章点主要是鼓浪屿上的商家，图章手册既是商家的有效宣传途径，也是商家吸引旅游者的有效载体。旅游者通过独特的旅游体验获得身心诉求的满足，鼓浪屿的商家则通过提供这种方式收获经济效益，从而实现了促进鼓浪屿旅游业发展的目的。

（三）文化服务场所主导型

作为公共文化服务场所的博物馆，在促进旅游纪念章和博物馆的文化创意产品设计相融合方面具有独到优势。回顾改革开放以来中国博物馆文化创意产品的发展历程，易军以免费开放、文创产品设计热为两个时间节点，提出了三阶段划分法：第一阶段为改革开放到 2007 年的“探索期”。2008 年，国家文物局出台了博物馆免费开放政策之后，各大博物馆出台了系列改革创收措施，博物馆文化创意产品的设计与开发作为创收增效的有力措施逐渐受到重视，博物馆文化创意产业进入了第二阶段的发展期。第三阶段以来，博物馆文创产业进入了一个高速发展时期，博物馆文创产业除了研发和经营实体产品这一主流方式外，还对整体运营博物馆 IP 品牌进行了广泛探索，与影视、互联网、时尚品牌、教育旅游、餐饮等相结合，衍生出博物馆综艺、动漫游戏、直播、商业展览等活动。博物馆文创产品已经深度融入社会生活，成为满足人们精神文化需求、提升艺术人文审美素养和生活幸福指数的重要方式。[①]

2016 年 11 月，国家文物局公布了首批全国博物馆文化创意产品开发试点 92 家单位。许多博物馆巧妙地利用了护照项目的“通关”概念，让护照项目成为观众、各主体博物馆共享的产品。博物馆参观护照在将简单的博物馆参观转变为丰富的参观旅程和文博学习记忆的过程中，重视使用者的体验感、完成性、获得感和趣味性，能够让参观者更深刻地感受到与博物馆的互动氛围。在消费者首次购买博物馆参观护照产品后，盖章等一系列活动能够推动参观者更频繁地走进博物馆。

（四）节事会展主导型

在我国，节事会展型旅游产品长期以来一直是由政府直接推动和组织的，策划举办兼具吸引力、竞争力和经济效益的节事会展，需要从体验经济着手，从旅游者的切实需求出发。

世博护照是用于收藏世博会各展馆纪念章的载体，是世博会的传统纪念品。在 2010 年上海世博会中，发行了以吉祥物海宝为形象背景的世博护照，各个参展国家的场馆内都设有主题印章。由于其本身具有宣传性、互动性、纪念性和收藏价值，护照盖章的过程也成了旅行体验过程中的重要环节。1967 年，加拿大蒙特利尔世界博览会第一次采用了“世博护照”的形式，将各国场馆的代表性图案制作成印章。此后，每届世博会上各国展馆的纪念印章设计都各具特色，收集印戳也由此成为世博会上参观者热衷参与的活动之一，很多场馆甚至出现排队盖章的现象。

护照盖章并不是参观世博会的核心内容，如果没有进行展馆的游览参观，就算获得了一本盖满章的护照，也不能说完成了世博会参观这一旅游活动，因此，世博护照在博览会参观中从辅助性角度提升了消费者的旅游体验。[②] 上海世博会特许旅游纪念品销售总额达 309.58 亿元，包括玩具、文具、服装、鞋帽、箱包、邮品和贵金属制品等。调查显示，旅游者对世博护照的需求量最大，销售量超过 1000 万本。上海世博会的集章方式实际上分为线上与线下两种，但大多数人对网上盖章的虚拟体验不感兴趣。研究表明，选择网上盖章的仅占 33.7%，更多人热衷于在参观完场

---

① 易军．博物馆在文化创意领域的新探索［N］．中国文物报，2021-04-16（3）．

② 罗秋菊，孔蕾．基于博文分析的上海世博会旅游体验研究［J］．旅游论坛，2015（1）：13-23.

馆后体验真实的盖章乐趣，即使排队需要很长时间。[①]

（五）主题邮局主导型

现代文化产业具备物质与精神双重属性，有着广阔的发展空间和发展前景。传统邮政业务通过书信文化和集藏文化凝聚成了独有的品牌知名度、客户资源、产品信誉和实践经验。主题邮局是各地市邮政分公司围绕特定的主题进行网点改造，从而打造的有一定文化内涵的邮局。各具特色的主题邮局的设立洞察了不同消费群体的文化需求，用新的经营业态颠覆人们对传统邮政经营模式的固有认知，结合城市文化进行特色纪念章的设计，鼓励人们重拾纸笔书信的沟通方式，为城市文化形象的构建和宣传增添了新动力。

2011 年国家邮政局提出主题邮局概念以来，各种形式的主题邮局在全国范围内被迅速推广，成为各个城市新的网红打卡处，亦成为邮政业务发展的新的业务增长点。在实际运营中，主题邮局依托各个地市局的优势资源，借助相关营销热点事件和地域特点，顺应消费者的文化需求，在承载传统邮政业务的同时拓展了文化属性。

以南京市邮政局为例，南京主题邮局开发了南京旅游护照集戳本，集戳本以图文并茂的形式详细介绍了南京知名景点及主题邮局，游客可以凭该集戳本到对应的主题邮局或者景点游客服务中心收集对应的邮戳，集满邮戳可以领取个人形象打印的 DIY 邮票集、南京风光明信片套装等礼品。南京邮政的主题邮局通过关联文创品的开发将各个风格迥异的主题邮局串联到一起，在为各店铺引流的同时，也创造了文创产品单品奇迹。据统计，南京旅游护照上市仅 4 个月的时间，就完成销售额 53 万余元单品最高销售额的成绩；2018 年圣诞期间，限量 2 万套的圣诞纪念护照全部销售完毕。[②]

三、总结与展望

印章作为东方传统的意象表征，在不同的社会形态中发挥了多样性历史功能。

---

① 曾琪洁，吕丽，陆林，等．文化创意旅游需求及其差异性分析：以上海世博会为例［J］．旅游学刊，2012（5）：103-111.

② 郑俣．基于竞争优势理论的南京邮政主题邮局发展战略研究［D］．南京：南京邮电大学，2020.

在生活节奏快速的当代社会，旅游印章收集活动在增添旅途趣味的同时丰富了人们的精神文化生活。旅游纪念印章以文化符号的形式，在城市（区域）形象营造、信息传播与广告、旅游者回忆构建与收藏等方面起到了积极作用，对旅游产业中意象的生产和消费赋予了文化内涵，强化了旅游消费者与目的地的情感联结，并根据不同的文化旅游活动产生不同的消费类型与模式，强化了人与地区之间的情感联结。旅游纪念印章将地域文化和自然景观风貌浓缩于印章中，是旅游地视觉形象传播中不可或缺的一部分，对于游客来说具有对于旅程的纪念意义。

旅行纪念印章在不同的社会语境、旅行目的地与行业细分下会产生不同的表现形式，从轨道交通到邮局邮戳，从景区景点到各类博物馆，旅行印章作为符号意义的载体具有丰富多样的运用形式。风景名胜地的旅游纪念章多采用具有当地特色的地形地貌、建筑风格与特色物产为图像文字内容。旅游是具有一定区域范围限制的、在一定空间内进行的意义生产与消费活动，因而旅游纪念印章的设计与表现形式会具有较强的地域性。

（黄彦霓，首都师范大学文学院文化产业专业 2020 级硕士研究生）

稿 约

《燕京创意文化产业研究》自第6卷起由首都师范大学文化创意与传媒文化研究中心主办，其办刊宗旨是立足于首都北京，面向国内外文化创意和传媒产业、高等院校和研究机构、政府部门，发表科研、教学、管理等方面的优秀科研成果，积极推进文化创意领域产、学、研三者的深度融合，为繁荣我国文化创意产业做出应有的贡献。

《燕京创意文化产业研究》2023年卷（总第12卷）以文化创意产业的发展历史、现状、趋势和问题为主要研究对象，兼及传媒文化领域的发展问题，介绍并分析世界先进国家和地区文化创意产业发展经验。以窗口形式集中反映首都文化创意产业研究者、管理者、从业者的最新研究成果。以一定篇幅反映文化创意产业学科建设的学理性思考和成就，以一定篇幅反映创新平台孵化的成果。

第12卷学刊的征稿重点侧重如下问题：第一，优秀传统文化的创造性转化和创新性发展问题；第二，文化＋科技融合创新发展问题；第三，网络视听领域的新现象、新形态和新趋势问题；第四，区域文化产业发展问题。

衷心欢迎您将未发表的最新研究成果寄给我们。论文等研究成果凡参考、引用其他作者论著观点、言论的，一律以脚注方式注明出处，格式详见来稿格式要求，论文后面一般不附参考文献。只列出参考文献，未在脚注中注明引用言论、观点、数据出处的，视为违反学术规范，取消刊用资格。请您务必提交作者简介（姓名、出生年月、供职单位、职务或职称、学术研究方向与主要成就）。稿件请以电子版形式发送到6127@cnu. edu. cn。请注明真实姓名、工作单位、职称、职务、通信地址、邮政编码、电子邮件地址等信息。来稿请自留底稿，未用稿一律不退，三个月内未收到录用通知，作者可自行处理。《燕京创意文化产业研究》2023 年卷（总第 12 卷）截稿日期为 2023 年 3 月 1 日。本刊常年收稿，择优采用。

为鼓励研究生从事相关领域科学研究，本刊不定期开设《创意孵化器》栏目，面向在读研究生征集优秀论文稿件，论文篇幅一般不少于 6,000 字，不超过 10,000 字，其他要求与一般学术文稿相同。凡研究生稿件，一律附导师推荐意见，文后附署指导老师名字。

附：来稿格式要求

1. 注释。原稿中的引文注释，格式要保持统一。一般要求写成脚注，每页重新编号，不采用随文注、尾注。脚注要按照《信息与文献 参考文献著录规则》（GB/T 7714—2015）这项国家标准来完成。例如：

（1）陈登原，国史旧闻：第 1 卷［M］. 北京：中华书局，2000：29.

（2）哈里森，沃尔德伦，经济数学与金融数学［M］. 谢远涛，译. 北京：中国人民大学出版社，2012：235-236.

（3）李炳穆. 韩国图书馆法［J］. 图书情报工作，2008，52（6）：6-21.

（4）丁文详. 数字革命与竞争国际化［N］. 中国青年报，2000-11-20（15）.

（5）萧钰. 出版业信息化迈入快车道［EB/OL］.（2001-12-19）［2002-04-15］. http：//www. creader. com/news/20011219/200112190019. html.

（6）DES MARAIS D J，STRAUSS H，SUMMONS R E，et al. Carbon isotope evidence for the stepwise oxidation of the Proterozoic environment［J］. Nature，1992，359：605-609.

同一页原稿中有两个以上注释时，按其出现的先后，顺序编列序号①、②、③……（仅有一个注释时，编“①”）。若引用完整的一段话，句号在引号内；若引用不完整的一段话，即引文出现在行文的从句中，句号在引号外。引文内句子后面的问号、感叹号均在引号内。引文内若有省略（含引文里的注或其他符号），请注上省略号。

2. 引文。文稿中引用他人著作或文章中的言论，必须认真核对原文（包括标点符号），并注明原文具体出处。请务必按照原文认真核对引文，确保无误。

3. 标点符号。一律按照 2012 年 6 月实施的国家标准《标点符号用法》（GB/T 15834—2011），准确地使用标点符号。

4. 其他要求。正文用五号宋体字。脚注用小五号宋体字。论文标题用三号宋体字，居中，加粗。副标题用四号宋体字，居中。文内一级标题用四号宋体字，加粗，居中。序号以“一”“二”……表示，序号后空一个字符。文内二级标题用五号宋体字，加粗，左缩进两个字符。序号以“(一)”“(二)”……表示。文内三级标题用五号宋体字，序号以“1.”“2.”……表示，左缩进二个字符。文档页边距取默认值。论文字数控制在8,000—12,000字之间，特约稿适当放宽限制。论文摘要为汉字150字左右，不超过200字，字体用五号楷体。关键词3—5个，字体用五号楷体。

声明：本刊提倡严谨的学术规范与学术道德，在此方面有瑕疵者，一经发现即取消采用资格。凡投稿给本刊者，本刊视为同意此项要求并自愿受此约束。如出现剽窃等违反学术规范与学术道德行为，由作者承担责任。

本刊不收取作者版面费。在本刊发表的论文不支付稿酬。

首都师范大学创意产业与传媒文化研究中心

《燕京创意文化产业研究》编辑部

2022年12月